MONUMENS

INÉDITS

D'ANTIQUITÉ FIGURÉE,

GRECQUE, ÉTRUSQUE ET ROMAINE.

MONUMENS

INÉDITS

D'ANTIQUITÉ FIGURÉE,

GRECQUE, ÉTRUSQUE ET ROMAINE,

RÉCUEILLIS ET PUBLIÉS

PAR M. RAOUL-ROCHETTE,

CONSERVATEUR DU CABINET DES MÉDAILLES ET ANTIQUES,
PROFESSEUR D'ARCHÉOLOGIE, MEMBRE DE L'INSTITUT DE FRANCE,
MEMBRE HONORAIRE OU CORRESPONDANT DES ACADÉMIES D'ARCHÉOLOGIE DE ROME ET DE NAPLES,
DE L'ATHÉNÉE DE VENISE, DE L'ACADÉMIE D'HISTOIRE DE MADRID,
DE LA SOCIÉTÉ ROYALE DES SCIENCES DE GŒTTINGUE,
DES ACADÉMIES DE SAINT-PÉTERSBOURG, DE MUNICH ET DE BERLIN.

PREMIÈRE PARTIE.

CYCLE HÉROÏQUE.

PARIS.

IMPRIMÉ PAR AUTORISATION DU ROI, DU 11 DÉCEMBRE 1827,

A L'IMPRIMERIE ROYALE.

M DCCC XXXIII.

PRÉFACE.

Ex mettant au jour ce recueil de Monumens inédits, qui m'a coûté six années d'un travail assidu, traversé par des circonstances bien pénibles, par d'amers chagrins et de grands malheurs, c'est pour moi un devoir, et c'est en même temps une satisfaction, de publier les obligations de plus d'un genre que j'ai contractées dans le cours de ce long travail et dans celui du voyage qui m'en avait fourni les élémens.

J'avais sollicité, au commencement de l'année 1826, la permission de faire en Italie et en Sicile un voyage que je jugeais nécessaire à mon instruction, dans l'emploi qui m'était confié de conservateur du cabinet des antiques et de professeur d'archéologie. Je me fondais, à cet égard, sur l'exemple de deux de mes prédécesseurs, l'illustre abbé Barthélemy et M. Millin, qui avaient obtenu la même faveur, au même titre que moi, mais sans doute avec des droits bien plus légitimes que les miens, et je puis ajouter avec des avantages plus considérables que ceux auxquels je devais prétendre. Deux ministres, de la bienveillance desquels il m'est permis de m'honorer publiquement, puisque l'un est rentré dans la vie privée, et que l'autre vit aujourd'hui dans l'exil, M. le comte de Corbière et M. le baron de Damas, m'accordèrent, avec le congé qui m'était nécessaire, une indemnité qui devait servir aux frais de mon voyage. Mais je crus mieux remplir les intentions des deux ministres, et mieux répondre à leurs bontés, en employant la somme entière dont ils avaient disposé en ma faveur à recueillir, par toute l'Italie, des dessins de monumens rares ou inédits, dont la publication pût être utile à la science, ou profiter à mon enseignement. C'est dans ce but que je fis exécuter, à Florence, à Rome, à Naples, à Pompeï et en Sicile, de nombreux dessins, dont une partie a servi à former le recueil que je publie aujourd'hui; et c'est de cette manière qu'en justifiant un acte de libéralité, qui n'avait pas échappé aux tristes commentaires de l'esprit de parti, j'ai pu honorer en moi-même le bienfait que j'avais reçu et les mains généreuses de qui je le tenais.

Je continue de remplir le même devoir et d'acquitter mes dettes en signalant à la reconnaissance de mes lecteurs tant d'hommes honorables, tant de savans illustres, qui ont droit à la mienne, pour m'avoir assisté dans mes voyages, aidé et soutenu dans mes travaux. Je nommerai d'abord, à Florence, M. Inghirami, avec qui j'étais lié depuis long-temps par une correspondance suivie, et à qui j'ai dû les dessins des monumens étrusques, choisis par moi dans le musée public de Volterra, et dans la collection particulière de MM. Cinci. Un autre antiquaire florentin, qui m'a rendu dans la galerie de Florence des services pareils, sans compter les lumières que j'ai puisées dans ses écrits, feu M. Zannoni, n'a pu vivre assez pour recevoir le témoignage public de ma gratitude; ce n'est donc plus qu'un triste hommage que j'offre aujourd'hui à sa mémoire.

A Rome, où j'ai trouvé tant de secours de toute espèce, acquis tant de connaissances qui me manquaient, laissé tant de souvenirs qui me seront à jamais précieux; à Rome, où j'ai failli mourir, où je voudrais vivre, dans la modeste demeure de cet excellent d'Agincourt que j'habitais, j'ai presque par-tout les mêmes regrets à joindre à l'expression des mêmes sentimens : tant ont été nombreux et rapides les coups que la mort a frappés dans ce court intervalle de six années! Guattani, le Nestor des antiquaires de Rome; Philippe-Aurèle Visconti, digne frère d'un savant illustre; Dodwell, si jeune encore, et qui les a suivis de si près; tous ces hommes, qui m'avaient accueilli avec bienveillance, et qui souriaient à mes travaux en espoir, ne sont plus. Le vieux cardinal de la Somaglia, qui d'abord m'avait permis de fouiller à mon aise dans ces vastes magasins du Vatican, où sont rassemblés les élémens d'un troisième musée; qui à deux reprises différentes, et toujours à force d'instances, m'avait fait ouvrir les portes si impitoyablement fermées de la villa Ludovisi; ce ministre d'un pape, déjà remplacé deux fois sur le trône pontifical, est mort lui-même accablé d'années. Un autre prince de l'Église, le respectable cardinal Gazzola, qui prit tant d'intérêt à ma triste excursion à Corneto, et qui, soumis à des ordres qu'il ne pouvait approuver, forcé de respecter, dans le domaine de l'antiquité et dans son évêché de Corneto, un privilége qui lui paraissait doublement absurde, employa du moins tant de bonté à m'en adoucir l'amertume; ce digne et vertueux prêtre a cessé de vivre; et le seul homme en qui j'aie trouvé alors à Rome un juste et noble sentiment des droits du pays et de ceux de la science, également violés en ma personne, M. le chevalier Artaud, le Français de notre âge qui connaît le mieux Rome, sa topographie et sa politique, et celui qui s'est rendu le plus familiers tous les secrets qu'elle renferme dans son sein, depuis les mystères de ses catacombes jusqu'à ceux de sa chancellerie, a cessé aussi de résider à Rome, devenue pour lui une seconde patrie.

En parlant de Naples, qui m'a offert tant d'idées neuves à recueillir dans le domaine de l'antiquité, tant d'utiles relations à former parmi ceux qui le cultivent, je suis heureux de n'avoir à exprimer que des sentimens de reconnaissance presque exempts de souvenirs fâcheux ou de regrets pénibles. Excepté Carelli, dont la bienveillance m'avait aidé dans mes travaux, et qui m'a donné de l'intérêt qu'il y prenait un dernier témoignage à ses derniers instans, tous les amis qui m'accueillirent à Naples, et qui m'ont fait leur collègue, Avellino, Quaranta, Ianelli, et ce bon chanoine Jorio, et cet excellent marquis Arditi, le doyen des académiciens d'Herculanum, et ce vénérable archevêque de Tarente, qui a reçu depuis plus d'un demi-siècle les hommages de plusieurs générations lettrées de l'Europe; tous ces hommes, recommandables à tant de titres, servent encore, par leurs travaux, par leurs conseils et par leur exemple, la science qu'ils ont honorée, au sein de leur pays qui les honore. Je dois joindre à ces noms célèbres celui de M. C. Bonnuci, l'architecte des fouilles de Pompeï et d'Herculanum, à qui j'ai dû la communication de tous les renseignemens que les rigoureux devoirs de sa place lui permettaient de me donner.

On sait, en effet, avec quelle sévérité le gouvernement napolitain veille à ce que les monumens inédits qui se conservent dans son musée, ou qui se découvrent journellement sur son sol antique, ne soient publiés que par des mains nationales. On sait aussi que l'académie d'Herculanum, instituée pour cet objet, procède dans cette publication à-peu-près de la même manière que les fouilles de Pompeï et d'Herculanum, c'est-à-dire avec une lenteur qu'il est permis de nommer désespérante. Il reste donc, et malheureusement il restera long-temps encore, beaucoup de monumens inédits

a*

dans le musée de Naples, auxquels il n'est accordé à aucun étranger de porter une main profane. J'essayai cependant d'obtenir, pour quelques-uns de ces monumens destinés à entrer dans mon recueil, une exception à ce système de prohibition qui ne devrait pas exister dans le paisible empire des lettres. J'avais eu l'honneur de connaître, pendant son voyage à Paris, où il était venu visiter la bibliothèque du Roi, S. A. R. le prince de Salerne. J'osai m'adresser à ce prince, si affable et si éclairé, pour obtenir du Roi son frère une faveur à laquelle j'attachais tant de prix; et je fus assez heureux pour recevoir de la bouche du Roi François Ier lui-même, à l'issue d'un long entretien qu'il daigna m'accorder, et dans lequel il me témoigna, avec la bonté la plus touchante, un intérêt qui m'a suivi dans tout le reste de mon voyage, l'assurance que tous mes désirs à cet égard seraient satisfaits. J'obtins en effet de M. le marquis de Ruffo, alors ministre de la maison du Roi, l'autorisation nécessaire pour faire dessiner dans le musée de Naples, ainsi qu'à Pompeï, les monumens que je me proposais de publier. Plus tard, je reçus du premier ministre, le chevalier de Medici, les lettres de recommandation qui devaient me procurer le même avantage auprès de toutes les autorités de la Sicile. Il m'est doux de consigner ici l'aveu de pareilles obligations envers un roi et un ministre, pour lesquels ma reconnaissance n'est pas suspecte d'intérêt ou de flatterie, puisqu'ils ont cessé de vivre l'un et l'autre; et j'ajoute à ces noms de puissances qui ne sont plus, celui du jeune marquis de Ruffo, fils d'un homme qui a cessé d'être ministre, mais qui m'a donné, durant mon séjour à Naples, et depuis la publication de mon ouvrage, des témoignages d'un intérêt que je n'oublierai jamais.

Je serais coupable d'ingratitude si je ne nommais pas ici, parmi les personnes qui ont aidé au succès de mes recherches, à Naples et en Sicile, M. le marquis Santàngelo, amateur plein de goût et de lumières, qui possède une riche collection de médailles de la Grande-Grèce, et un beau choix de vases peints et d'autres monumens antiques, parmi lesquels il a bien voulu me permettre de faire dessiner ceux qui pouvaient entrer dans le plan de mon ouvrage. Les momens que j'ai passés dans son cabinet et dans son entretien sont au nombre de ceux qui m'ont procuré le plus de ces jouissances d'antiquaire, si précieuses à-la-fois par l'instruction qu'on en retire et par le souvenir qui en reste.

Pourrais-je oublier, dans ce retour que je me plais à faire vers des temps et des lieux si chers à ma pensée, un homme qui m'a rendu tous les services d'un ami, avec tout le zèle d'un compatriote, M. Dupont, un Français établi à Naples, qui, sans autre titre que sa générosité, sans caractère public et sans emploi officiel, y exerce encore, comme il l'a fait de tout temps, par le noble usage de sa fortune, cette hospitalité, qui est aussi une manière de représenter la France, la plus légitime peut-être, et certainement la plus utile; car elle n'a jamais rien coûté au pays, et que n'a-t-elle pas valu à ses enfans! M. Dupont occupait alors, dans l'administration publique des Deux-Siciles, une grande place, qui lui avait permis d'employer, sur tous les points du royaume de Naples et de la Sicile, une multitude de Français, que trente années de révolutions avaient jetés dans ce pays; tristes débris de plusieurs armées détruites et de plusieurs régimes déchus, qui, demeurés étrangers sur une terre ennemie, ne savaient plus y vivre et ne pouvaient plus en sortir. Tant que le pouvoir est resté à M. Dupont, cette population française a servi utilement, sous ses ordres, le pays qui l'avait d'abord adoptée; et quand, en se retirant de lui, l'autorité lui a rendu cette nombreuse famille, c'est encore à son crédit et à sa fortune qu'elle a dû d'honorables ressources. Qu'il y aurait là pour un gouvernement, réduit souvent à récompenser tant d'ignobles dévouemens et de honteux services, de justes motifs de consacrer un bel exemple, en honorant un noble caractère!

C'est sous les auspices de M. Dupont que j'ai parcouru une partie de la Calabre et la Sicile entière, trouvant par-tout, à son nom seul, cet accueil bienveillant, cette hospitalité, si douce sur la terre étrangère, et dans le titre de son ami, bien mieux que dans la fastueuse et vaine protection d'un ambassadeur, tout l'appui nécessaire au voyageur et à l'antiquaire. A Taormine, à Catane, à Syracuse, à Girgenti, à Palerme, je pus me livrer, sans autre recommandation que la sienne, à toutes les recherches qui m'intéressaient; heureux de n'avoir eu à invoquer en Sicile aucune autre assistance que celle d'un compatriote; et dans les lieux mêmes où cette ressource ne pouvait me suivre, comme à Palazzolo, de n'avoir eu besoin que du nom de Français et de l'amour de la science pour m'ouvrir toutes les portes. J'aurais d'ailleurs bien des dettes à acquitter, s'il s'agissait de reconnaître tout ce que j'ai reçu de bons offices en Sicile, dans ce beau pays, si digne d'un

meilleur sort et d'une meilleure renommée. Mais pourrais-je oublier ce vieux
baron Judica, de Palazzolo, dans la demeure duquel, toute remplie de
monumens antiques, je regrette bien de n'avoir pu passer tout le temps
qu'il m'avait permis d'y employer, avec toute la liberté qu'il m'y accordait;
et ce duc de Serradifalco, si zélé pour la gloire de son pays, et si capable
d'y contribuer par ses travaux; et cet excellent baron Pisani, digne Sicilien
des anciens âges, enthousiaste des vertus comme des beautés antiques, et
mon ami, titre si doux et si nécessaire à mon cœur, qu'il ne saurait me
reprocher de joindre à ceux du généreux citoyen, de l'habile antiquaire et
du bienfaiteur de l'humanité.

Il me resterait maintenant un autre devoir à remplir, si j'avais à m'expliquer sur les obligations d'une autre sorte que j'ai contractées à l'occasion
du recueil que je publie. J'aurais peut-être à m'affliger d'avoir trouvé autour de moi, dans mon pays même, si peu d'intérêt pour des travaux qui
m'ont coûté plus d'un sacrifice, et qui ont exigé quelque application. Mais
dans l'état où sont réduites en France toutes les études sérieuses, au milieu
de ce désordre général et de cette effervescence stérile des esprits, ce n'est
pas moi qui aurais le droit, et qui aurais non plus la prétention de m'étonner de l'indifférence du public à mon égard. Je sais d'ailleurs à quelles
causes et à quelles personnes tient en partie cette indifférence; et cela ne
mérite pas que je m'en occupe, encore moins que j'en occupe le public.
Je pourrais avec plus de raison me plaindre de quelques critiques qui pa-
raissaient, d'après le ton dans lequel elles étaient rédigées, inspirées dans un
autre intérêt que celui de la science; deux de ces critiques sur-tout m'auraient offert, par la légèreté autant que par l'animosité qui y règnent, de
trop justes sujets de représailles à exercer, s'il était dans mon caractère de me
prêter à ce genre de polémique, qui profite rarement à la science, où le vainqueur même n'a presque rien à gagner, et où je ne pourrais jamais, quelque effort que je fisse, prendre le ton et imiter le langage de mes adversaires. A l'égard de l'auteur de l'une de ces critiques, qui s'est fait connaître,
et dont je n'avais jamais cité le nom qu'avec égard, et les travaux qu'avec
estime, j'ai dû me punir de ces témoignages de considération accordés si
mal à propos en ne proférant plus ce nom dans mes écrits. Quant à l'autre,
qui s'est caché dans la Gazette de Halle, je pourrais bien me permettre à son
égard une innocente et facile vengeance; et pour cela, je n'aurais qu'à le

nommer. Mais je dois encore, par respect pour la science, me refuser cette satisfaction, et laisser mon critique honteux sous son masque d'anonyme.

C'est d'ailleurs une obligation bien plus douce pour moi à remplir que de consigner ici les noms de ces savans qui ne font pas de la critique une arme qui blesse, mais un instrument qui éclaire, et dont le zèle pour la science, alors même qu'il croit avoir à prononcer des jugemens sévères, ne se produit jamais sous les formes de l'invective, et n'éclate jamais en personnalités. Je rends donc grâce à tous ces maîtres de la science qui, sans m'épargner aucune critique utile, aucune objection raisonnable, aucune vérité contraire, m'ont témoigné en même temps cet intérêt pour mes travaux, seul prix que j'en attende, avec la satisfaction que j'éprouve à m'y livrer; et si je nomme M. Creuzer, M. Boettiger, M. K. Ott. Müller, M. Thiersch, M. Boeckh, M. Hermann, M. Welcker, M. Grotefend, M. Hirt, M. Schorn, c'est moins encore pour exprimer ma reconnaissance envers ces hommes éminens, lumières de l'Allemagne et de l'Europe, ou pour me prévaloir de leur amitié qui m'honore, et de leur estime qui m'encourage, que pour signaler en eux des modèles du vrai savoir, orné de cette dignité de caractère et de cette générosité du cœur qui s'allient si bien à l'étude et à l'amour des lettres.

J'ai une dette d'un autre genre à acquitter envers M. Durand, qui m'a permis de puiser dans son cabinet, où il a réuni le plus beau choix de vases peints qu'aucun particulier possède actuellement en Europe, tous les monumens qu'il m'eût convenu de publier. Sa complaisance à mon égard n'a eu d'autres bornes que celles que j'y ai mises moi-même, et c'est pour cela que je n'en mets aucune à ma gratitude.

Ici se termine le peu que j'avais à dire sur mon voyage et sur mon livre. Quelque jugement que l'on porte d'un travail si long, si pénible, si dispendieux, on ne saurait me priver du prix des souvenirs qui s'y rattachent, ni de ce mérite peu commun, par le temps qui court, d'y avoir employé six années de ma vie. Désormais livré tout entier à la composition d'une nouvelle *Histoire de l'art des anciens*, qui remplira tout ce qui me reste encore d'années à donner à l'étude, je n'aurai plus rien à démêler avec ce monde frivole ou pervers, où s'agitent tant de petites passions, tant de petits intérêts, habiles à se couvrir de beaux noms et de brillantes couleurs; et je n'aspire qu'à me retirer de plus en plus du siècle et du pays

où je vis pour me réfugier dans le sein de l'antiquité : heureux si je puis y
trouver, à la fin d'une carrière laborieuse, l'asyle que j'y cherche et le droit
de cité que j'y ambitionne !

Cæterum ego hoc quoque laboris præmium petam, uti me à conspectu malorum quæ nostra tot per annos vidit ætas, tot præsentia patitur, urgentiaque expavescit, tantisper certè, dùm prisca illa totà mente repeto, avertam, omnis expers curæ, quæ scribentis animum, etsi non flectere à vero, sollicitum tamen efficere possit.

Tit. Liv. in Proœm.

RAOUL-ROCHETTE.

Du cabinet des médailles et antiques de la bibliothèque
du Roi, 22 juin 1833.

MONUMENS INÉDITS

D'ANTIQUITÉ FIGURÉE

GRECQUE, ÉTRUSQUE ET ROMAINE.

CYCLE HÉROÏQUE.

ACHILLÉIDE.

Il était naturel que le héros de l'Iliade devint le héros favori de tous les arts. L'immortalité qu'Achille devait aux poésies d'Homère semblait un gage assuré de celle des monumens mêmes qui lui étaient consacrés : aussi vit-on ses louanges célébrées et ses images reproduites sous toutes les formes. Achille était devenu pour les Grecs la personnification même de la valeur, et comme le type de l'héroïsme ; de là sans doute, le nom d'*Achilleæ*[1] donné à une classe particulière et nombreuse de statues. De plus, il avait fini par être honoré comme un *dieu*[2], et, en cette qualité, il était l'objet d'un culte spécial de la part de plusieurs peuples grecs[3] : la jeunesse lacédémonienne lui faisait un sacrifice au moment du combat[4]; il avait des temples à Tarente[5], dans le territoire de Sparte[6], dans l'Élide[7], dans la Troade[8], sans parler de l'île Leucé, qui lui était consacrée toute entière[9], et qui n'était peuplée que des

(1) Plin. xxxiv, 10, 5 : Placuere et nudæ (statnæ) tenentes hastam, ab epheborum e gymnasiis exemplaribus, quas *Achilleas* vocant.

(2) Ciceron. *de Natur. Deor.* iii, 18. Le principe de cette apothéose se trouve déjà dans l'*Odyssée*, xxiv, 8 t.

(3) Dans l'île d'Astypalée, Cic. *de Natur. Deor.* iii, 18 ; dans la ville de Borysthenis, Dion. Chrysost. *Serm.* xxxvi; chez les Épirotes, Plutarch. *Pyrrh.* 1, II, 716, ed. Reisk.; Hesych. v. Ἀχιλλεύς.

(4) Pausan. iii, 20, 8. C'est sans doute au même titre qu'Alexandre lui offrit un sacrifice, au début de son expédition,

Plutarch. *Alexandr.* 15, IV, 34, ed. Reisk.; Arrian. *de Exped. Alexandr.* i, 11; Ælian. *Histor. var.* xii, 7.

(5) Aristot. *Mirab. Auscult.* 1, 116i.

(6) Pausan. iii, 20, 8.

(7) Pausan. vi, 23, 2.

(8) Strabon. *Geograph.* xiii, 596.

(9) Strabon. vii, 306; Dion. Chrysost. *Serm.* xxxvi; Arrian. *Peripl. Pont. Eux.* 12-13. De là le nom d'*Achillea* donné à cette île, Antigon. Caryst. cxxxiv; Lycophron. *Cassandr.* 188; Dionys. Perieg. 545; et alii.

statues mêmes et des offrandes de toute espèce que la piété de plusieurs siècles et la dévotion de plusieurs états y avaient accumulées[1].

Telle était donc la ferveur du culte rendu à la mémoire d'Achille, telle était l'abondance des monumens qui lui étaient consacrés, qu'on pourrait presque recomposer aujourd'hui toute son histoire, à l'aide de ceux de ces monumens qui nous restent, quelque faible qu'en soit le nombre, relativement à tout ce que l'antiquité en posséda. Il n'est aucune circonstance de sa vie qui ne puisse être constatée, à défaut d'un témoignage écrit, par quelque ouvrage de l'art; et de même qu'on a fait un livre de la seule indication des passages d'écrivains grecs et latins, poètes et prosateurs, qui ont rapport à Achille[2], on pourrait en faire un autre, au moins aussi considérable, du seul catalogue des monumens qui le concernent.

Mon intention n'est cependant pas de faire ce livre qui manque encore. Je me contenterai d'ajouter quelques nouveaux élémens à ceux dont il pourrait se composer, en publiant une suite de monumens qui se rapportent aux principales circonstances de l'histoire d'Achille. Ce sera une espèce d'ACHILLÉIDE figurée, du genre de celles que les anciens avaient sans doute formées eux-mêmes[3], et dont il nous reste un exemple dans la *table ronde*, ou *cycle sculpté*, conservée de nos jours au musée du Capitole[4]. Je diviserai ce travail en deux parties : la première comprendra les monumens relatifs au mariage de Thétis et de Pélée, fait mythologique qui forme comme l'avant-scène du drame dont Achille est le héros; la seconde partie renfermera les monumens qui concernent Achille lui-même.

PREMIÈRE PARTIE.

§ I.

Peu d'événemens semblent avoir joui, dans la Grèce, d'une célébrité plus ancienne et plus générale que celui qui fit tomber au pouvoir d'un mortel, Thétis, déesse dont les dieux mêmes s'étaient disputé l'hyménée[5], sans oser toutefois l'accomplir, dans la crainte du *fils plus grand que son père* qui devait naître de cette union[6]. Ce fait, si remarquable en lui-même, si singulier dans ses circonstances, si important par ses résultats, dut, à tous ces titres, exciter de bonne heure l'attention des artistes grecs; aussi le trouvons-nous cité dans le nombre des sujets qui ornaient le coffre de Cypsélus, ce curieux monument de l'art primitif, dont la seule description est elle-même un des monumens les plus précieux de son histoire[7]. La plupart des sujets représentés sur ce coffre étaient, sans nul doute, au

---

(1) Voyez, outre les témoignages cités dans la note précédente, ceux de Pausanias, III, 19, 11, et de Maxime de Tyr, *Serm.* XXVII, 279.

(2) *Homericus Achilles* Car. Drelincurtii *penicillo delineatus, per convicia et laudes,* un vol. in-4° de 150 p., Lugd. Bat. 1694, 2° éd.

(3) A l'exemple des *Achilléides* poétiques, desquelles il ne nous est parvenu que celle de Stace, *Achilleidos* libri v.

(4) Publié d'abord par Fabretti, *Colomn. Trajan.* p. 355-362, puis par Beger, *Bell. et excid. Troj.* n. 2 sqq. La meilleure gravure qui en ait été donnée, est encore celle du *Mus. capitol.* IV, 17, p. 67-76, reproduite par Millin, *Galer. mythol.* CLIII, 557. Ce monument, d'un travail médiocre, et qui sent les bas siècles, a dû servir de margelle de puits; mais il a sans doute été exécuté d'après quelque original d'un mérite supérieur.

(5) Apollodor. III, 13, 5.

(6) Pindar. *Isthm.* VIII, 69 sqq.; Æschyl. *Prometh.* 915 sqq.; Ovid. *Metamorph.* XI, 265; Hygin. *Poet. astron.* II, 16. Hésiode avait composé un poëme sur les *Noces de Thétis et Pélée;* sujet souvent célébré par les poètes, Homer. *Iliad.* XXIV, 60, 534; Euripid. *Iphigen. in Aul.* v. 707, 1036; Coluth. *Rapt. Helen.* 17. Conf. Barnes, Euripid. *Phœniss.* 829; Méziriac, *sur les Épîtres d'Ovide,* I, 218.

(7) Pausan. V, 17-19. Voyez, sur cet ancien et curieux monument de l'art grec, la dissertation de Heyne, *über den Kasten des Kypselus,* Goetting. 1778, 4°, traduite à la suite de l'opuscule de Ciampi, *Illustraz. della cassa di Cisselo,* Pisa, 1814; voyez aussi Quatremère de Quincy, *Jupiter Olympien,* 124-135, et Meyer, *Geschichte der bildenden Künste,* II, 16-18.

nombre de ceux qui avaient acquis le plus de popularité dans la Grèce antique ; car ce sont encore ceux dont on retrouve le plus de répétitions sur les ouvrages du plus ancien style[1]; et, parmi ces sujets, il n'en est point qui soit plus fréquemment reproduit que celui de la violence faite à Thétis par Pélée, sujet observé par Pausanias sur le deuxième côté du coffre de Cypsélus, et qu'il décrit en ces termes[2]: *On y voit aussi représentée Thétis, vierge encore, au moment où Pélée la saisit, et où un serpent s'élance de sa main contre le ravisseur.*

Ce trait, ainsi réduit par Pausanias à sa plus simple expression, et la représentation elle-même, bornée au nombre de personnages rigoureusement nécessaire, ne seraient pas exempts d'obscurité, si les monumens de l'art, d'accord avec les traditions, ne suppléaient à l'extrême concision employée ici par l'artiste original, et, à son exemple, par l'écrivain qui le traduit. On ignorerait en effet à quelle intention précise avait pu être figuré, dans la scène en question, le *serpent qui s'élance de la main de Thétis contre Pélée*, si l'on ne savait, d'après de nombreux témoignages d'auteurs anciens, que *Thétis*, douée, ainsi que plusieurs divinités marines, *Protée*[3], *Nérée*[4], *Psamathé*[5], de la faculté de revêtir toute sorte de formes pour se dérober aux embrassemens des mortels, avait eu vainement recours aux métamorphoses les plus effrayantes, dans la résistance qu'elle opposa d'abord aux desirs de Pélée; et qu'ainsi le *serpent* avait pu devenir le signe symbolique de cette résistance même, et conséquemment le trait caractéristique de la scène où elle était figurée.

C'est aussi à ce trait qu'ont été principalement reconnues les représentations de ce sujet, que nous offrent les vases grecs, sorte de monumens antiques, dont les auteurs se sont le plus généralement conformés aux traditions primitives. Passeri, qui publia le premier un de ces vases, conservé encore aujourd'hui dans la bibliothèque du Vatican[6], n'y vit que les *Noces d'Hercule et de Déjanire;* mais M. Millingen, qui eut le mérite d'en découvrir, à travers un dessin inexact, le véritable sujet, en publiant un second vase où ce sujet était représenté avec toutes ses circonstances[7], vit depuis ses soupçons changés en certitude, par l'examen du vase original qu'il reproduisit à son tour dans un dessin élégant et fidèle[8]. M. Millingen ne connaissait alors, de son propre aveu[9], que deux autres monumens antiques qui eussent rapport aux noces de Thétis et de Pélée, c'est à savoir, deux bas-reliefs, l'un du palais Mattei[10],

---

(1) Voici quelques-uns des sujets qu'on trouve représentés sur les vases grecs, et qu'on peut croire empruntés du coffre de Cypsélus : — 1, le départ d'Amphiaraüs, Millingen, *Vases grecs,* xx ; — 2, Ménélas poursuivant Hélène, Tischbein, *Homer nach Antiken,* v ; Meyer's *Abbildungen,* 3 B ; — 3, Hercule et Géryon, Millingen, *Vases grecs,* xxvii ; — 4, le combat d'Achille et de Memnon, Millin, *Vases peints,* I, xix, xx ; Millingen, *Anc. uned. monum.* I, iv ; — 5, la violence faite à Cassandre par Ajax, Millin, *Vases peints,* I, xxv, et sur un grand nombre de vases ; — 6, Mercure conduisant les trois déesses sur le mont Ida, Millingen, *Vases de Coghill,* xxxiv, 1 ; — 7, Borée enlevant Orithye, sujet d'un grand nombre de vases, entre autres ceux de Tischbein, *Vases d'Hamilton,* III, 31, et de Millin, *Vases peints,* II, v ; — 8, la course de Pélops et d'Œnomaüs, figurée sur beaucoup d'urnes étrusques, Gori, *Mus. Guarnacci,* viii, xxi, 1, xxix, 2, et sur un beau vase du musée Venuti, à Cortone, Inghirami, *Monument. etruschi,* serm. V, xv ; — 9, le combat d'Étéocle et de Polynice, sujet fréquent sur les urnes étrusques, Dempster, *Etrur. regal.* I, lii, 1 et 2, II, lxxxvi ; Maffei, *Mus. veron.* iii, 3, v, 3, et figuré de même sur beaucoup de vases grecs du plus ancien style, d'Hancarville, *Vases d'Hamilton,* I, 62 ; Millin, *Vases peints,* I, xxxiii ; Millingen, *Vases de Coghill,* xxxv, 2, 3.

(2) Pauson. v, 18, 1.

(3) Virgil. *Georg.* iv, 405 sqq.

(4) Apollodor. ii, 5, 11. Le combat d'Hercule contre Nérée, transformé en monstre marin, se voit figuré sur deux vases grecs, d'ancien style, publiés, l'un par M. Millingen, *Vases peints,* xxvii, l'autre par D. Nicolas Maqqiore, dans une dissertation particulière, Palerme, 1827, in-4° : ce dernier vase existe dans la bibliothèque du monastère de Saint-Martin, près de Palerme.

(5) Apollodor. iii, 12, 8.

(6) Passeri, *Pictur. Etrusc. in vasc.* I, ix.

(7) Millingen, *Vases grecs,* iv, v.

(8) *Anc. uned. monum.* I, x, 23-28.

(9) *Vases grecs,* pag. 7.

(10) *Monument. Matteian.* III, xxxii. Un second bas-relief représentant le même sujet, avec de légères variantes, se voit aussi, *ibid.* xxxiii, et *Admiranda,* 22.

1 *

l'autre de la villa Albani[1], publiés tous les deux par Winckelmann[2]. Je dirai plus tard quelle est mon opinion au sujet de ces bas-reliefs romains, sur lesquels il ne faut pas toujours s'attacher, quoique d'après un principe juste en soi et fécond en applications heureuses, à rechercher exclusivement des sujets grecs. Je ne m'occupe en ce moment que de recueillir les monumens d'origine grecque qui peuvent être rapportés avec certitude au sujet de Thétis et de Pélée, et dont le nombre, beaucoup plus considérable que ne le pensait M. Millingen, s'est encore accru, dans ces derniers temps, de représentations qui appartiennent aux plus anciennes époques de l'art.

§ II.

Je commencerai par les monumens proprement étrusques, ou réputés tels, lesquels offrent la représentation de ce sujet, certifiée par les inscriptions qui l'accompagnent. En tête de ces monumens doit se placer la curieuse patère, ou plutôt *miroir mystique*, publiée par Dempster[3], où Passeri[4] crut voir d'abord *Proserpine enlevée par Pluton*, faute d'avoir fait attention aux noms de THETIS et de PELE qui se lisent en toutes lettres au-dessus de chacun de ces personnages. Le docte abbé Lanzi ne pouvait s'y méprendre; et en publiant de nouveau ce miroir parmi les monumens les plus indubitables qui viennent à l'appui de son alphabet étrusque, il restitua sans peine à ce sujet sa véritable signification[5]. Il ne se trompa, à son tour, que dans l'explication du mot PARSURA, gravé au-dessus d'un troisième personnage, qui paraît être, à son vêtement et à toute son attitude, une femme, et probablement une nymphe étonnée de l'attentat dont elle est témoin. Fidèle à son principe de rechercher uniquement dans le grec la racine et la signification des mots étrusques, principe généralement vrai peut-être, mais dont une application exclusive conduit souvent à l'erreur, Lanzi dériva le mot PARSURA, du grec παρασυρω, et l'interpréta par *aversa, per fraudem rapta*, dont il fit une épithète appliquée à Thétis, et indicative de l'action représentée. Avec un pareil système d'interprétation, il n'est rien qu'on ne puisse trouver dans les monumens; mais aussi, avec un pareil abus de l'étymologie, il n'est rien qu'on puisse solidement établir. Il est évident qu'ici le mot PARSURA est un nom propre, et non une épithète ou une qualification, chose dont on alléguerait difficilement des exemples[6], et de plus, que ce nom est celui de la nymphe admise à figurer, à un titre quelconque, dans la scène de l'enlèvement de Thétis. Cela posé, l'idée qui se présente le plus naturellement, est que cette nymphe est une des compagnes ou sœurs de Thétis : c'est ainsi en effet qu'on a cherché à expliquer le nom de ce personnage, quoique encore par une étymologie malheureuse[7]; mais outre que, dans la nombreuse liste des Néréides

---

(1) Winckelmann, *Monum. ined.* 111.

(2) Winckelmann, *ibid.* 110 et 111. Il sera parlé plus bas d'un autre bas-relief du palais Rondanini, actuellement au Musée du Vatican, appartement Borgia, où Zoëga, qui le cite, *Bassirilievi*, I, 249, et Guattani, qui l'a publié, *Monum. ined. per l'anno* 1788, feb. tav. 11, se sont accordés à voir le sujet en question. M. Millingen n'en fait aucune mention, non plus que du second bas-relief Mattei, publié, avant Winckelmann, par Bellori, *Admiranda*, 22, et Spence, *Polymet. Dialog.* VIII, 9.

(3) Dempster, *Etrur. regal.* II, LXXXI. Voy. planche III, 2.

(4) Passeri, *Paralipom. ad Dempster.* II, 19.

(5) *Saggio di ling. etrusc.* etc., tab. XII, n. 1, 1, 214, 295, II, 172-173, 2ᵉ ediz. Firenze, 1825.

(6) On pourrait citer, comme offrant quelque analogie avec le cas dont il s'agit, l'épithète ΔΙΟΣΠΑΙΣ, donnée à Hercule sur un vase grec, Millingen, *Anc. uned. monum.* I, XXXVIII, 92, et les épithètes ΚΑΛΟΠΑ et ΚΑΛΙΦΟΡΑ, servant à désigner *Ériphyle* sur un autre vase grec, Millingen, *Vases grecs*, XX, XXI. Mais je ne sais si ces exemples, assez peu décisifs en eux-mêmes, et d'ailleurs étrangers à l'art étrusque, pourraient trouver ici une application convenable.

(7) Amaduzzi, qui cite notre miroir, *Monum. Mattei.* III, 66, interprète le mot *Parsura* par le nom de *Perseis*, qui ne se lit que dans la liste d'Hésiode, sans entrer, du reste, dans aucun détail étymologique. Le nom de *Pherusa*, donné à l'une des Néréides, dans la liste d'Hygin, *Prolog.* p. 6, et dans celle d'Apollodore, I, 2, 7, empruntées l'une et l'autre d'Homère, *Iliad.* XVIII, 39-49.

que nous devons à Hésiode et à d'autres auteurs[1], il ne se trouve réellement aucun nom qui offre quelque rapport avec celui-là, d'autres considérations me portent à chercher ailleurs une explication plus plausible.

L'absence du *serpent*, signe symbolique des transformations de Thétis, prouve que l'artiste étrusque, auteur du monument qui nous occupe, avait suivi une tradition différente de celle que l'artiste grec avait retracée sur le coffre de Cypsélus. Cette tradition était celle de Phérécyde, qui racontait simplement que *Pélée enleva Thétis et la transporta sur son char à Pharsale, où il habita dès-lors avec elle*[2]. La représentation gravée sur ce miroir est conforme à ce récit dans sa partie essentielle : d'où il suit que la circonstance accessoire du lieu de la scène, fixé aux environs de Pharsale[3], dut aussi y trouver place. C'est donc la nymphe même de *Pharsale*, personnifiée, suivant un système dont il nous reste plus d'un témoignage authentique[4], qui figure ici au devant du groupe principal, qui le précède, en quelque sorte, pour indiquer le terme et le but de l'action, et qui est d'ailleurs désignée indubitablement par le mot étrusque ꝑARSURA, littéralement identique avec le mot grec ΦΑΡΣΑΛΑ[5].

Deux autres miroirs étrusques, inexpliqués jusqu'ici, et négligés absolument par tous ceux qui ont traité de ce fait mythologique, achèvent de prouver que les artistes de ce pays s'étaient conformés de préférence à la tradition de Phérécyde, et que le mythe en question avait pour eux quelque intérêt national ou quelque attrait particulier. Le premier et le plus curieux de ces miroirs, qui avait appartenu à l'antiquaire Ficoroni, fut publié par Lachausse[6]. Un jeune héros, entièrement nu, à l'exception de cette pièce d'étoffe[7] attachée autour des hanches, nommée *limus*, qu'on voit souvent sur les monumens étrusques, et qui n'est pas rare non plus sur les vases grecs[8], essaie d'enlever dans ses bras une femme dont les pieds s'appuient encore sur la terre, mais qui ouvre et étend les bras, comme pour appeler un

---

eût été peut-être mieux choisi. Ces deux noms s'éloignent, suivant moi, de la véritable interprétation.

(1) Hésiode, *Theogon.* 349-361, en nomme *quarante et une*. Le nombre le plus universellement admis était celui de *cinquante*, exprimé explicitement par Euripide, *Iphigen. in Aul.* 1056, et implicitement par Homère, qui en nomme, *Iliad.* xviii, 39-49, *trente-trois*, et désigne les autres d'une manière générale : Ἄλλαι θ' αἱ κατὰ βένθος ἁλὸς Νηρηΐδες ἦσαν. Hygin porte aussi le nombre total des Néréides à *cinquante*, *Prolog. fabular.* p. 7; et les noms de ces nymphes, aussi bien que ceux qui se trouvent dans Apollodore, 1, 2, 7, au nombre de *quarante-cinq*, sont en grande partie les mêmes qui se lisent dans Homère. Les poètes latins avaient doublé ce nombre, Propert. iii, v, 33; mais sans que cela tire à conséquence.

(2) Pherecyd. *apud* Schol. Pindar. *Nem.* iv, 81, et *apud* Schol. Lycophr. *Cassandr.* 175; vid. Sturz, *Fragment. Pherecyd.* pag. 77-80.

(3) Je ne dois pas dissimuler que Passeri, à qui il arrive parfois, dans ses explications diverses et souvent contradictoires d'un même monument, de rencontrer la vérité, explique de la même manière, c'est-à-dire, par le *Génie de Pharsale*, le nom de *Parsura*, *Paralipom. ad* Dempster. tab. xci, 143. Du reste, c'est aussi aux environs de *Pharsale* que se célébra le mariage de Thétis et de Pélée, suivant la tradition adoptée par Catulle, *Carm.* xxiv, 37 :

> *Pharsaliam coeunt, Pharsalia tecta frequentant.*

(4) Les exemples de ces sortes de personnifications sont nombreux sur les vases grecs; ainsi la *nymphe du Cythéron* assiste à la mort d'Actéon, sur un de ces vases, Millin, *Monum. inéd.* I, v; ainsi, *Thébé, Crénaeé, Isménos*, figurent, par un procédé semblable, en qualité de témoins de la victoire remportée par Cadmus sur le dragon de Mars, Millingen, *Anc. uned. mon.* I, xxvii; et, sans sortir du sujet qui nous occupe, la *nymphe du Pélion* veille près de Thétis endormie, sur le célèbre vase Barberini, dont il sera question plus bas.

(5) Le changement de l'A en V, sur les monumens étrusques, a déjà été établi par les *étruscistes* italiens, Campanari, *dell' Urna di Arunte*, pag. 42, et j'ai moi-même produit quelques nouveaux exemples à l'appui de ce fait, *Journal des savans*, février 1828, p. 86. Quant à la permutation du P et du Λ, il en existe tant d'exemples dans les dialectes grecs, qu'il est superflu d'en citer un seul.

(6) *Mus. roman.* sect. iii, 26.

(7) Cette espèce de *tablier*, qui ressemble à celui qu'on voit si souvent aux ministres des sacrifices, sur les monumens romains, Caylus, *Recueil d'antiq.* V. lxxxviii, 2, 3, et qui a quelque chose du costume égyptien, se retrouve dans les peintures d'un des tombeaux étrusques de Corneto. Voyez la description que j'ai donnée de ces peintures, *Journal des savans*, février 1828, pag. 15.

(8) Tischbein, *Vases d'Hamilton*, II, xx; Millin, *Vases peints*, II, xiv; Millingen, *Vases de Coghill*, xlvii. Cette même pièce d'étoffe attachée autour des hanches, se voit fréquemment sur les peintures antiques, *Terme di Tito*, 25, 43, 50, et sur d'autres monumens où figurent des personnages bachiques, *Mus. Worsley.* ii, 15, et iv, 1; Guattani, *Monum. ined. per l'anno* 1786, settembr. tav. ii.

secours qu'elle ne trouve plus désormais en elle-même. Cette femme est vêtue d'une ample tunique brodée à ses extrémités, et d'un *péplus* également brodé. Elle porte un diadème orné de perles, et un double bracelet autour de chaque poignet. La richesse de ce costume et l'éclat de cette parure indiqueraient seuls un personnage du premier ordre, une déesse ravie par un mortel, quand bien même la composition entière ne montrerait pas, d'après la conformité qu'elle offre avec celle du groupe de Thétis et Pélée sur le miroir cité en premier lieu, que c'est effectivement le même sujet qui est représenté sur celui-ci, et non pas l'*Enlèvement d'Hélène*[1], sujet qui n'est jamais traité ainsi sur les monumens grecs ou étrusques que nous connaissons[2].

Le second miroir offre un groupe tout pareil, mais avec des accessoires différens : ce qui a donné lieu d'en proposer diverses interprétations que je crois également peu fondées. Un jeune héros, les hanches ceintes du même vêtement que j'ai déjà remarqué, mais, de plus, la tête et le dos couverts d'une dépouille de lion, entraîne et porte dans ses bras une femme dont les pieds ne touchent déjà plus la terre, quoiqu'elle semble résister encore. Cette femme, vêtue comme l'est Thétis sur plusieurs vases grecs qui seront cités plus bas, et dans une attitude semblable à celle qu'on lui voit sur la plupart de ces vases, a la tête ornée du diadème, qui convient bien à ce personnage; de sorte qu'à ne juger de cette composition que par la disposition du groupe et par le rapport qu'il offre avec d'autres représentations du même sujet, il serait impossible de ne pas l'y reconnaître. Des poissons, et particulièrement la *sepia*, qui paraît figurée, bien qu'assez grossièrement, sur le champ du miroir, sont encore, ainsi que nous le verrons, un des accessoires le plus fréquemment employés dans ce sujet. Cependant la dépouille de lion que porte le héros, et une espèce de massue dont sa main gauche est armée, semblent plutôt caractériser Hercule ; et c'est en effet ce personnage, dompté par Minerve, que Lanzi et d'autres antiquaires ont cru voir dans la représentation qui nous occupe[3]. Mais la prétendue Minerve, entraînée et domptée elle-même, et dépourvue d'ailleurs de tous les caractères propres à cette déesse, n'est évidemment ici qu'une femme ravie par Hercule, ou par tout autre héros, à qui un caprice de l'artiste a bien pu donner la dépouille du lion et la massue. L'explication tirée d'une scène de l'*Hercule furieux* d'Euripide[4], n'a rapport qu'à une circonstance probablement imaginée par le poète, et, dans tous les cas, trop peu importante pour avoir été fournie

---

[1] C'est l'explication de Lachausse, qu'il ne présente lui-même que comme une conjecture, et avec une sorte d'hésitation.

[2] L'enlèvement d'Hélène par Pâris est le sujet d'un grand nombre d'urnes étrusques, la plupart d'un beau travail, et dérivées toutes, avec des variantes plus ou moins considérables dans le nombre et la disposition des personnages, d'un seul et même original ; Gori, *Mus. etrusc.* III, tab. cxxxviii et cxxxix, et *Mus. Guarnacci*, tab. v ; Maffei, *Mus. veron.* frontisp. et v, 2 ; *Galer. de Florence*, xxxi, 4, Wicar; Zoëga, *Bassirilievi*, II, xciv; Zannoni, *Illustraz. di due urne etrusche*, tav.ᵉ ii, 1, p. 29 et sgg. Toutes les explications qui en ont été proposées jusqu'ici, sans en excepter la dernière, sont certainement erronées, de l'aveu du savant M. Zannoni lui-même, qui a reconnu son erreur par ces propres paroles, écrites de sa main sur l'exemplaire de sa dissertation que je dois à son amitié : *Nella spiegazione di quest' urna, mi sono ingannato ; rappresenta essa Elena rapita da Paride.* Cette interprétation, la seule vraie, la seule qui puisse être admise, est due au célèbre abbé Morcelli, *Indicaz. antiq. della villa Albani*, n. 16. pag. 3-4. Un bas-relief de terre cuite, publié dans le *Museum british*, xix, 34, et où l'on a cru voir *Hélène enlevée par Thésée*, a certainement rapport au même sujet. Ce sujet se trouve aussi représenté, mais d'une manière différente, sur quelques vases grecs, Millingen, *Vases grecs*, xlii; *Mus. Barthold.* p. 131 ; sans parler du célèbre bas-relief Caraffa, du musée de Naples, dans Winckelmann, *Monum. ined.* 115.

[3] Lanzi, *Saggio di ling. etrusc.* tav. vii, 2, II, 164-165. La dépouille du lion ne caractérise pas uniquement Hercule entre tous les héros grecs; on la voit souvent à Thésée, entre autres sur la belle pierre gravée, Mariette, II, 76, où l'on a cru voir le combat d'Hercule et d'Achéloüs, tandis que c'est certainement celui de Thésée et du Minotaure, Boettiger, *Ideen zur Kunst-Mythologie*, 353. Sur une peinture d'un tombeau, publiée par Bartoli, *Sepolcr. antich.* 19, un héros, couvert d'une peau de lion, avec une massue qu'il vient de rejeter, s'approche d'une femme endormie ; sujet qui ne convient ni à Hercule, ni à Thésée, et où il faut reconnaître la fable de Thétis et de Pélée.

[4] Euripid. *Hercul. fur.* 1002-1006.

par la tradition ou consacrée par quelque monument; et quand, à l'exception d'un détail de costume assez peu décisif en lui-même, tout se réunit d'ailleurs, comme dans la composition dont il s'agit, pour nous y faire reconnaître un sujet célèbre, souvent répété, et toujours reproduit à-peu-près de la même façon, le doute doit se changer en certitude. Je pense donc que ce miroir représente, comme les deux autres, *Thétis enlevée par Pélée;* et la confrontation même de ces trois monumens, d'une même forme et du même style, appartenant tous les trois à l'art étrusque, rend encore cette opinion plus probable.

§ III.

Passons maintenant aux monumens grecs, bien plus nombreux et plus nettement caractérisés, qui offrent le sujet en question, sans parler des deux vases publiés par M. Millingen, dont il a déjà été fait mention, et qui ne donnent lieu à aucune observation nouvelle. De tous les monumens connus jusqu'ici, le plus curieux à tous égards est sans contredit le vase athénien publié par M. Wilkins[1], qui s'est servi de ce vase pour appuyer un malheureux essai de restauration du fronton occidental du Parthénon[2]. M. Wilkins s'efforce de voir, contre toute évidence, la *Dispute de Minerve et de Neptune,* dans une composition où tous les personnages, faciles à reconnaître d'après leur attitude même et d'après leur position respective, sont d'ailleurs indubitablement désignés par leur nom écrit au-dessus de chacun d'eux, à l'exception des deux plus importans, *Minerve,* dont la figure a disparu toute entière, et du nom de laquelle il ne reste plus que les deux lettres initiales, ΑΘ, et *Neptune,* dont la figure est aussi fort endommagée, et dont le nom ne consiste plus que dans les dernières lettres ΔΩΝ. Il était aisé de réfuter la fausse interprétation de M. Wilkins, en se bornant à lire, comme l'a fait le colonel Leake[3], les noms de ΘΕΤΙΣ et ΠΗΛΕΥΣ intégralement écrits au-dessus du groupe d'une femme vêtue d'une tunique longue, que saisit, malgré deux monstres marins dont il est assailli par derrière, un jeune héros, nu, et couvert d'une chlamyde flottante; groupe où il est effectivement impossible de méconnaître *Thétis* et *Pélée.* A cette réfutation facile autant que péremptoire, M. Millingen, reproduisant à l'appui de son interprétation du vase du Vatican un dessin de celui de M. Wilkins, a ajouté une explication à-peu-près complète, et à quelques égards satisfaisante, de ce dernier vase[4]. Toutefois, il y a laissé encore des points douteux ou indécis, qui m'obligeront à revenir sur son interprétation.

La figure originairement placée à la gauche du groupe de Thétis et Pélée, mais dont il ne reste plus que le nom écrit au-dessus ΨΑΜΑΘΗ, est incontestablement la *Néréide* ainsi appelée par Apollodore[5], et de laquelle il était dit, dans les traditions mythologiques, qu'après avoir essayé de se soustraire, sous la forme d'un *phoque,* aux poursuites d'Æacus, elle avait enfin cédé à ses désirs, et lui avait donné un fils qui fut nommé *Phocus,* en mémoire de cette transformation. La présence de cette Néréide, sœur de Thétis et belle-mère de Pélée, était à ce double titre tout-à-fait convenable dans la représentation du sujet

---

(1) *Memoirs relating to the Turkey,* by Rob. Walpole, I, 409. Ce vase a été reproduit dans le recueil de M. Maisonneuve, *Introduct. à l'étude des vases,* LXX, 1; et aussi dans les *Anc. uned. monum.* de M. Millingen, I, Λ, n. 1, mais différemment disposé.

(2) M. Quatremère de Quincy, dans son excellente *Restitution des deux frontons du temple de Minerve,* Paris, 1825, in-4°, n'a point cité l'opinion de M. Wilkins, ni le vase qui nous occupe, sans doute parce qu'il a regardé, et avec raison, ce vase comme un élément tout-à-fait étranger à la restauration qu'il proposait.

(3) *Topography of Athens,* p. 256 et 426.

(4) Millingen, *Anc. uned. monum.* I, 25-26.

(5) Apollodor. III, 12, 8.

qui nous occupe. A cet égard donc, point de difficulté. M. Millingen voit encore une *Néréide* dans la figure qui suit, figure pareillement détruite en partie, ainsi que son nom, dont il ne reste que les initiales AΘ. Mais il n'y a nul doute que ce nom ne doive désigner ici AΘηνη[1], *Minerve*, déesse qui put bien assister comme témoin, ainsi que *Neptune*, *Aphrodité*, *Pitho* et *Pan*, à la scène qui précède un mariage où il est dit que *tous les dieux*[2], au nombre desquels *Minerve* est nommément comprise par un auteur ancien[3], apportèrent leurs présens aux deux époux. Je diffère pareillement d'opinion, et avec M. Wilkins, et avec M. Millingen lui-même, au sujet de la figure guidant un quadrige. Le premier voit dans cette figure *Apollon Hélios*, et restitue les lettres, OXH A.....OΣ, de cette manière : OXH AπoλλωνOΣ, le *char d'Apollon*. Le second observe avec raison que ces lettres, OXH (pour OKH), doivent se joindre aux lettres qui précèdent, KYMO[4], de manière à produire le mot KYMOΔOKH, *Cymodocé*, qui est effectivement le nom d'une des Néréides, sœurs de Thétis[5]. A cela j'ajouterai, pour achever d'exclure l'interprétation de M. Wilkins, qu'*Apollon* et *Diane* furent précisément les seuls immortels qui refusèrent, suivant une tradition célébrée par Catulle[6], d'assister au mariage de Thétis et de Pélée. Quant à l'explication de M. Millingen, qui voit dans la figure placée sur le quadrige, le *cocher de Pélée*, et qui supplée en conséquence les lettres finales OΣ, de cette manière : ηνιοχOΣ, j'avoue qu'elle ne me paraît pas plus admissible. Premièrement, le char ne devrait être attelé que des deux chevaux immortels, Xanthus et Balius, qui furent donnés par Neptune à Pélée, dans la célébration même de son mariage[7], et non de *quatre coursiers*, comme il est ici figuré. En second lieu, c'est, à ce qu'il paraît, une femme qui guide ce quadrige : or, dans cette femme, on ne peut reconnaître que l'*Aurore*, dont la présence s'accorde avec l'*heure* où l'action se passe dans le poème de Catulle[8], et dont on retrouve sans peine, dans les deux lettres finales OΣ, le nom habituellement écrit de cette manière, ΗEOΣ, sur les vases grecs[9]. Cette explication se trouve d'ailleurs confirmée par une composition relative au sujet qui nous occupe, que nous offre un vase publié par Passeri[10]. Dans la partie supérieure de ce vase, orné de trois rangs de figures qui ne paraissent pas se rapporter à la représentation d'un même sujet, on voit, derrière un char guidé par *Apollon* et précédé par l'*Aurore*, un jeune héros, nu, à la réserve de sa chlamyde flottante, qui saisit une nymphe vêtue d'une tunique longue. Passeri, presque toujours malheureux dans ses explications, a cru voir, dans cette composition, l'*Aurore enlevant Céphale*, sujet souvent traité, et toujours facile à reconnaître[11]; tandis que c'est évidemment ici, d'après la résistance que la femme oppose à la poursuite du héros, le sujet, encore plus souvent traité et presque toujours méconnu, de *Pélée enlevant Thétis*. La présence d'*Apollon*, sur son char, et de l'*Aurore*, qui le précède, indique,

---

(1) La liste des Néréides, que nous ont transmise Hésiode, *Theogon.* 349-361, et Apollodore, 1, 2, 7, n'offre aucun nom qui commence par les initiales AΘ.

(2) Euripid. *Iphigen. in Aul.* 1041; Catull. *Carm.* xxiv, 298-99 :

> Inde Pater Divum, sancta cum conjuge natisque
> Advenit, cœlo te solum, Phœbe, relinquens.

(3) Ptolem. Hephæst. apud Phot. *Cod.* cxc; voy. Clavier, *sur Apollodore*, II, 460.

(4) Je dois observer cependant qu'Apollodore nomme KYMΩ dans le nombre des Néréides; il nomme aussi KYMOΘOH : ni l'une ni l'autre ne sont comprises dans la liste d'Hésiode.

(5) Homer. *Iliad.* xviii, 39 sqq. Conf. Hygin. p. 7-8.

(6) Catull. *Carm.* xxiv, 299-302, ed. Sillig :

> .... Cœlo te solum, Phœbe, relinquens,
> Unigenamque simul cultricem montibus Idri;
> Pelea nam tecum pariter soror aspernata est,
> Nec Thetidis tædas voluit celebrare jugalis.

(7) Apollodor. iii, 13, 5.

(8) Catull. *ibid.* 271 :

> Aurora exoriente, vagi sub lumina solis.

(9) Tischbein, *Vases d'Hamilton*, IV, xii; Millin, *Vases peints*, II, xxxv, 51; Millingen, *Anc. uned. monum.* I, v.

(10) Passeri, *Pictur. Etrusc.* III, tab. cclxxxii-cclxxxvii.

(11) Voyez-en des exemples, dans d'Hancarville, *Vases*

conformément à la tradition suivie par Catulle, le moment de la scène, lequel a bien pu varier dans les traditions différentes, comme nous le verrons sur d'autres vases, sans qu'on puisse tirer de cette diversité aucun argument contre notre explication.

Je puis maintenant produire un vase[1] qui, par l'ancienneté du style, par la disposition des personnages, par les accessoires, et par l'inscription tracée au-dessus du groupe principal, mérite à tous égards d'occuper le premier rang parmi ceux qui ont rapport à ce mythe célèbre. Quatre personnages forment toute la composition. Un héros, entièrement nu, à barbe cunéiforme, saisit dans ses deux bras une femme vêtue d'un *ample péplus*[2], dont les cheveux sont retenus par cette espèce de lien, avec les deux extrémités pendantes de chaque côté, nommé *credemnon*[3], et dont les pieds ne s'appuient déjà plus sur la terre. A gauche de cette femme, un *serpent*, roulé en plusieurs anneaux, la gueule attachée sur la tête du ravisseur, semble avoir épuisé contre lui tous ses moyens d'attaque, tandis que, de l'autre côté, un *lion*, monté sur le dos du héros, paraît encore s'acharner sur son ennemi, dont il mord l'épaule avec fureur. Telle est la composition remarquable de ce groupe, de chaque côté duquel, deux femmes, vêtues d'un costume semblable, et dans une disposition symétrique, témoignent, par toute leur attitude, la surprise et la frayeur que leur cause la scène dont elles sont témoins. Quelques lettres, à la vérité mal formées, ou presque effacées, comme la plupart de celles qui entrent dans les inscriptions des vases grecs, peuvent toutefois se rapporter sans peine aux noms ΘΕΤΙΣ et ΠΗΛΕΥΣ, et compléteraient, s'il en était besoin, l'explication d'un sujet qu'il est d'ailleurs impossible de méconnaître. Le *lion*, symbole d'une des métamorphoses de Thétis, est expressément nommé par Sophocle[4], ainsi que le *serpent*, figuré seul, comme nous l'avons vu sur le coffre de Cypsélus, pour indiquer ces métamorphoses. Mais c'est pour la première fois que le *lion* paraît sur notre vase, tandis que le *serpent* est le signe le plus habituellement reproduit dans les représentations de ce sujet, telles que celles du vase athénien de M. Wilkins et des deux vases publiés par M. Millingen. Quant aux deux femmes qui s'enfuient épouvantées, rien n'empêche qu'on ne voie en elles deux des nymphes compagnes et sœurs de Thétis, comme sur l'un des vases cités en dernier lieu[5]; et l'on pourrait même appliquer à ces deux *Néréides* les dénominations de *Psamathé* et de *Cymodocé*, tracées sur le vase d'Athènes, s'il n'était plus convenable de désigner par un nom général des personnages accessoires, tels que ceux-ci, qui ne prennent point à l'action une part directe, et qui n'y figurent que pour en rendre la représentation plus pittoresque.

---

d'*Hamilton*, I, 6; Millin, *Vases peints*, II, xxxiv, 51; Millingen, *Vases de Coghill*, xiv. Le caractère essentiel de l'*Aurore*, dans cette représentation, est d'être ailée; ce qui n'est pas le cas du vase de Passeri. Voy. Panofka, *Mus. Barthold*, p. 111.

(1) Voyez planche I, n. 1. La forme du vase est dessinée au dessous. Ce vase est de fabrique réputée sicilienne, bien qu'il s'en trouve, en grand nombre, de pareille fabrique, dans les tombeaux de Nola; et c'est en effet de Nola que provient celui-ci. Il est à fond obscur, avec les contours des figures tracés à la pointe, et d'une des premières époques de l'art, à en juger aussi d'après le dessin. Il appartient à M. le comte de Pourtalès-Gorgier, par qui il fut acquis à Nola, dans un voyage que nous fîmes ensemble dans cette ville, au mois de mars 1827.

(2) Cet *ample péplus* semble avoir été, dans la haute antiquité, le vêtement propre et caractéristique de Thétis. C'est ainsi, en effet, qu'Homère la représente toujours, *Iliad.* xviii, 424:

Τίπ̔ι, ΘΕΤΙ ΤΑΝΥΠΕΠΛΕ, ἱκάνεις ἡμέτερον δῶ;

Elle est vêtue de cette manière sur le bas-relief capitolin de l'Histoire d'Achille, *Mus. capitol.* IV, xvii, 4; et c'est enfin à ce trait particulier de costume qu'elle a été reconnue sur un beau bas-relief du *Musée Chiaramonti*, pl. viii.

(3) Pénélope, obligée de paraître dans la salle où sont assemblés les prétendans, se couvre par pudeur le visage avec les pendans de son *credemnon*, Homer. *Odyss.* 1, 334. Cette sorte de coiffure a été considérée à tort comme exclusivement bachique. Voy. Millin, *Monum. inéd.* 1, 137.

(4) Sophocl. *Fragment.* III, 404, ed. Brunck. *apad* Schol. Pindar. *Nem.* iii, 60 : Τίς γάρ με μόχθος οὐκ ἐπέστατο; ΛΕΩΝ, ΔΡΑΚΩΝ τι, πῦρ, ὕδωρ.

(5) Millingen, *Vases grecs*, iv.

La composition que je viens de décrire, et qui porte en elle-même tous les caractères de la première époque de l'art, nous a certainement conservé la représentation la plus ancienne de ce fait mythologique; peut-être même devons-nous y voir un type antérieur à celui qui avait été employé sur le coffre de Cypsélus. Du reste, on ne saurait douter que cette représentation, de quelque époque qu'elle soit, n'ait été empruntée de quelque original célèbre; car nous en possédons une répétition, presque absolument identique, sur un autre vase, publié, mais sans aucune explication, par M. Maisonneuve[1], vase pareillement à figures noires sur fond jaune, avec cette seule différence, que les chairs des trois femmes sont rehaussées de blanc. Du reste, le groupe principal de *Thétis et Pélée* est représenté, comme dans notre vase, avec le *serpent*, dont la gueule distille le venin, et le *lion*, mordant l'épaule du héros et faisant couler le sang de sa blessure. A ces légères variantes près, et avec cette autre différence, que le héros, *imberbe* sur le vase de M. Maisonneuve, est *barbu* sur le nôtre, tout est semblable dans les deux vases, le nombre, l'attitude, le costume des personnages, ainsi que le style du dessin; en sorte qu'il n'est pas possible d'y méconnaître un seul et même original, reproduit à une même époque de l'art[2], avec cette liberté de détails dont ce genre de monumens était susceptible, et, en même temps, avec cette fidélité scrupuleuse dans l'ensemble et dans la disposition générale, qui atteste le mérite et la célébrité de cet original.

J'en puis produire une nouvelle preuve, non moins décisive, dans un vase qu'il ne tiendrait qu'à moi de regarder comme inédit, quoiqu'il ait été publié par Caylus[3], mais en effet d'une manière si infidèle, que ni Caylus lui-même, ni personne depuis, à ma connaissance, n'a pu en découvrir le sujet. Il suffit de rapprocher le vase en question[4] de celui que j'ai décrit plus haut, pour reconnaître l'identité, non-seulement du sujet, mais encore de la composition elle-même. Pélée s'y montre nu, à la réserve du petit vêtement autour des hanches, et enlevant Thétis entre ses bras, absolument dans le même costume et dans le même mouvement que nous l'avons vu sur les miroirs étrusques. Il est entouré du *serpent*, dont la gueule distille le venin, comme sur le vase de M. Maisonneuve et sur ceux de M. Millingen. Thétis a le même vêtement et la même attitude que sur la plupart des monumens qui ont rapport à ce sujet. Enfin, les deux nymphes compagnes de Thétis et témoins de la scène, offrent pareillement la même disposition, la même attitude que sur notre vase de fabrique primitive, bien que l'exécution de celui-ci se rapporte, suivant toute apparence, à une époque beaucoup plus récente. Les pampres, qui semblent moins servir d'ornement au vase que d'enveloppe au sujet même, indiquent, d'accord avec la forme de ce vase et avec sa dimension, son *usage bachique*, et probablement aussi la *nature satyrique* de la représentation qui s'y voit figurée, suivant un système de conjectures que j'aurai occasion de développer ailleurs. En un mot, il est impossible de trouver, dans deux vases de forme, de style, d'usage et de fabrique plus divers, une composition plus

---

(1) Maisonneuve, *Introduct. à l'étude des vases*, LXX, 3. Ce vase, provenant de la collection de Mme Caroline Murat, doit se trouver aujourd'hui à Munich.

(2) On peut juger, d'après ce seul exemple, auquel il serait facile d'en ajouter beaucoup d'autres, combien est peu fondée l'assertion de M. Inghirami, *Monum. etruschi*, ser. V, qu'on ne trouve jamais sur les vases de répétition identique du même sujet, et la conséquence qu'il en tire, que les compositions des vases sont toutes originales. J'aurai occasion de produire bientôt de nouvelles preuves à l'appui de cette observation.

(3) Caylus, *Recueil d'antiquités*, II, XXXIII, 1, p. 93. Dans la gravure de Caylus, la *tête* de Pélée a été supprimée; le *serpent* qui l'entoure a été tout aussi mal rendu; et il en résulte, comme le dit Caylus lui-même, *un Monstre à deux queues*, qui fait violence à une Nymphe.

(4) Voy. planche I, 2. Ce vase est au cabinet du Roi.

complétement identique : ce qui constate de plus en plus, outre l'importance du mythe auquel elle a rapport, la célébrité de l'original dont elle dérive[1].

§ IV.

Après avoir ainsi reconnu, à sa disposition générale et à ses accessoires principaux, la représentation du sujet en question, il ne nous reste plus qu'à en rechercher les répétitions, plus ou moins variées, qui peuvent s'être produites sur d'autres monumens du même genre. Le nombre en est si considérable, et, sur tous ces vases, l'action principale est si constamment traitée de la même manière, qu'il y a lieu de s'étonner qu'aucun antiquaire, pas même M. Millingen, qui se trouvait pourtant sur la voie, n'ait encore entrepris de restituer à ces vases leur signification véritable. J'indiquerai d'abord le fameux vase de la galerie de Florence, qui a tant exercé, et si malheureusement jusqu'ici, la sagacité des plus savans antiquaires, et qui restera long-temps encore peut-être, pour une grande partie de sa composition, un problème sans solution, mais dont le sujet principal, tracé sur le corps même du vase, ne me paraît du moins susceptible d'aucune incertitude[2]. Ce sujet nous présente un groupe d'un jeune héros, vêtu d'un manteau, la *causia* rejetée derrière la tête, la *double lance* dans la main droite, poursuivant une nymphe qui se sauve avec toutes

(1) Il existe une répétition de ce sujet; qu'on croirait *calquée* sur notre vase, tant elle y est conforme, mais appliquée sur un vase de la forme de *lecythus*, et de fabrique sicilienne, ou réputée telle, au *Musée Charles X*, provenant de la collection de M. Durand. Le serpent *distillant le venin* est encore mieux indiqué sur ce vase que sur le nôtre. J'observerai cependant que cette espèce d'appendice au-dessous de la tête du serpent, pourrait être, sur la foi de quelques témoignages, Ælian. *Hist. anim.* xi, 26, et de quelques monumens antiques, Millin, *Vases peints*, 1, vn, 15, regardée comme la *barbe* même de ce serpent. Cela, au fond, ne change rien à la signification de ce symbole.

(2) Ce vase fut publié, pour la première fois, par Buonarotti, dans les planches ajoutées à l'ouvrage de Dempster, *Etrur. regal.* lxii, lxiii, mais d'une manière très-infidèle, et avec quelques mots d'explication seulement, qui ne concernaient qu'une ou deux figures, *ad* Dempster. § xxii, 31. Passeri le reproduisit, *Pictur. Etrusc. in vasc.* I, lviii, lix, en y joignant une interprétation dont il serait tout-à-fait superflu d'entreprendre aujourd'hui la réfutation. On sait que le système entier des explications de cet auteur, rapportées uniquement à des doctrines étrusques, est contraire à tous les faits établis; et jamais peut-être il ne fit une application plus malheureuse de ce système, que dans le cas dont il s'agit. Le célèbre abbé Lanzi, soumettant ce vase à un nouvel examen, y découvrit, après l'avoir lavé, six inscriptions grecques, tracées en caractères cursifs, au-dessus de six personnages de l'ordre supérieur; et à l'aide de ces inscriptions, et surtout du nom de ΝΙΚΟΠΟΛΙΣ, donné à une figure qui lui parut le personnage principal, il crut voir ici une représentation allégorique des jeux actiaques célébrés en l'honneur d'Apollon dans la ville de Nicopolis, *Descriz. della real Galler. di Firenze*, p. 163. Il serait trop long, et d'ailleurs très-inutile aussi, de montrer en quoi cette explication, qui suppose postérieure à Auguste la fabrication du vase en question, est peu satisfaisante en elle-même. Lanzi laissait, du reste, subsister la difficulté principale, en ne s'occupant en aucune façon de la composition peinte sur le corps du vase. C'est ce qui engagea l'illustre éditeur du Musée Pie-Clémentin à proposer une interprétation nouvelle et complète de ce vase intéressant. Il lut et expliqua les inscriptions déchiffrées par Lanzi, mais sans pouvoir encore, à mon avis, fixer la vraie leçon de noms propres tracés, comme la plupart de ces noms, d'une manière très-négligée; il vit un sujet relatif aux Thesmophories, dans la composition supérieure, en quoi sans doute il se tint plus près de la signification générale de ces monumens; mais il échoua complétement dans l'interprétation du sujet principal, où il crut voir l'aventure de Phèdre et Hippolyte; c'est à savoir, dans le premier groupe, Phèdre échevelée déclarant son criminel amour à Hippolyte, et, dans le second, Hippolyte cherchant à se dérober aux empressemens incestueux de sa marâtre, *Mus. P. Clement.* II, tav. agg. B, n. 1-4, p. 62. Il suffit du plus léger examen, pour s'apercevoir combien Visconti s'était laissé tromper par un dessin inexact, et à quel point son explication est opposée au mouvement, à l'âge, à l'intention des personnages. Aussi deux antiquaires qui ont écrit de nouveau sur ce monument qu'ils avaient sous les yeux, M. Inghirami et l'abbé Zannoni, ce dernier, garde actuel de la galerie de Florence, n'ont-ils pas eu de peine à détruire l'opinion de Visconti, le premier, dans ses *Monumenti etruschi inediti*, ser. V, vii, viii, ix, fig. 119-122, où il a publié le seul dessin vraiment fidèle qu'on possède du vase en question, dessin dont j'ai pu vérifier moi-même l'exactitude sur le monument original; et le second, dans un docte opuscule intitulé *Illustrazione di due urne etrusche e di alcuni vasi Hamiltoniani*, p. 54-56. L'abbé Zannoni est celui de tous qui me paraît s'être approché le plus de la vérité, en reconnaissant, dans le premier groupe de deux figures, *Ménélas poursuivant Hélène*, et, dans le second, *Hélène implorant le secours d'Agamemnon*. Mais le personnage d'Hélène, deux fois répété sous des traits différens, sans compter d'autres difficultés graves qu'on peut opposer à cette explication, ne permet pas de l'adopter; tandis que, dans notre interprétation, le motif de chaque groupe et l'intention de chaque personnage sont si clairement caractérisés, et se trouvent si conformes d'ailleurs aux autres représentations connues du même fait, qu'il ne semble pas qu'il puisse y avoir lieu désormais au moindre doute.

les démonstrations d'une résistance impuissante; et derrière ces deux personnages, un second groupe composé d'un vieillard *barbu, à cheveux blancs*[1], vêtu d'un long manteau et tenant un sceptre, qu'entourent, de chaque côté, deux femmes ou nymphes qui paraissent dans une agitation violente. On ne peut méconnaître, dans le premier groupe, *Pélée poursuivant Thétis*, comme on les voit représentés l'un et l'autre sur un grand nombre de vases que je citerai plus bas; et dans le second, *Nérée, le vieux Nérée, entre deux Néréides qui invoquent son assistance*. Ce même personnage figure, en effet, dans un groupe presque en tout semblable à celui-ci, sur l'un des vases publiés par M. Millingen[2]; et rien n'était sans doute plus naturel, que de faire intervenir *Nérée* dans un pareil sujet, ne fût-ce que pour sauver, par sa présence même, ce qu'il pouvait y avoir d'odieux ou de profane dans l'acte de violence commis sur sa fille et qu'il n'avait pu prévenir.

C'est effectivement *Nérée*[3] qui paraît en cette qualité de père et de protecteur, sur un beau vase inédit, appartenant à M. Politi[4]. Ce vase offre quatre personnages, dans lesquels M. Politi lui-même a cru reconnaître *Ajax Locrien* attentant à la pudeur de *Cassandre*, en présence d'un *prêtre de Minerve* et d'une *esclave*. Mais il suffit du plus léger examen pour s'assurer que cette explication est complétement erronée. Rien ne caractérise ici, ni dans le héros auteur de l'attentat, ni dans la femme qui en est l'objet, une action où il suffit de l'absence du simulacre de Minerve, élément indispensable de cette représentation[5], pour prouver qu'il ne peut être question de la violence faite à Cassandre, tandis que tout s'accorde pour y faire reconnaître l'aventure de Thétis et de Pélée. En effet, le héros, nu, à l'exception de la chlamyde flottante, n'est armé que de la *double lance*, qui n'est pas proprement l'arme des guerriers, mais le symbole de la vie active, et, à ce titre, l'attribut caractéristique des héros; il a de plus la *causia* rejetée par derrière, comme on la voit aux héros voyageurs, et qui convient en pareil cas à Pélée, autant qu'elle siérait mal au ravisseur de Cassandre. La femme qui semble vouloir se dérober à la poursuite du héros, porte le *diadème*, qui ne convient pas davantage à Cassandre, et qui est l'ornement habituel du front des déesses: celle-ci, du reste, est vêtue de la tunique longue et du demi-péplus, comme l'est la figure de Thétis sur la plupart des vases, de beau style, que nous aurons occasion d'examiner; et quant à l'absence des monstres ou du serpent, qui caractérisent, sur ceux de ces vases du plus ancien style, l'action dont il s'agit, j'ai déjà remarqué, au sujet des trois miroirs mystiques qui nous offrent le même sujet sans l'accessoire en question, que la suppression de cet accessoire était conforme à la tradition de Phérécyde; et j'ajoute

---

(1) Le dessin même de Passeri et celui de Buonarotti, tout incorrects qu'ils sont, témoignent suffisamment que c'est ici un *vieillard*, avec *un long manteau* et le *sceptre en main*, tous caractères qui conviennent assez peu à Hippolyte; et il est certain que sur le vase original, aussi bien que sur le dessin de M. Inghirami, ce prétendu Hippolyte a les cheveux blancs.

(2) Passeri, *Pictur. Etrusc. in vasc.* I, ix; Millingen, *Anc. uned. monum.* I, x, 23-28.

(3) On ne saurait voir dans ce vieillard, *Æaque*, père de Pélée, 1° parce que l'intervention d'Æaque n'est indiquée par aucun témoignage antique; 2° parce que celle de *Nérée* est, sinon autorisée de cette manière, du moins plus conforme à la vraisemblance; 3° parce qu'enfin elle résulte de la place même qu'occupe toujours, sur les vases en question, ce personnage, immédiatement *derrière Thétis*, qu'il semble protéger et couvrir, pour ainsi dire, de sa présence, ou bien *au milieu des Néréides*, qui invoquent son secours, position qui, dans aucun cas, ne saurait convenir à Æaque.

(4) Ce vase a été gravé, mais non encore publié, par M. Politi, qui a écrit sur la planche, dont je lui dois un exemplaire, les noms des personnages, ainsi qu'il suit : *un' Ancella, Ajace Locrio, Cassandra, e un Sacerdote di Minerva*. J'ai du reste examiné soigneusement le vase original pendant mon séjour à Girgenti. Voy. planche II.

(5) Les monumens qui nous offrent la violence faite à Cassandre, sont nombreux, particulièrement dans la classe des vases grecs : je me contenterai de citer ici les principaux de cette dernière espèce, où vse oit toujours le simulacre de Minerve, *Vases d'Hamilton*, III, 57; *Vases de Lamberg*, II, 34, et sur-tout le fameux vase Vivenzio, dans Millin, *Vases peints*, I, xxv, xxvi, et Schorn, *Homer nach Antiken*, IX, v, 25-41; voy. Boettiger, *über den Raub der Kassandra*, t. ii.

que sur tous les vases, de beau style et de fabrique plus récente, où ce sujet est représenté, c'est cette dernière tradition qui paraît avoir été suivie de préférence, sans doute parce qu'elle y était suffisamment caractérisée par la disposition même et par l'action des personnages. La figure que M. Politi prend pour celle d'un prêtre de Minerve, et dont il serait difficile de justifier, par un témoignage antique ou par un exemple analogue, l'intervention dans un pareil sujet, ne peut être que le vieux *Nérée, chauve*[1], *barbu*, et avec le *bâton à la main*, comme il est représenté sur les vases de Passeri et de M. Millingen[2]; enfin, la femme dans laquelle M. Politi voit une *servante*, personnage qui serait passablement déplacé dans une scène telle que celle de l'attentat commis sur Cassandre, est évidemment une *Nymphe*, soit *Psamathé* ou toute autre *Néréide*, soit la *Nymphe du lieu*, celle de *Pharsale*, ou celle du *Pélion*, témoin pour ainsi dire obligé d'une pareille scène, et, à ce titre, l'un des personnages qui s'y montrent le plus habituellement.

La composition que je viens de décrire, et qui est du style le plus noble et le plus pur, en même temps qu'elle est sortie d'une des meilleures fabriques de la Grande-Grèce, appartient incontestablement aux plus belles époques de l'art; elle nous a conservé le type le plus accrédité de toute cette période, et sans doute celui qui provenait d'un des plus habiles maîtres de l'école grecque. Aussi puis-je en citer une dixaine de répétitions, toutes pareillement du plus beau style, avec le même nombre de personnages disposés de la même façon, mais avec ces légères variantes de costume et d'accessoire, qui ont fait trop légèrement supposer, en considérant chacune de ces représentations isolément[3], qu'elles appartenaient à des mythes divers, tandis qu'il ne fallait y voir que la liberté laissée à l'artiste, d'opérer dans quelques détails, au fond peu essentiels, des changemens qu'il ne lui eût sans doute pas été permis de faire porter sur l'ensemble de la composition, sur son caractère et sur sa disposition générale. Je me contenterai de relever, dans chacune de ces répétitions, les particularités nouvelles ou curieuses qu'elles peuvent offrir, sans m'arrêter à décrire en détail une composition qui est essentiellement la même sur tous ces vases. Trois de ces répétitions sont publiées dans le second recueil d'Hamilton[4], sur l'une desquelles est figuré Pélée, coiffé de la *causia*, saisissant d'une main Thétis, et lui présentant de l'autre le *caducée*, symbole neuf et remarquable, qui se rapporte peut-être à quelque tradition différente de celles qui nous sont parvenues[5]. Sur la seconde, Pélée se montre au contraire dans l'attirail guerrier le plus complet; il a la tête couverte d'un casque, et la partie gauche du

---

(1) *Nérée* est toujours désigné comme un *vieillard*, Homer. *Iliad.* I, 538; Hesiod. *Theogon.* 234; Orph. *Argonaut.* 334. C'est pour cette raison, sans doute, qu'il porte quelquefois le *bâton* en place de *sceptre*, et qu'il est figuré *chauve*, comme le sont le plus souvent les *vieillards*, sur les vases grecs : voyez-en des exemples dans Tischbein, *Vases d'Hamilton*, IV, 60; Millin, *Vases peints*, I, xxv; Millingen, *Vases grecs*, xxxii, xxxix, lv.

(2) Passeri, *Pictur. Etrusc.* I, ix; Millingen, *Vases grecs*, iv, v.

(3) M. Millingen, citant et comparant plusieurs des représentations dont il est ici question, s'exprime ainsi, *Vases de Coghill*, p. 31 : « De pareilles compositions peuvent représenter Oreste « ou Alcméon qui vengent la mort de leurs pères, Ménélas « qui poursuit Hélène, Cercyon et Alopé, ou enfin quelque fait « analogue dont l'histoire des temps héroiques fournit plusieurs « exemples. » Il est assez singulier que l'exemple le plus célèbre de tous, et celui qui explique seul toutes ces compositions, ait été omis par M. Millingen.

(4) Tischbein, *Vases d'Hamilton*, I, 20, IV, 41, 47. Sur cette dernière composition, Italinsky, p. 26, voit *Jason et Médée*; sur une autre pareille, *Amphiaraüs et Ériphyle*; sur les deux autres, Fontani, auteur des explications du quatrième volume des Vases de Tischbein, de la deuxième édition de Florence, voit, p. 59 et 67, *Ménélas et Hélène*. Consultez à ce sujet l'*Illustraz. di due urne etrusche e di alcuni vasi Hamiltoniani*, de l'abbé Zannoni, p. 46 et suiv. Je me contente, en exposant mon opinion, de citer les opinions contraires; c'est au lecteur à prononcer sur le mérite des unes et des autres.

(5) Sur un vase inédit qui sera cité plus bas, *Mercure poursuivant une nymphe* se voit au revers de *Pélée poursuivant Thétis*; mais ce rapprochement, quelle qu'en soit l'intention, n'a sans doute aucun rapport avec le *caducée* employé sur le vase dont il s'agit ici. L'artiste a-t-il voulu exprimer, au moyen de ce symbole, le but pacifique de l'agression commise par Pélée? Cela paraît assez vraisemblable.

corps protégée par un immense bouclier, sur lequel un long *serpent*, qui se replie en plusieurs anneaux, et dont la gueule distille le venin, fait l'office d'emblème[1], en même temps qu'il fournit une allusion ingénieuse à la résistance dont le héros vient de triompher[2]. Dans la troisième, Pélée, la tête nue, avec la *causia* rejetée par derrière, a la main droite armée d'un glaive, dont il semble menacer Thétis, qu'il saisit de l'autre main, et qui ne paraît plus opposer d'autre obstacle à ses desirs que la crainte même qu'elle lui témoigne. Dans ces trois compositions, *Nérée*, tantôt avec le sceptre, tantôt avec le bâton, le front tantôt dépouillé, tantôt garni de cheveux, apparaît derrière Thétis, comme pour s'interposer, au dernier moment d'une lutte inégale, entre sa fille et son vainqueur; et la *Nymphe* complète, à l'autre extrémité de la composition, et par son mouvement en sens inverse, la disposition symétrique de cette composition. Il existe encore, dans le même recueil d'Hamilton[3], et parmi les vases inédits de M. Durand, deux autres répétitions de ce sujet, conçues de la même manière, et qui n'en diffèrent qu'en ce que les quatre personnages sont groupés deux à deux, savoir, *Pélée* et *Thétis*, d'une part, *Nérée* et la *Nymphe*, de l'autre, sur deux côtés opposés d'une patère, dont le centre est occupé par une divinité vêtue et ailée, probablement *Iris*[4], qui présente un casque à un personnage barbu, debout devant elle.

Sur les autres répétitions du même sujet, que je puis produire, et qui sont pour la plupart inédites, la composition est réduite à trois personnages, tantôt par la suppression de la figure de la *Néréide*, comme sur un beau vase du cabinet de M. le duc de Blacas[5], tantôt, et plus ordinairement, par la suppression de *Nérée*, comme sur un vase de la première collection d'Hamilton[6], et sur trois vases inédits, l'un appartenant à M. Catalano, à Naples[7], l'autre faisant partie de la collection de M. Durand[8], et le troisième, du musée Charles X[9]. Quelquefois, enfin, la composition est portée au nombre de cinq personnages, comme sur un magnifique vase publié, sans aucune explication, par M. Maisonneuve[10], où le groupe principal de Pélée enlevant Thétis dans ses bras, est précédé d'un personnage qui semble l'assister ou l'encourager dans son audacieuse entreprise, et qui ne peut être que *Télamon* son frère, ou quelqu'un de ses compagnons[11], et suivi d'un groupe de *deux Néréides*, qui indiquent par leur surprise et leur effroi la part qu'elles prennent à la scène dont elles sont témoins. Cette dernière composition, absolument identique, pour la disposition, l'attitude

---

(1) Des *emblèmes* analogues se reproduisent si fréquemment sur les vases grecs, qu'il est superflu d'en citer des exemples. Voyez cependant Tischbein, *Vases d'Hamilton*, I, 29, 15, 4 et 5; II, 8; Boettiger, *Vasengemaelde*, III, 224.

(2) Ce serpent rappelle celui qui entoure Pélée sur notre vase, pl. I, n. 2.

(3) Tischbein, *Vases d'Hamilton*, I, 21.

(4) Voyez Boettiger, *Vasengemaelde*, II, 68-114.

(5) Ce vase doit faire partie de la collection de vases peints que publiera prochainement M. le duc de Blacas. Pélée y est représenté *barba*, ce qui est un reste du costume héroïque suivi sur les vases du plus ancien style; il porte la *causia* attachée et rejetée par derrière; de son bras gauche tendu en avant et enveloppé dans son manteau, *pallio clypeatus*, il s'apprête à saisir la nymphe, tandis qu'il la menace du fer nu qu'il tient de la main droite. Thétis est vêtue de la même tunique longue, à manches courtes, avec le demi-péplus jeté par dessus, qu'on lui voit dans la plupart de ces compositions; elle porte autour de chaque poignet un triple bracelet, περισφύρια, et a le front ceint d'un diadème à aigrettes, qui semble être un ornement mystique.

Derrière la nymphe qui fuit, le vieux Nérée accourt, en sens contraire, à son secours; il a la tête nue et chauve, ceinte d'une bandelette violette; de sa main droite tendue en avant, il semble protéger sa fille, et il porte le bâton en forme de béquille sur le bras gauche. Ce vase, d'un beau dessin et d'une excellente fabrique, offre en outre sur la face principale l'inscription très-bien formée, OIONOKΛΕΣ ΚΑΛΟΣ; et au revers, le mot seul, ΚΑΛΟΣ.

(6) D'Hancarville, *Vases d'Hamilton*, I, 94.

(7) Voyez planche X, 1. Dans le catalogue manuscrit de cette collection, dont une copie est dans mes mains, ce sujet est expliqué par *Oreste poursuivant Clytemnestre, avec Électre qui se sauve*.

(8) Voyez planche III, 1.

(9) Voyez planche X, 2.

(10) *Introduction à l'étude des vases*, xxxi.

(11) C'est ainsi que M. Millingen explique, suivant toute raison, le même personnage, qui figure aussi, à la même place et dans la même attitude, sur le vase du Vatican. Voy. ses *Anc. uned. monum.* I, x, 24.

et l'expression des cinq personnages qui y figurent, avec celle du grand vase du Vatican dont il a été question en premier lieu[1], n'en diffère qu'en ce que le serpent, signe symbolique de la résistance de Thétis, n'entoure plus le corps du héros; mais ce symbole est remplacé, sur le vase de M. Maisonneuve, par divers coquillages et poissons de mer, tracés au-dessous de cette composition, et parmi lesquels figure trois fois la *sepia*, par allusion à la dernière métamorphose de Thétis, qui eut lieu sous cette forme, et en mémoire de laquelle le canton de Thessalie où s'était passée la scène de la surprise faite à Thétis, reçut le nom de *Sepias*[2]. Cette composition confirmerait donc au besoin, par l'addition de ce dernier symbole, la signification commune de toutes ces représentations semblables, en même temps qu'elle achèverait de prouver, par la suppression du *serpent*, que cette particularité, toute caractéristique qu'elle était dans le principe, avait cessé de paraître essentielle au sujet. Elle servirait ainsi de transition et de lien entre les vases du plus ancien style, où Thétis se montre toujours entourée de monstres qui la défendent, et ceux du plus beau style, où la scène s'explique d'elle-même par le nombre, la disposition, l'attitude et l'expression des personnages; et, sous ce dernier rapport, elle complète le cycle des représentations relatives à ce fait mythologique.

Elle le complète, ai-je dit, mais elle ne le ferme pas. Il existe une série nombreuse de monumens qui représentent un groupe d'un jeune héros, armé tantôt de la double lance, tantôt d'une épée, tantôt poursuivant, tantôt saisissant déjà d'une main une nymphe qui ne se défend que par son attitude suppliante et par son air effrayé : c'est le sujet réduit à deux personnages, ou à sa plus simple expression, comme il était primitivement figuré sur le coffre de Cypsélus. Un de ces vases a été publié par d'Hancarville[3]; un deuxième, par Tischbein[4]; un troisième, qui fait partie de la collection de Coghill, l'a été par M. Millingen[5]; et je ne doute pas qu'il ne s'en trouve encore d'autres qui ont échappé à mon attention, ou qui sont restés jusqu'ici inédits : tel est le plus curieux sans doute de tous ces vases, lequel existe dans le cabinet de M. le duc de Blacas. Pélée s'y montre armé d'une *épée*, arme que nous lui avons déjà vue sur d'autres vases; et, au revers de celui-ci, *Mercure*, reconnaissable à sa barbe cunéiforme, et au *caducée* qu'il tient de la main gauche, poursuit de même une nymphe, soit Apémosyne, soit toute autre[6], qu'il est également près d'atteindre; rapprochement curieux et neuf jusqu'ici, mais non pas tout-à-fait unique[7], d'un héros ravisseur d'une déesse, et d'un dieu vainqueur d'une mortelle.

Une autre classe de monumens, presque aussi nombreuse, se rapporte encore indubitablement au même mythe. Sur un de ces vases, publié par M. Millin, un héros, coiffé de ce *casque conique* qui n'est proprement ni le *pileus* des Dioscures, ni celui d'Ulysse, ni, dans tous

---

(1) Millingen, à l'endroit cité note précédente.

(2) Hérodot. vii, 191 ; Euripid. *Andromach.* 1267 ; Schol. Apollon. Rhod. iv, 582 ; Schol. Lycophr. 175.

(3) *Vases d'Hamilton*, I, 84.

(4) Tischbein, *Vases d'Hamilton*, I, 19.

(5) Millingen, *Vases de Coghill*, xxxix, 2.

(6) Mercure *poursuivant une nymphe* s'est déjà rencontré sur un vase publié par Millin, *Vases peints*, I, lxx, où cet antiquaire a vu la fable de *Mercure et Hersé*, Apollodor. iii, 14, 3; fable représentée, à ce qu'on croit, par un groupe en marbre de la collection Farnèse, Winckelmann, *Geschichte der Kunst*, v, 1, 16. L'abbé Zannoni a cru trouver *Mercure poursuivant Apémosyne*, autre aventure indiquée par Apollodore, iii, 2, 1, sur un vase d'Hamilton, publié par Tischbein, III, 31, où Italinsky, approuvé par Millin, *Vases peints*, II, v, 10, a vu, avec plus de raison, ce me semble, *Borée poursuivant Orithye*; voy. *Galler. di Firenze*, ser. IV, t. I, p. 59-62. L'abbé Zannoni paraîtra sans doute mieux autorisé à voir le même sujet dans le vase de la seconde collection d'Hamilton, IV, 41, que j'ai rapporté à la fable de *Thétis et Pélée*, mais où le *caducée* entre les mains du ravisseur, semble, comme il l'est en effet le plus souvent, un symbole caractéristique de Mercure. Toutefois, je crois mon explication préférable, et je la soumets à M. Zannoni lui-même.

(7) Un rapprochement, ou, si l'on veut, une opposition du même genre, se voit sur un vase que je publie, planche VI, 1, et dont il sera parlé plus bas.

les cas, un attribut propre aux Tyndarides plutôt qu'à tout autre personnage héroïque[1], poursuit, un fer nu dans la main droite, la gauche enveloppée dans son manteau[2], comme on voit Pélée figuré sur plusieurs des vases que j'ai cités[3], une femme qui témoigne, dans toute son attitude, la plus vive appréhension, et de l'autre côté de laquelle une autre femme, portant un *flambeau allumé*, indique que l'action représentée se passe durant la nuit[4]. C'est en effet pendant que Thétis s'abandonnait au sommeil, que Pélée essaya d'abord de la soumettre à son pouvoir; et nous avons vu, sur deux autres vases, l'*Aurore* indiquer par sa présence le moment qui suivit cette première tentative, c'est-à-dire, celui où s'accomplit l'union du héros avec la déesse. Un autre vase, que je publie[5], nous présente une composition presque en tout semblable à celle que je viens de décrire, dans le costume, l'attitude et la disposition des deux principaux personnages; mais la seconde femme, au lieu de tenir un flambeau allumé, accourt, les deux bras tendus en avant, au secours de la déesse poursuivie: c'est évidemment la *Néréide* compagne habituelle de *Thétis*, et probablement *Psamathé*. Du reste, ce vase nous offre encore une particularité neuve, dans le petit *autel allumé*, placé entre les deux femmes. Cet autel, qui ne s'explique convenablement dans aucun des sujets qu'on a cru voir ici, tels que les parricides Oreste et Alcméon, poursuivant, l'un, Clytemnestre, l'autre, Ériphyle[6]; ou bien, Pâris courant après Œnone, ou bien encore, Procris s'éloignant de Céphale, interprétation qui, pour être la plus récente, n'en est pas moins la plus inadmissible de toutes[7]; cet autel, dis-je, devient au contraire un accessoire tout-à-fait propre au sujet qui nous occupe. Il sert en effet à marquer, suivant la tradition populaire[8], le lieu où l'action se passa, qui était le voisinage du *Thétidion*, ou *temple de Thétis*. On sait combien l'indication du tout par la partie était une méthode familière à l'art grec, resté toujours fidèle à son système primitivement symbolique. Nous avons vu, sur un vase, la *sepia* indiquer, par un artifice analogue, que le lieu de la scène était la *Sepias* de Thessalie; ici, c'est un *autel*, tenant la place du temple entier, qui représente le *Thétidion;* et nous verrons bientôt que, sur un monument d'un autre genre, deux colonnes surmontées d'un architrave offrent pareillement l'image abrégée du même temple, et dans une intention semblable, celle d'indiquer le lieu de la scène.

Les monumens que j'ai passés jusqu'ici en revue, et qui embrassent une série d'à-peu-près cinquante compositions, toutes semblables l'une à l'autre, bien que variées dans quelques détails, toutes dérivées, à diverses époques, d'un seul et même original, forment sans contredit l'un des cycles figurés de représentations mythologiques les plus riches et les plus curieux qui soient connus. Je n'ai pas à craindre de m'être laissé surprendre par cette espèce de séduction qu'exerce l'explication d'un sujet rare ou difficile, en disposant l'esprit à retrouver par-tout le même sujet dans des compositions qui n'ont avec lui qu'une analogie apparente. C'est une erreur, très-naturelle du reste, et je dirais presque légitime, où tombent

---

(1) Millin, *Monum. inéd.* I, 299, *Vases peints*, II, 16, n. 2. Par exemple, on voit ce *pileus* à *Cadmus*, Millin, *Vases peints*, II, vii; à *Tydée* et à *Thésée*, Millingen, *Anc. uned. mon.* I, xxvii.

(2) C'est ce que les anciens exprimaient par *chlamyde clypeare brachium*, Varro, *Ling. lat.* IV; et ce que Pétrone explique d'une manière plus détaillée : *Intorto circa brachium pallio composui ad prœliandam gradum; Sat.* lxxx. Rien n'est plus fréquent que de trouver sur les monumens antiques des exemples à l'appui de ces témoignages. Voy. Visconti, *Mus. P. Clement.* I, 7; Laborde, *Vases de Lamberg*, 1, xiii, 13, 54; II, xxviii, 40.

(3) Tischbein, *Vases d'Hamilton*, I, 21.

(4) Millin, *Vases peints*, I, xliv.

(5) Voyez notre planche IV, 1. Ce vase fait partie d'un *Recueil de dessins inédits de vases grecs*, formé par M. Millin, et appartenant à la Bibliothèque du Roi.

(6) Millin, *Vases peints*, I, xliv, 87; Italinsky, *Vases d'Hamilton*, I, 26, 27; Fontani, *même recueil*, IV, 59, 67.

(7) C'est celle de M. Millingen, *Vases de Coghill*, 31-32.

(8) Euripid: *Andromach.* 20, 117, 134 : Θετίδιον, Θέτιδος ἀνάκτορες, Θέτιδος ἀγλαὸν ἕδρας, et Schol. *ibid.* Cf. Herod. VII, 191.

fréquemment les antiquaires; et pour ne pas sortir du sujet même qui m'occupe, c'est précisément la faute que commit Winckelmann, en étendant la découverte qu'il croyait avoir faite des noces de Thétis et de Pélée sur trois bas-reliefs romains[1], deux desquels au moins n'appartiennent point à cette fable, comme j'essaierai de le montrer plus bas, en l'étendant, dis-je, jusqu'à la *Noce Aldobrandine*[2], qui certainement ne s'y rapporte par aucun trait caractéristique. Mais ici j'ai suivi, par une chaîne d'inductions non interrompue, par une suite d'exemples qui se confirment, s'expliquent, se complètent les uns les autres, le développement d'un même mythe, sur des compositions toutes semblables, dans lesquelles il n'y a que le costume et les accessoires qui varient à raison des temps ou bien au gré des artistes. Si l'on était surpris que ce seul mythe eût fourni un si grand nombre de représentations dans une même classe de monumens, je dirais qu'on eût dû plutôt être étonné jusqu'ici d'en avoir trouvé ou reconnu si peu, quand la singularité du fait en lui-même, quand l'intérêt historique des personnages, lui avaient déjà acquis, du temps de Cypsélus, une place parmi les traditions les plus populaires de la Grèce, et, très-probablement, un type de la main d'un de ses plus célèbres artistes; quand, en un mot, cet événement, auquel tous les dieux avaient pris part, était devenu, comme nous le voyons par le poème de Catulle, imité sans doute de celui d'Hésiode, l'un des thèmes favoris de la poésie. Aussi n'est-ce pas encore aux seuls monumens de travail ou de style grec, tels que ceux que j'ai fait connaître jusqu'ici, que se borne la série des monumens qui s'y rapportent : il en est encore d'un autre style, d'une autre nature et d'une autre époque, qui rentrent dans le même cercle, et que je vais successivement exposer.

§ V.

Le premier de ces monumens, à-la-fois par sa rareté et par les opinions diverses et contradictoires dont il a été l'objet, est le célèbre vase Barberini, depuis Portland, trouvé dans l'urne dite d'Alexandre Sévère, du musée du Capitole[3], et conservé actuellement au musée britannique. L'opinion des premiers interprètes de ce beau monument[4], fondée sur le prétendu rapport qu'ils croyaient y découvrir entre la naissance d'Alexandre le Grand, figurée par le serpent, et l'urne même qui était censée contenir les cendres d'Alexandre Sévère, cette opinion, dis-je, fausse comme le fait qui lui servait de base, savoir, que l'urne en question ait jamais appartenu à l'empereur Alexandre Sévère, est depuis si long-temps abandonnée[5], qu'il serait tout-à-fait superflu de la combattre. Winckelmann, le premier, faisant une juste application du fait mythologique sculpté sur le coffre de Cypsélus, reconnut dans le jeune héros qui s'approche, guidé par l'Amour, d'une femme assise, du bras de laquelle s'élance un serpent marin, et que la présence pacifique de Neptune[6] achève de

---

(1) Winckelmann, *Monum. ined.* 110, 111; *Monum. Mattei.* III, 32, 33; *Admiranda*, 22.

(2) Boettiger, *die Aldobrand. Hochzeit*, p. 29-30.

(3) Lachausse, *Mus. rom.* I, 60; Bellori, *Sepolcr. antich.* 84-85; d'Hancarville, *Recherches sur l'origine des arts*, etc. II, IX x.

(4) Lachausse, *Mus. rom.* I, p. 42.

(5) Foggini, *Mus. capitol.* IV, 1-3, a réfuté l'opinion de Bellori, qui voyait sur ce sarcophage, le plus grand et l'un des plus beaux qui existent, les *Exploits d'Alexandre*, et celle de Montfaucon, *Diar. it.* 138, 170, et *Ant. expl.* V, 1, liv. III, p. 100, qui y voyait l'*Enlèvement des Sabines*. L'objet de cette représentation, reconnue pour appartenir à l'histoire d'Achille, n'est cependant pas encore exempt de toute difficulté, même après la dissertation de Venuti, *Spiegaz. dei bassirilievi dell' urna di Alessandro Severo*, Roma, 1756, 4°, approuvée et suivie par Winckelmann, *Monum. ined.* 134. J'y reviendrai bientôt.

(6) Cette attitude caractéristique de Neptune est établie par tant de monumens de toute espèce, qu'il ne saurait y avoir lieu à-

caractériser elle-même comme une divinité marine, l'heureuse surprise faite à Thétis par Pélée[1]. Winckelmann se contenta d'indiquer en peu de mots cette interprétation ingénieuse, que Visconti, sans en citer l'auteur, regardait comme la seule probable, en se proposant de la développer[2], et qui, admise par Zoëga[3], semble avoir obtenu l'assentiment de tous les antiquaires[4]. Cependant, une explication assez spécieuse de d'Hancarville[5] ayant été récemment reproduite et soutenue par M. Inghirami, l'habile interprète des monumens étrusques, qui y voit la fable d'Orphée descendu aux enfers pour redemander Eurydice[6], je crois devoir opposer à cette interprétation quelques considérations nouvelles.

Ce serait l'objet d'une discussion qui ne saurait se placer convenablement ici, que de rechercher jusqu'à quel point la fable d'Orphée, bien que connue de Platon[7], et retracée auparavant par Polygnote, dans ses peintures du *Lesché* de Delphes[8], fut un mythe ancien et populaire dans la Grèce[9]. J'aurai occasion de revenir ailleurs sur ce mythe, dont je crois qu'il existe sur les vases grecs[10] plus d'un indice authentique auquel on n'a pas fait attention; et l'opinion exprimée par un savant antiquaire, que tous les monumens relatifs à Orphée sont de travail romain et des temps de la décadence[11], s'en trouvera considérablement modifiée. Quant à présent, je me borne à remarquer que le vase publié par Dempster[12] et par d'Hancarville[13], où Passeri, qui en fait deux fois mention, a trouvé, selon sa coutume, deux sujets différens[14]; où M. Inghirami voit Orphée, une *lance* à la main, s'entretenant paisiblement avec Pluton, au sujet d'Eurydice, qui les écoute non moins tranquillement assise sous une *ombrelle*[15], que ce vase, dis-je, peut avoir rapport à la famille d'Agamemnon,

---

la moindre incertitude. Je me contenterai de citer une *statue* de la collection de Dresde, *Augusteum*, II, xlvii; un *vase*, dans Millin, II, xx; une *mosaïque*, dans Bartoli, *Pict. antiq.* xvi; les *médailles* des Bruttiens et celles de la Béotie. Voy. Millingen, *Anc. uned. monum.* I, p. 28.

(1) Winckelmann, *Geschichte der Kunst*, xii, 2, VI, 333-334.

(2) *Mus. P. Clément.* VI, lvii, 241, note, édit. franç. de Milan. L'intention exprimée à cet égard par l'illustre auteur du Musée Pie-Clémentin n'a jamais été remplie, à ma connaissance.

(3) *Bassirilievi*, I, 249, n. 5.

(4) Creuzer, *Abbildung. zu Symbolik*; etc., n. 87, p. 52; Millingen, *Anc. uned. monum.* I, 27-28. Ce dernier, en parlant des opinions diverses et contradictoires dont ce monument a été l'objet, cite seulement Winckelmann, Visconti et Zoëga, qui sont tous les trois du même avis; c'est une très-légère inexactitude.

(5) *Recherches sur l'origine des arts*, II, 147 et suiv.

(6) *Monum. etruschi o di etrusco nome*, ser. V, p. 439-440.

(7) *Conviv.* X, 179, ed. Bipont. Il paraît que cette fable n'était pas non plus inconnue de Simonide, *apud* Tzetz. *Chiliad.* 1, 310, ni de Pindare, *Pythic.* iv, 312.

(8) Pausan. x, 30, 3.

(9) On sait que le témoignage du faux Orphée, *Argonaut.* 42, n'est ici de nulle valeur, par rapport à l'antiquité de cette tradition. Parmi les ouvrages de l'art antique que décrit Pausanias, il n'en cite qu'un relatif à Orphée, savoir, une statue entourée d'animaux, laquelle était placée sur l'Hélicon, Pausan. ix, 30, 3. Cette statue est probablement celle que décrit Callistrate, *Icon.* vii, 154, 20, et p. 611, 705, ed. Welcker. Il est aussi question d'une peinture qui représentait pareillement Orphée entouré d'animaux qu'attirait la douceur de ses chants, Philostrat. Iun. *Imag.* vi, 118-120; et nous possédons sans doute une imitation de ce sujet sur deux pierres gravées antiques, Caylus, *Recueil d'antiquités*, III, xii, 1, et IV, xlviii, 1; toutes productions qui paraissent d'une date assez récente, sans en excepter la statue décrite par Pausanias. Mais on n'en saurait dire autant de la *statue* en bois de cyprès, ξόανον κυπαρίσσινον, qui se voyait à *Libéthra*, suivant Plutarque, *Alexandr.* 14; IV, 32, Reisk., ou dans la *Piérie*, selon Arrien, *Exped. Alex.* 1, 30: c'était là probablement le monument le plus ancien qui existât d'Orphée; et l'on ne peut guère douter, d'après la matière même dans laquelle était exécuté ce simulacre, qu'il n'appartînt aux époques de l'art primitif.

(10) J'indique seulement ici un vase publié par M. Maisonneuve, *Introduction à l'étude des vases*, lviii; un autre, de la collection de Coghill, xxxvii, et un troisième, de celle de Lamberg, II, xix, sur lesquels j'aurai occasion de revenir ailleurs.

(11) M. Welcker, dans ses notes sur Philostrate le jeune, *Imag.* vi, 611, a cité quelques-uns des monumens relatifs au mythe d'Orphée; qu'il déclare productions *infelicis ævi*. Ce jugement, sévère à quelques égards, s'applique aux *peintures* du *Cod. Virgil.* n. 9, et à celles de la *Roma sotterran.* de Bottari, II, tav. 63, 71; aux *mosaïques* publiées dans les *Mémoires de l'Académie de Turin*, VIII, 53, et dans Lyson, *Reliq. Brit. rom. containing figur. of rom. antiq.* I; aux *bas-reliefs* du palais Mattei, *Monum. Mattei.* III, 27, et même à celui du musée de Turin, Maffei, *Mus. veron.* ccxxvii, 4, le dernier desquels n'est cependant point cité par M. Welcker: mais le beau bas-relief Caraffa, du musée de Naples, Winckelmann, *Mon. ined.* II, 115; Finati, *Mus. Borb.* n. 206, II, 11-16, dont ne fait pas non plus mention M. Welcker, et dont on connaît plusieurs répétitions antiques d'un bon travail, Winckelmann, *Mon. ined.* 85, Zoëga, *Bassir.* I, xlii, 193 et suiv., est certainement un ouvrage grec d'un ordre très-élevé. Je reviendrai sur ces monumens concernant Orphée, auxquels j'en pourrai joindre qui ne sont pas encore connus.

(12) Dempster, *Etrur. reg.* I, lxiv, 383.

(13) *Vases d'Hamilton*, III, 43.

(14) Passeri, *Paralipom. ad Dempst.* p. 199; *Pictur. Etrusc. in vase.* I, xiii, 17-19.

(15) *Monum. etrusch.* ser. V, tav. xliv, p. 435 et suiv.

comme on l'a cru[1], mais qu'il est certainement étranger à l'histoire d'Orphée. On ne peut en effet reconnaître ce personnage, dont la *lyre* était l'attribut caractéristique sur la peinture de Polygnote, et sur un autre monument du même genre décrit ou imaginé par Philostrate le jeune[2], dans le personnage qui paraît, sur le vase en question, avec le costume guerrier et la *lance* à la main. Quant au fait particulier de la mort d'Eurydice, occasionnée par la morsure d'un serpent, on peut encore affirmer que ce fait est d'une invention assez récente, puisqu'il n'y est fait la moindre allusion, ni dans la peinture de Polygnote, déjà citée plusieurs fois, ni dans aucun des passages de Platon ou des Tragiques[3] où il est parlé d'Orphée, soit directement, soit indirectement. Enfin, dans aucun cas, l'explication que l'on donne du serpent élancé de la main d'une femme assise, telle qu'elle est représentée sur le vase Barberini, en supposant que l'artiste a voulu désigner ainsi Eurydice au moyen du serpent qui causa sa mort, ne peut se concilier avec l'intention réelle du monument : l'action de cette femme qui résiste, et de ce serpent qui la défend, ne peut en aucune façon se rapporter à l'aventure d'Eurydice ; et, par-dessus tout, la présence de Neptune, étrangère à ce dernier mythe, s'oppose à ce qu'on puisse l'y reconnaître ; au lieu que, dans la fable de Thétis, la résistance de cette femme, le symbole du serpent, et la présence de Neptune, acquièrent une signification claire, naturelle, et conforme à tous les témoignages antiques.

Je puis d'ailleurs produire, à l'appui de cette interprétation du vase Barberini, un nouveau monument dont la confrontation avec ce vase achevera de lever tous les doutes : c'est un bas-relief du musée du Louvre[4], dont il n'a encore été donné aucune explication satisfaisante. Celle qui se lit dans le recueil de Gruter, où, du reste, on s'est contenté de décrire le bas-relief[5], est tellement opposée à toutes les notions d'antiquité acquises depuis cette époque, qu'elle ne saurait mériter la moindre considération. Il ne semble pas qu'on en puisse dire autant de l'opinion de l'interprète des marbres Borghèses, dont ce bas-relief faisait partie[6] avant de figurer dans la collection du Louvre, où il a été décrit et publié de nouveau[7], mais toujours d'une manière très-inexacte. Il est inutile de rapporter ici et de combattre en détail

---

(1) Cette explication est une de celles qu'a proposées en dernier lieu Passeri, à l'endroit cité dans une note précédente ; et je serais assez disposé à m'y ranger, d'après l'approbation donnée à cette interprétation par un habile antiquaire, dans une *note manuscrite* sur l'exemplaire de Dempster que je possède.

(2) Philostr. Iun. *Imag.* VI, 118-120.

(3) Platon. *Opp.* X, 179, ed. Bipont. ; Æschyl. *Agamemn.* 1641 ; Euripid. *Bacchant.* 552, *Iphigen. in Aulid.* 1212. Les traditions recueillies sur le compte d'Orphée par Pausanias, IX, 30, 3-6, ne font non plus aucune mention de la mort d'Eurydice causée par un serpent.

(4) *Mus. des antiq.* III, supplém. pl. II, n. 28, p. 3.

(5) Gruter, MDGLXV, 10. Voy. planche V, 2.

(6) *Scultura della villa Pinciana*, stanz. II, 15. Lamberti voit ici, I, 43-44, dans la *femme endormie* et dans la *nymphe éveillée* qui protége son sommeil, *due defunti;* dans le jeune homme assis sur un rocher, il voit *Mercurio deduttore dell' anime, o l'ombra di qualche loro parente, che venga per introdurli nel regno de' morti;* et c'est bien certainement la plus singulière alternative et la plus étrange supposition qu'on puisse se permettre en pareil cas. Il rapporte enfin, d'après Gruter, la troisième ligne de l'inscription, *che doveva,* ajoute-t-il, *esistere prima che il bassorilievo fosse ridotto a formar l'ornamento di un piedistallo;* or cette troisième ligne existe encore telle qu'elle est figurée sur ma planche, et bien que le bas-relief en question soit toujours encastré dans un piédestal.

(7) *Description du Musée des antiques*, p. 34, n° 58. Voici dans quels termes ce bas-relief y est décrit : « Dans cette jolie compo-sition, on voit le Sommeil portant des pavots, emblème du sommeil éternel. Ce bas-relief ornait le tombeau de Clodia Fabulla. » Je laisse au lecteur à décider si c'est là une *description,* ou tout au moins une *explication* d'un monument. Le texte joint à la planche du *Musée des antiques,* où ce bas-relief est figuré, est un peu moins laconique ; mais en revanche, il est un peu plus inexact ; en voici les propres paroles : « Ce bas-relief représente « une femme mourante, et le génie du repos éternel qui répand « sur elle ses pavots ; un personnage, son mari sans doute, la « contemple avec l'expression de la douleur ; deux autres génies « occupent la partie opposée de cette composition. » Je me borne à faire sur cette description les seules observations que voici : 1° la femme, principal objet de cette représentation, n'est point *mourante,* mais plutôt endormie ; 2° ce n'est pas le *génie du som-meil qui répand sur elle ses pavots,* mais une femme dont les mains libres ne répandent rien, qui s'appuie sur la première, comme pour protéger son sommeil ; 3° un héros, et non le *mari,* assis près de la femme endormie, la contemple avec une intention que la présence et le geste d'un petit enfant ailé, en qui nous devons reconnaître un *Amour,* et non un *génie,* caractérisent de la manière la moins équivoque, et qui, dans tous les cas, ne saurait être prise pour *l'expression de la douleur;* 4° enfin, le *génie du som-meil,* avec sa tige de pavots dans la main gauche, et la droite

des interprétations qui paraissent tout-à-fait arbitraires, à l'appui desquelles on n'allègue aucune preuve, et qui tombent d'elles-mêmes par la seule confrontation des monumens. Je me bornerai donc à exposer sommairement mon opinion sur le sujet du bas-relief en question.

Pélée, assis sur un rocher, contemple *Thétis* endormie, dont le sommeil est vainement protégé par *une des Nymphes* ses compagnes, ou par celle du lieu, contre l'*Amour*, qui invite le héros à profiter du moment favorable : tels sont les personnages et les traits communs aux deux représentations du vase Barberini et du bas-relief du Louvre; et la figure de Neptune sur l'un, remplacée sur l'autre par celle du génie du sommeil; le sommeil, exprimé sur le bas-relief par la présence même de ce génie, et, sur le vase, par le flambeau éteint que tient la nymphe endormie, ne sont en définitif que de ces légères différences produites par le caprice de l'artiste, qui ne changent rien au sens général d'une composition, et qui proviennent d'ailleurs uniquement de ce que le sculpteur du bas-relief a renfermé dans une seule représentation un sujet qui a fourni à l'auteur du vase le motif de deux scènes différentes.

L'analogie que j'ai remarquée jusqu'ici entre tant de monumens relatifs au mythe de Thétis et de Pélée, m'autorise à rapporter aussi au même mythe un bronze inédit de la galerie de Florence[1]. Ce bronze représente une femme assise sur un tronc d'arbre noueux, coupé près de sa racine; elle est vêtue d'une tunique longue[2], à manches courtes attachées avec des boutons, laquelle se remarque à la plupart des figures de matrones, de prêtresses et de divinités, sur les monumens du style grec. Ses cheveux ne sont retenus par aucune espèce de lien; sa tête nue est penchée sur son épaule droite, par l'effet du profond sommeil où ses sens sont plongés. Du bras droit, qui porte de ce côté tout le poids de son corps, elle s'appuie sur le tronc d'arbre qui lui sert de siége; et autour de son bras gauche est entortillé un *serpent*, qu'elle tient serré dans sa main étroitement fermée, et dont la tête dressée repose sur cette main, comme pour protéger le sommeil de la nymphe. D'après la réunion des divers caractères que présente cette figure, il me semble qu'on ne peut l'interpréter autrement que par Thétis, endormie sur le Pélion, et protégée, dans une situation si favorable à la surprise dont elle fut l'objet, par le serpent, signe symbolique des transformations auxquelles elle eut recours. C'est, en effet, pendant qu'elle se livrait au

qu'il étend au-dessus de la femme endormie, ne se reconnaît pas à des signes moins positifs. L'interprète du Musée des antiques ne nous semble pas avoir été plus heureux dans l'explication de l'inscription, dont il supprime la troisième ligne toute entière, et qu'il traduit ainsi : *Aux Dieux Manes de Claudia Fabulla, fille de Titus; Titus Flavius Euphranor, et Lucius Varus* (le marbre porte *Varius*) s.. ENDO ; il ajoute en note : *Nous n'avons pu rétablir ce dernier mot mutilé, ni lui trouver un sens satisfaisant.* Rien n'était pourtant si facile. Ce mot, que l'éditeur semble avoir cru significatif, n'est autre chose que le surnom SPENDO, dérivé du grec, lequel se reproduit assez fréquemment sur les inscriptions romaines, Gruter, CCXLI, DCCXXIX, 4, CMXXXIX, 5, MCXI, 14, et qui se lit d'ailleurs intégralement dans deux copies de notre inscription publiées par le même Gruter, DCCCLXV, 12, et DCCCLXVI, 3 : l'une de ces copies, la seule qui soit exacte, a été rapportée par Lamberti, avec le mot entier SPENDO, dont l'interprète du Musée des antiques n'a pas tenu plus de compte que de l'interprétation même du bas-relief donnée par Lamberti. Tous les deux semblent du reste avoir ignoré la seconde copie de cette même inscription publiée par Gruter, et que je rapporte

ici, avec sa disposition tout aussi peu fidèle que sa teneur même, pour montrer, par ce nouvel exemple, avec quelle inexactitude ont été trop souvent publiés les monumens antiques :

CLODIAE. T. F.
FABVLLAE.
T. FLAVIVS. EVPHRANOR
ET
L. COARIVS. SPENDO
DE. SE. BENEMERENTI
FEC.

(1) Voy. planche V, n. 1. Ce bronze est connu des personnes commises à la garde de la galerie de Florence, sous la dénomination vulgaire de *Cléopâtre*.

(2) C'est de cette tunique que sont vêtues la plupart des *Muses*, Visconti, *Mus. P. Clement.* I, xvi, xviii, xx, xxi, xxiv, xxvi. On la voit, sur les vases grecs, à *Proserpine Hécate*, *Vases de Lamberg*, I, xxxi; à une prêtresse troyenne, *même ouvrage*, II, xxiv; à *Hygie*, sur un bas-relief du Capitole, *Mus. capitol.* IV, 42; à l'une *des Parques*, sur un bas-relief de la même collection, IV, 44.

sommeil, que Pélée triompha de la résistance que Thétis lui avait opposée jusque-là, suivant une tradition obscurément indiquée par Apollodore[1], et développée en beaux vers par Ovide[2] : tradition confirmée d'ailleurs par les exemples analogues que fournissent Nérée surpris endormi par Hercule[3], et Protée dompté de la même manière par Aristée[4]; tradition, enfin, consacrée par les deux monumens que nous avons produits en dernier lieu, savoir, le vase Barberini et le bas-relief du Louvre, auxquels on peut ajouter une peinture d'un tombeau antique, publiée par Bartoli[5]. Mon explication à cet égard est donc fondée sur des autorités suffisantes. Mais il y a ici des objections plus graves que je dois prévenir.

§ VI.

Le symbole du *serpent* n'est pas tellement propre et particulier à Thétis, pendant son sommeil qui l'expose à l'agression de Pélée, ou pendant la résistance qu'elle lui oppose à son réveil, que ce même symbole ne se voie à d'autres personnages qu'une attitude semblable à celle de Thétis pourrait faire confondre avec elle. Sans parler ici des divinités auxquelles le *serpent* servait d'attribut essentiel, telles qu'*Hygie*[6], *Cérès*[7], *Minerve Poliade*[8] ou *Medica*[9], et Junon elle-même[10], qui se reconnaissent d'ailleurs à des signes trop caractéristiques pour être jamais, en aucun cas, assimilées avec la fille de Nérée, il existe une classe nombreuse de personnages mythologiques du second ordre, auxquels l'antiquité attribuait le même symbole : je veux parler des *nymphes* suivantes de Bacchus, *qui se ceignaient le front et le corps de serpens*[11], et que l'on voit représentées ainsi sur les monumens[12]. La plus remarquable peut-être de toutes ces représentations est une statue réputée de *nymphe bachique*, couchée et endormie avec un *serpent* qu'elle tient de la main droite, laquelle statue fait partie du musée Pie-Clémentin[13]. Les *nymphes de fontaine* étaient quelquefois aussi représentées avec le même symbole, qui faisait allusion au *génie du lieu*[14], ainsi qu'on en a de nombreux exemples. Il serait donc possible que la figure que j'ai prise pour Thétis fût interprétée comme celle d'une *nymphe bachique*, ou d'une *nymphe de fontaine*. C'est ce qui m'oblige à essayer de

---

(1) Apollodor. ɪɪɪ, 13, 5 : Ἐπιλαβόμενος συναρπάζει.

(2) Ovid. *Metamorph.* xɪ, 271-315; conf. Stat. *Achilleid.* ɪ, 193.

(3) Apollodor. ɪɪ, 5, 11.

(4) Virgil. *Georgic.* ɪv, 404, 438.

(5) *Sepolcr. antich.* 19. Voy. plus haut, p. 6, note 4.

(6) L'attribution du *serpent* à Hygie est un fait trop notoire, pour qu'il soit nécessaire d'en citer des preuves. Sur la raison de ce symbole, lié à la doctrine des *dieux bons*, Δαίμονες ἀγάθοι, voy. un curieux passage d'Eusèbe, *Præpar. evang.* ɪɪɪ, ɪɪ, 112; conf. Creuzer, *Fragm. histor. gr.* 194, et *Dionys.* 217 sqq.

(7) Les monumens relatifs à Cérès sont rares, sur-tout ceux qui la représentent *seule* et avec ses attributs particuliers. Au nombre de ces attributs, figure quelquefois le *serpent*, entre autres sur une belle pierre gravée, Schlichtegroll, *Choix de pierres grav.* xxxvɪɪ, p. 89-90. M. Hirt a omis d'en faire la remarque, *Bilderbuch*, ɪ, 28.

(8) Le plus célèbre de tous les simulacres antiques de Minerve, celui du Parthénon, colosse d'or et d'ivoire, de Phidias, avait un grand *serpent* à ses pieds, Pausan. ɪ, 24, 7, comme on le voit à quelques belles statues antiques qui peuvent en être regardées comme des copies, entre autres à la Pallas Giustiniani, *Gall. Giustinian.* ɪ, 3, publiée en dernier lieu par Guattani, *Mon. ined. per l'anno* 1805, tav. xɪɪ, p. 59-66, qui cite d'autres monumens

existant à Rome, où Minerve paraît avec le symbole en question. L'antiquité n'était cependant pas d'accord sur l'origine ni sur la signification de ce symbole; conf. Plutarch. *de Iside et Osiride*, § ʟxxɪ, ɪɪɪ, 199, ed. Hutten, Pausan. ɪ, 24, 7; mais il dérivait sans doute des mêmes idées qui avaient fait placer sous la garde d'un gros *serpent* l'antique sanctuaire de Minerve Poliade, Herod. vɪɪɪ, 41, ou de la tradition suivant laquelle Minerve elle-même avait confié à deux de ces animaux la garde d'Erichthonius, Euripid. *Ion.* 22.

(9) Voy. les témoignages relatifs à *Minerve Medica* ou *Hygie*, recueillis par Pacciaudi, *Mon. peloponn.* I, 153-168, avec les monumens cités à l'appui. L'une des plus belles images de cette divinité est celle du candelabre Barberini, aujourd'hui au *Musée Pie-Clémentin*, IV, vɪ; conf. *Monum. Mattei.* II, ʟxɪ, 77-78.

(10) *Junon Sospita*, telle qu'elle est représentée, avec le *serpent* à ses pieds, sur les deniers de la famille Procilia, Eckhel, *Doctr. num.* V, 289; Visconti, *Mus. P. Clem.* II, tav. agg. A vɪɪ, 12.

(11) Euripid. *Bacchant.* 697; Catull. *Carm.* xxɪv, 258 : *Pars sese tortis serpentibus incingebant.*

(12) Maffei, *Mus. veron.* ccxvɪɪɪ, ccxɪx; *Monum. Mattei.* III, xx, 2.

(13) Visconti, *Mus. P. Clement.* III, xʟɪɪɪ.

(14) Le *serpent*, figuré comme symbole du *génie du lieu*, Pers. *Satyr.* ɪ, 113, se reproduit à chaque coin de rue et presque dans

déterminer, d'une manière plus précise qu'on ne l'a fait jusqu'ici, les caractères propres à ces divers personnages mythologiques, afin de prévenir les méprises où l'on pourrait tomber à cet égard, et généralement sur l'attribution du *serpent* comme symbole caractéristique[1].

Le *serpent* était un attribut dionysiaque, peut-être parce qu'il avait assisté Bacchus dans son combat contre le géant Eurytus, suivant une tradition que nous voyons consacrée sur un beau vase grec[2], ou peut-être par quelque autre motif, auquel il se trouverait aussi plus d'une allusion sur les vases[3]. Quoi qu'il en soit, l'emploi du *serpent* comme symbole dionysiaque, faisant partie, à ce titre, des objets sacrés enfermés dans la *cista mystique*, est attesté par un si grand nombre de monumens, qu'il est presque superflu de les citer[4]. C'est sans doute par la raison que je viens d'indiquer, que le *serpent* se voit aux mains de personnages *initiés* aux mystères bachiques, sur plusieurs monumens de nature et d'époque très-diverses[5], et que les *bacchantes* sont représentées, dans des pompes dionysiaques, jouant ou courant avec un *serpent dans chaque main*[6]. Je citerai particulièrement, à l'appui de cette dernière observation, un bas-relief publié par Lachausse[7], deux autres bas-reliefs, l'un du musée de Turin[8], l'autre du palais Mattei[9], et sur-tout un très-beau bas-relief, de style grec, récemment publié par l'abbé Zannoni[10]. Mais dans tous ces monumens, la *bacchante* est caractérisée, du reste, par le sujet même dont elle fait partie, par le désordre de son vêtement et de sa chevelure, sur-tout par les attributs accessoires, tels que le *flambeau allumé* ou le *thyrse*, qui appartiennent plus particulièrement encore aux suivans de Bacchus; tous caractères à défaut desquels il serait au moins très-hasardé de regarder comme *nymphe bachique*, une figure qui n'offrirait d'autre attribut dionysiaque que le *serpent*, sur-tout si cette figure était représentée *endormie* : ce qui n'est jamais le cas des bacchantes représentées sur ces monumens.

Quant aux *nymphes de fontaine*, auxquelles le *serpent* a pu être attribué, comme symbole caractéristique de tout *génie local*, elles se reconnaissent également, en cette qualité, par des attributs accessoires auxquels il n'est possible ni de les méconnaître, ni de les confondre avec les bacchantes. Ainsi la *nymphe de fontaine*, qui figure sur le bas-relief Giustiniani de la mort de *Penthée déchiré par les bacchantes*[11], est représentée *endormie*, la tête appuyée sur son urne qu'elle tient embrassée de ses deux mains, et d'où s'épanchent des flots abondans. Une petite statue du musée Pie-Clémentin[12], couchée et endormie dans une attitude absolument

---

chaque maison de Pompéi, Mazois, *Ruines de Pompéi*, part. I, pl. xxix, 2 ; part. II, pl. xxiv, 2 ; *Pitture d' Ercolan.* I, xxxvii.

(1) Pausanias remarque lui-même que le *serpent* était un symbole commun à plusieurs divinités, par exemple, à *Trophonius* et *Hercina*, aussi bien qu'à *Esculape* et *Hygie*, ix, 39 : d'où il suit qu'il ne pouvait être propre et caractéristique pour aucune d'elles.

(2) Millingen, *Anc. uned. monum.* I, xxv, 65.

(3) Voy. Laborde, *Vases de Lamberg*, I, 57-58.

(4) Presque tous les bas-reliefs dionysiaques, dont le nombre est si considérable, et sur-tout les médailles nommées *cistophores*, offrent à cet égard toutes les autorités nécessaires ; voy. la dissertation de G. Lami, *sopra le Ciste mistiche*, dans les *Saggi di Cortona*, I, 63 sqq., et celle d'Al. Panel, *de Cistophoris*, 69 95.

(5) Sur un vase grec publié par Passeri, *Pictur. Etrusc. in vasc.* II, clxxiii ; sur une figurine de bronze, dans Caylus, *Recueil d'antiquités*, II, xiii, n: 3, p. 59 ; sur une pierre gravée, dans Millin, *Pierres grav.* xliii, 104. Sur une autre pierre publiée dans le même recueil, que la mort de son auteur a laissé incomplet, deux violateurs des sacrés mystères sont représentés, le corps ceint du *serpent*, avec la *ciste* ouverte et vide à leurs pieds, xli, 100.

(6) La *ciste* renfermait quelquefois *deux serpens*, ainsi qu'on le voit par la pierre citée note précédente, et par d'autres encore, Panel, *de Cistophoris*, n. 15 ; Millin, *Pierres gravées*, p. 101.

(7) *Mus. roman.* sect. ii, n. 11.

(8) Maffei, *Mus. veron.* ccxviii-ccxix.

(9) *Monum. Mattei.* III, xx, 2, 35.

(10) Zannoni, *Illustraz. di un antico vaso in marmo*, tav. agg. 2, p. 22, not. 55. Ce bas-relief, de très-beau travail, a été transporté récemment du palais Riccardi à la galerie de Florence.

(11) *Galler. Giustinian.* II, 104.

(12) Visconti, *Mus. P. Clement.* III, tav. C, iv. Elle est placée dans la salle dite des *Statues*, sur un cippe funéraire érigé aux mânes de *Vitellius Successus* (sic) par *Cleopatra*, son épouse, sans doute à cause du rapport entre ce nom de *Cleopatra* et la petite figure en question, qu'on croyait représenter *Cléopâtre*. Ce cippe est publié dans les *Monum. Mattei.* III, lxxii, 2, 147.

semblable à celle de la statue célèbre dite *Cléopâtre*, est pareillement caractérisée, comme *nymphe de fontaine*, par un petit *serpent* qui se glisse sur son sein, et par l'*urne* penchée sur laquelle elle s'appuie en dormant[1]. A ces exemples, je puis joindre encore le témoignage d'un monument curieux du cabinet du Roi, où Caylus, qui l'a publié[2], s'est mépris en voyant *Hygie*, déesse de la santé, dans une nymphe absolument *nue*, coiffée de *roseaux*, debout sur des *eaux*, et tenant un *serpent* de ses deux mains, laquelle est manifestement une *nymphe de fontaine*, aussi bien que la figure qui lui est opposée, figure qui s'appuie sur un *aviron*, et que Caylus a prise à tort pour la *Fortune*. Mais de toutes les figures de *nymphes de fontaine* que nous offrent les monumens antiques, la plus remarquable, à tous égards, et la mieux caractérisée, est celle qui se voit sur un vase grec, du plus beau style, que je publie pour la première fois[3].

Il représente la *Nymphe de la fontaine de Mars*[4], assise à l'entrée de la grotte, où le *dragon*, gardien de cette fontaine, était censé faire sa demeure[5]. Cette nymphe est enveloppée du *serpent* qui se redresse au-dessus de sa tête, comme pour la défendre contre toute atteinte. Devant elle se présente, dans une attitude plutôt humble que menaçante, un héros, soit *Cadmus*[6], soit quelqu'un de ses compagnons[7], qui vient puiser de l'eau à cette fontaine; la *causia* attachée et rejetée par derrière, et la *double lance* qu'il porte dans la main gauche, sont le double attribut qui caractérise les *héros voyageurs*. De la même main, il tient le vase à deux anses ou *diota*, qui devait lui servir à puiser l'eau. Son autre main est armée d'un corps rond, qui ne peut être qu'une *pierre;* c'est en effet avec une arme de cette nature que Cadmus attaqua d'abord le dragon de Mars, suivant la tradition mise en vers par Ovide[8], et c'est ainsi que nous le représentent deux des plus beaux vases grecs qui nous restent[9]. Rien ne manque donc ici pour caractériser nettement le sujet et chacun des personnages qui y figurent; mais ce qui s'y trouve sur-tout de remarquable, et ce qui mérite de prendre une place distinguée parmi les représentations de l'art grec, c'est la *nymphe de fontaine*, telle qu'elle est ici figurée, enveloppée du *serpent* qui la protège, et qui veille à-la-fois sur elle et sur la source même dont elle est la divinité ou le *génie local*[10].

Dans tous les monumens que je viens de citer, la *nymphe de fontaine* se reconnaît, en outre du *serpent*, à des symboles accessoires, tels que l'*urne* ou les *eaux*, ou enfin au *sujet*

---

(1) Il existe une répétition de cette statue, mais sans l'urne sur laquelle elle s'appuie, parmi les *marbres de Dresde*, n. 116. Visconti cite d'autres figures semblables dans le *bois de la Villa Pinciana*, p. 207, note 2, edit. franç. de Milan.

(2) Caylus, *Recueil d'antiq.* II, cxvii.

(3) Voyez planche IV, 2. Ce vase appartient à M. le duc Costanzo, à Aquila.

(4) Nommée *Arétiade*, du nom d'*Arès*, Schol. Æschyl. *Sept. contr. Theb.* 106; Schol. Homer. *Iliad.* ii, 94; depuis *Fontaine de Dircé*, Euripid. *Phœniss.* 647-665.

(5) Ovid. *Metamorph.* iii, 29 sqq.

(6) Voy. les deux vases cités dans une des notes suivantes, où le héros est désigné par son nom ΚΑΔΜΟΣ.

(7) On peut croire que c'est un *compagnon de Cadmus*, que tient enlacé le dragon de Mars, entre deux guerriers qui l'attaquent, sur une urne étrusque publiée par Gori, *Mus. etrusc.* II, tab. clvi. On voit le même sujet représenté sur le beau bas-relief Spada, publié par Winckelmann, *Monum. ined.* 83; à moins qu'on ne préfère, avec Guattani, qui a reproduit ce monument dans ses *Monum. ined. per l'anno* 1805, tav. xxxi, de voir ici *Archémore*, au lieu du *compagnon de Cadmus*, dans le personnage enlacé par le dragon.

(8) Ovid. *Metamorph.* iii, 59. L'usage de se battre avec des *pierres* était tout-à-fait dans les mœurs héroïques, Homer. *Iliad.* vii, 270; conf. Eustath. *Iliad.* v, 302. Phidias s'était représenté lançant une *pierre* des deux mains contre une Amazone, Plutarch. *Pericl.* § xxxi. Cet usage nous explique l'objet que tient en main le Minotaure, sur la belle médaille de Cnosse, du cabinet du Roi, Pellerin, *Recueil* III, 98, n. 24: on a cru y voir une *pomme*, sans pouvoir justifier l'emploi de ce symbole; M. Boettiger, *Ideen sur Kunst-Mythol.* 349, en a proposé une autre explication, dont il ne se montre pas lui-même plus satisfait: c'est évidemment une *pierre*, dernière arme employée par le monstre déjà à demi renversé.

(9) Millin, *Vases peints*, II, vii, 13-18; Millingen, *Anc. uned. mon.* I, xxvii, 69. Ce dernier vase est au musée Charles X.

(10) Cette nymphe nous fournit, ce me semble, la meilleure explication de la figure de femme, debout *derrière* ou plutôt dans la grotte de Mars, que M. Millin n'a pas cru pouvoir déterminer d'une manière précise, et qui ne peut être en effet que la nymphe même de la fontaine.

même dans lequel elle intervient. Le *serpent* seul ne suffirait donc pas pour la caractériser, ou du moins, en se laissant guider par cet unique attribut, on risquerait souvent de se tromper, de même que par rapport aux *bacchantes*. Appliquant maintenant ces distinctions, qui me paraissent solidement fondées sur l'autorité des monumens, je crois que la figure de bronze que j'ai produite ne saurait, en aucun cas, être prise pour une *bacchante*, ni pour une *nymphe de fontaine*, ni pour toute autre divinité à laquelle le *serpent* conviendrait d'ailleurs comme attribut essentiel. Son *costume*, plutôt sévère que dionysiaque, n'est pas celui des suivantes de Bacchus. L'absence de l'*urne* ou des *eaux*, et, mieux que cela, le *tronc d'arbre desséché* sur lequel elle s'assied, caractérisent encore moins une nymphe de fontaine. Reste le *serpent* qui protégeait le sommeil ou qui aidait la résistance de Thétis, sur le coffre de Cypsélus, tel qu'on le voit encore sur quelques-uns des vases que j'ai cités, aussi bien qu'à notre figure : d'où je conclus que c'est bien véritablement *Thétis endormie sur le Pélion* que nous devons voir dans cette figure.

C'est le même personnage que je reconnais, au même signe caractéristique, sur plusieurs monumens antiques, dont la vraie signification me paraît avoir été méconnue jusqu'ici. Telle est, entre autres, une petite figure de bronze publiée par Caylus sous le nom vulgaire de *Cléopâtre*[1]. C'est une divinité debout, demi-nue, la tête ornée d'un diadème, avec un riche collier et un simple bracelet autour du poignet gauche, laquelle tient un *serpent* de la main droite. A ce diadème, qui ne convient point à une nymphe, de quelque ordre que ce soit, et à ce *serpent*, qui, dans l'absence de la *patère*, ne saurait convenir non plus à *Hygie*, il me semble qu'on ne peut reconnaître que *Thétis*. Cette divinité est encore mieux caractérisée sur une pierre gravée de la galerie de Florence[2], où l'on a cru voir *Hygie* dans une femme assise sur un tronc d'arbre ou sur un rocher, la partie supérieure du corps nue, et le vêtement en désordre, de la main droite s'appuyant sur le roc qui lui sert de siége, et lançant de la gauche un *serpent*, comme pour se défendre contre quelque attaque soudaine ; figure dont l'attitude, l'ajustement et le symbole conviennent si parfaitement à *Thétis*, tandis que ni cette attitude, ni cette nudité, ni ce vêtement en désordre, ni ce symbole lui-même en l'absence de la patère, attribut essentiel d'*Hygie*, ne sauraient véritablement appartenir à cette dernière divinité, que je n'hésite pas à y reconnaître la *fille de Nérée* aux prises avec son ravisseur, à peu de chose près comme elle est représentée sur le vase Barberini[3].

Je conclurai ces rapprochemens par l'explication de la figure de *Nymphe endormie* du

---

(1) *Recueil d'antiq.* IV, LXI, n. 1, 189-191.

(2) *Galer. de Florence*, XXXVII, 2, Wicar.

(3) Je crains d'encourir à mon tour le reproche que j'ai adressé moi-même à Winckelmann, de voir par-tout le sujet de *Thétis et Pélée*, en appliquant une désignation, que je crois solidement établie jusqu'ici, à un trop grand nombre de figures. Néanmoins, au risque de tomber dans une méprise de ce genre, laquelle a, du reste, bien peu d'inconvéniens, j'indiquerai ici, comme objet d'une simple conjecture, une série de monumens sur lesquels on pourrait voir Thétis portant les armes forgées par Vulcain, plutôt que Minerve allant combattre contre les Troyens. Ce sont des pierres gravées, dont la plus remarquable a été publiée par Lachausse, *Mus. rom. Gemm.* I, 64. Cette pierre nous présente une divinité vêtue d'une tunique longue, sans manches, appuyée sur un cippe, avec un *serpent roulé autour du bras gauche* ; elle tient un casque et une lance ; un grand bouclier est à ses pieds ; elle est *sans égide* ; et à ce trait, aussi bien qu'à la présence du *serpent*, on pourrait la prendre pour *Thétis qui vient de recevoir les armes d'Achille*. Sur deux autres pierres, dont une a été publiée par Millin, *Pierr. grav.* I, XVI, et la seconde est décrite dans le *Catalogue des pierres de M. de la Turbie*, par Visconti, n. 33, p. 3, sans compter d'autres répétitions connues, Raspe, *Catalog. de Tassie*, n. 1745, Caylus, *Recueil d'antiq.* I, LIX, 3, la même divinité, vêtue de même, et toujours *sans l'égide*, est représentée volant d'un vol rapide, tel que celui que décrit Homère, *Iliad.* XVIII, 615 ; add. Drelincourt, *Ind. Achill.* § 277-278, ἴρηξ ὥς, à propos de Thétis elle-même portant les armes d'Achille : et en effet, elle tient la lance appuyée sur son épaule droite, comme afin de montrer qu'elle ne la porte pas pour s'en servir elle-même ; elle a de plus le casque et le bouclier ; et un *serpent* l'accompagne, en formant de longs replis. Or, ces divers caractères me semblent convenir mieux à Thétis, dans la circonstance indiquée, qu'à Minerve allant au secours des Grecs, ou à toute autre divinité.

musée du Vatican[1], que Visconti a désignée comme une *Nymphe bachique*, uniquement à cause du *serpent* qu'elle tient entortillé autour de son bras droit, quand aucun autre attribut ne vient d'ailleurs à l'appui de cette qualification, et quand la destination même de cette figure, qui, du propre aveu de Visconti, a servi de *couvercle pour un sarcophage*[2], semble s'opposer à une pareille interprétation. Au contraire, le *sommeil de Thétis*, ce sommeil qui livra une déesse aux mains d'un mortel, était un type des plus convenables pour les monumens funéraires; et nous l'avons vu, en effet, employé sur plusieurs monumens de cette espèce. Je rapporte avec confiance, au même sujet et à la même intention, une belle statue de *nymphe endormie*, provenant de la villa Borghèse, et publiée parmi les monumens du *Musée des Antiques*[3]. Cette figure, l'une des plus intègres et des plus estimables qui nous restent de l'art antique, malgré le peu de célébrité dont elle a joui jusqu'ici, représente une femme vêtue d'une tunique longue, sans manches ni ceinture; sa tête, dont les cheveux ne sont retenus par aucun lien, est soutenue sur sa main droite; son bras gauche, étendu mollement, posé sur son genou : mais cette main, qui tenait probablement un *serpent*, comme on le voit à notre bronze de Florence, manque, et, avec elle, l'attribut caractéristique de cette figure, faute duquel je ne crois cependant pas me tromper en la désignant comme une *Thétis*.

§ VII.

Si cette explication, à laquelle je me trouve conduit par l'autorité de tant de témoignages antiques, par la confrontation de tant de monumens divers, enfin par la célébrité du mythe original auquel elle se rapporte, est en effet aussi fondée qu'il m'est permis de le croire, elle peut servir à motiver une interprétation nouvelle de l'un des plus beaux monumens qui nous soient restés de l'art des anciens : je veux parler de la fameuse *Cléopâtre* du Vatican, au sujet de laquelle cette dénomination de *Cléopâtre*, maintenue par un usage abusif et par une tradition invétérée, est depuis long-temps bannie de la langue de l'antiquité, sans que le nom d'*Ariane*, donné à cette figure par Visconti[4], ait pu prévaloir encore dans le langage ordinaire, ou même obtenir un assentiment unanime. En effet, bien que la plupart des antiquaires aient admis l'ingénieuse conjecture de l'auteur du Musée Pie-Clémentin[5], quelques autres[6] ont continué de désigner la figure en question par la dénomination générale de *nymphe endormie*, employée, faute de mieux, par Winckelmann[7]; ce qui prouve que les raisons produites par Visconti n'ont pas encore opéré une conviction complète. Il ne saurait donc paraître superflu de soumettre cette opinion à un nouvel examen, sur-tout si, en démontrant la faiblesse des principaux motifs qui servent de base à l'attribution dont

(1) Visconti, *Mus. P. Clement.* III, xliii.

(2) Voici les propres paroles de Visconti, *endroit cité*, p. 209 : « Le défaut d'urne rend, à ce qu'il me paraît, assez vraisem-« blable que le sujet de notre statue est plutôt le portrait d'une « femme défunte, sculpté sur le couvercle de son tombeau, et « sous les formes d'une nymphe bachique. »

(3) *Mus. des Antiq.* III, xiv, 18, *Statues*.

(4) Visconti, *Mus. P. Clement.* II, xliv.

(5) Petit-Radel, *Monum. antiq. du Mus. Napoléon*, II, viii, 21-24; Bouillon, *Musée des Antiques*, II, x; Millin, *Monum. inéd.* I, 301; Boettiger, *Mus. archæolog.* I, 2, et *Amalthea*, I, 111; Creuzer, *Symbolick and Mythologie*, IV, 116; H. Meyer, *Geschichte der bildend. Künste*, I, 222; Lange, dans les *Tables* jointes à sa traduction allemande du Traité de Lanzi *sur la sculpture des anciens*; Ch. D. Beck, *Grundriss der Archaeologie*, 222; et sans doute d'autres encore, qu'il est superflu de nommer.

(6) Quatremère de Quincy, *Lettres à Canova sur les sculptures d'Elgin*, p. 122.

(7) Winckelmann, *Geschichte der Kunst*, vi, 2, § 17, et xi, 2, § 7, *Werke*, III, 56, et VI, 222, où le dernier commentateur allemand de Winckelmann admet, note 1085, p. 297, l'opinion de Visconti.

il s'agit, il est possible de proposer une interprétation qui semble plus conforme aux idées et aux monumens antiques.

Les deux seuls argumens allégués par Visconti à l'appui de son explication, d'ailleurs très-ingénieuse, de la statue du Vatican, sont, d'une part, l'observation que l'objet long-temps pris pour un *serpent* n'est autre chose qu'un *bracelet*[1]: en second lieu, la ressemblance, effectivement frappante, entre l'attitude de cette figure et celle d'*Ariane endormie*, sur un bas-relief représentant la rencontre de cette princesse et de Bacchus dans l'île de Naxos. Or, ces deux motifs ne me semblent pas aussi fondés, ni sur-tout aussi décisifs, qu'ils paraissent spécieux au premier coup-d'œil. D'abord, en ce qui concerne le bracelet nommé ὄφις, *serpent*, à cause de sa forme imitée de celle d'un *serpent*[2], si l'on accorde que cet ornement se voit ainsi figuré sur plusieurs statues antiques citées par Visconti[3], et sur un bien plus grand nombre de vases grecs dont il ne parle pas[4], il n'est pas moins probable que cette forme n'est point due à un pur caprice, mais qu'elle est dérivée de quelque symbole réel, primitivement employé avec une signification déterminée, et, suivant toute apparence, qu'elle est empruntée des *serpens* dont les bacchantes se ceignaient les bras[5]. On peut donc présumer que le bracelet en forme de serpent, ou, ce qui revient au même, le serpent figuré comme un bracelet, fut dans le principe un ornement propre aux nymphes bachiques; et si l'on admet cette conjecture, on ne sera plus étonné de voir un ornement de ce genre si souvent reproduit dans les représentations de personnages dionysiaques, telles que les vases grecs nous en offrent en foule. A ce titre, cet ornement eût pu sans doute convenir à Ariane, non pas, à la vérité, avant son union avec Bacchus, mais bien en qualité d'épouse de ce dieu; et c'est probablement la raison qui a empêché Visconti de faire valoir, à l'appui de son opinion, l'origine et l'emploi dionysiaques du bracelet en forme de serpent.

Quoi qu'il en soit, ce bracelet ne fut pas exclusivement propre aux nymphes bachiques; il servit aussi à la parure de la plupart des déesses, telles que *Vénus* et *la Pudeur*, dont Visconti cite des statues avec un ornement pareil[6], *Minerve*, *Proserpine*, et d'autres encore, à qui nous le voyons sur un grand nombre de vases grecs[7]. Parmi ces déesses, il n'en est sans doute point pour qui cet ornement eût été plus convenable, que *Thétis*, puisque, outre le motif vulgaire d'un objet de parure, il fournissait à l'artiste un moyen sûr de caractériser son personnage, moyen puisé dans des traditions célèbres et consacré par des monumens populaires. En tout état de cause, il y aurait donc plus de probabilité à voir la *fille de Nérée*, pour qui le bracelet en forme de serpent devenait un symbole tout-à-fait caractéristique,

---

(1) Cette observation, quels qu'en soient le mérite et la justesse, n'appartient pas en premier lieu à Visconti; elle avait été faite avant lui par Winckelmann, *Geschichte der Kunst*, *Werke*, VI, 222, et reproduite par Ramdohr, *Ueber Malerei*, etc. I, 185.

(2) Pollux, *Onomast.* v, 16, 99; Hesych. v. Ὄφις, Philostrat. *Epist.* XL, II, 931; voy. Winckelmann, *Geschichte der Kunst*, *Werke*, V, 56-57.

(3) *Deux statues de Vénus et une de la Pudeur*, dans le *Mus. P. Clement.* I, x, xi, xiv: mais il convient d'observer que ces statues, d'époque romaine, sont d'une faible autorité, relativement à l'emploi d'un ornement grec.

(4) Voy. entre autres, Millin, *Vases peints*, II, LXVII, LXVIII, 109, 112; Millingen, *Vases grecs*, XLI.

(5) Voy. les témoignages et les monumens allégués plus haut, p. 21-22. Winckelmann a plusieurs fois exprimé la même idée sur cette origine dionysiaque du bracelet, *Geschichte der Kunst*, *Werke*, V, 57, et *Monum. ined.* II, 213.

(6) Voy. la note précédente 3.

(7) Voy. la note précédente 4. Le *serpent*, comme symbole à-peu-près universel de divinité, est un fait archéologique des mieux constatés. S. Justin, martyr, le dit en propres termes, *Apologet.* II, 55, ed. Sylburg. : Παρὰ πάντι τῶν νομιζομένων παρ' ὑμῖν θεῶν, Ὄφις σύμβολον μέγα καὶ μυστήριον ἀναγράφεται. Mais Lessing tire de ce témoignage une conséquence trop rigoureuse, et surtout trop étendue, en affirmant qu'il n'y eut presque pas de belles représentations sculptées ou peintes de Bacchus, d'Apollon, de Mercure, d'Hercule, sans un serpent, Laocoon, § II, *Saemmtliche Schriften*, IX, 28.

en même temps qu'un ornement usuel, que la *princesse de Crète*, pour qui un pareil bijou, assez déplacé d'ailleurs dans la situation d'abandon où elle se trouve, est sans motif, comme sans autorité, et n'aurait pu être employé comme symbole dionysiaque que par une anticipation, et conséquemment par un anachronisme, assez difficiles à justifier. J'ajoute, à l'appui de cette observation, que, sur aucun des nombreux bas-reliefs qui représentent Ariane abandonnée à Naxos[1], pas même sur celui où Visconti croit trouver le type de la statue du Vatican, cette princesse n'est représentée avec l'ornement en question; on ne le lui voit point non plus sur les peintures antiques relatives au même sujet[2]: d'où je crois être autorisé à conclure que le bracelet, soit qu'il figure ici comme simple objet de parure ou comme attribut dionysiaque, soit qu'il représente un serpent réel employé sous la forme d'ornement et dans une intention symbolique, ne peut s'appliquer qu'arbitrairement à *Ariane* abandonnée, tandis qu'au contraire il convient parfaitement, sous ce double rapport, à *Thétis*, représentée dans l'état de sommeil qui la livre aux entreprises de Pélée[3].

Le second motif, tiré de la ressemblance entre la statue qui nous occupe et la figure d'*Ariane endormie* sur un bas-relief, n'a peut-être pas au fond plus de solidité. L'attitude que l'on voit sur ce bas-relief, et qui se trouve répétée, à de légères différences près, sur un grand nombre de sarcophages représentant le même sujet[4], se trouve aussi plus considérablement modifiée sur d'autres monumens semblables[5]: d'où il suit que l'attitude en question n'était pas tellement propre à *Ariane*, qu'elle dût servir à la désigner, exclusivement à toute autre figure de femme endormie; ou plutôt, il en résulte que c'était là un des types les plus communément employés, comme étant un des plus naturels en soi et des plus favorables à l'art, pour représenter, *dans l'état de sommeil*, les personnes, soit *Ariane*, soit *Thétis*, soit toute autre dont le sommeil avait donné lieu à quelque aventure célèbre. Nous verrons bientôt que, sur deux bas-reliefs du palais Mattei[6], et sur un troisième du palais Rondanini, où Winckelmann[7], approuvé par tous les antiquaires[8], a cru reconnaître Thétis surprise dans son sommeil par Pélée, la fille de Nérée a précisément la même attitude que l'Ariane du bas-relief publié par Visconti. Je pourrais donc, à mon tour, alléguer en faveur de mon opinion le témoignage de ces bas-reliefs, et reconnaître, à l'aide de la similitude qu'ils présentent, *Thétis*, tout aussi bien qu'*Ariane*, dans la statue qui offre

---

[1] Ces bas-reliefs sont en si grand nombre et si connus, qu'il serait impossible et d'ailleurs superflu de les citer tous. Zoëga en a indiqué plusieurs, *Bassirilievi*, II, 206, not. 15, et publié quelques-uns, *ibid.* tav. LXXII et LXXVII. Le plus beau des sarcophages représentant ce sujet, est peut-être celui du *Musée Pie-Clémentin*, V, VIII.

[2] *Pitture d'Ercolan.* II, XIV. Une peinture récemment découverte à Pompéi, et encore inédite, offre le même sujet. Ariane, *demi-nue*, est représentée au moment où, à peine éveillée de son fatal sommeil, elle voit avec effroi s'éloigner le vaisseau de Thésée. Le désordre de sa chevelure et de son vêtement convient bien à l'abandon où elle se trouve, tandis que rien de pareil ne se remarque à la *nymphe endormie* du Vatican.

[3] Une observation qui n'est peut-être pas aussi frivole qu'elle peut le paraître, et qui n'a été faite par personne, c'est que le bracelet en forme de serpent, si commun sur les vases grecs, se voit toujours *autour du poignet*, et jamais *au haut du bras*. A l'appui de cette observation, je remarque encore que la première espèce de bracelet, nommée ἐπικάρπιον ou περικάρπιον, est celle à laquelle on donne précisément pour synonyme le mot ὄφις, tandis que la seconde, placée *summo bracchio sinistro*, s'appelait *spinther*, suivant Festus, *hác voce*. Il semblerait résulter de cette double observation, que, dans le plus grand nombre de cas, le bracelet placé au haut du bras différait par la forme, comme par le nom, de celui qui se mettait au poignet : induction qui ne serait pas sans quelque importance, si, comme il est encore permis d'en douter, le bracelet de la prétendue Cléopâtre est un véritable bracelet plutôt qu'un serpent réel; or, j'avoue qu'après avoir bien examiné la chose, la première supposition, toute admise qu'elle est généralement, ne me semble pas encore démontée.

[4] Voy. entre autres exemples, celui du *Mus. P. Clément.* V, VII.

[5] Zoëga, *Bassirilievi*, II, LXXII, LXXVII; un beau sarcophage, provenant des marbres Farnèses, qui fait actuellement partie du musée des *Studi*, à Naples, offre, sur un des côtés, Ariane endormie, presque nue, dans une position toute différente de la Cléopâtre; ce sarcophage inédit est indiqué par Finati, *Mus. Borbonico*, sous le n° 195.

[6] *Monum. Mattei.* III, XXXII, XXXIII.

[7] Winckelmann, *Monum. ined.* 110.

[8] Entre autres par Zoëga, *Bassirilievi*, I, 249.

4 *

l'attitude dont il s'agit. Mais la seule induction que je veuille tirer, quant à présent, de ce rapprochement, c'est que cette attitude, donnée à Thétis aussi bien qu'à Ariane, et même à un Hermaphrodite endormi[1], était un de ces *types* consacrés sans doute par quelque bel ouvrage de l'art, ou recommandés par le double mérite d'une invention heureuse et d'une disposition pittoresque, qui avaient été adoptés pour représenter *toute personne endormie*, et qui devaient recevoir ensuite, par l'addition de quelque symbole particulier, ou par le sujet même dont ils faisaient partie, une détermination plus précise.

Je puis encore produire, à l'appui de ces considérations, un monument curieux et inédit du Musée Pie-Clémentin[2]. C'est un bas-relief de deux figures, qui ne paraît pas, d'après sa dimension, avoir pu servir de sarcophage, et qui, dans tous les cas, ne semble pas avoir fait partie non plus d'une composition plus étendue. On y voit une *nymphe endormie*, vêtue de la tunique sans manches, et d'un péplus qu'elle tient de la main droite relevé par-dessus sa tête, laquelle repose sur son autre main; ce personnage, quel qu'il soit, offre, avec la statue dite de *Cléopâtre*, une conformité d'attitude, d'intention et d'ajustement, qu'il est impossible de méconnaître. Le second personnage est un *satyre capripède*, dans une attitude fréquemment donnée à ces sortes de figures sur les bas-reliefs dionysiaques, et annonçant, par le mouvement de toute sa personne, son intention de troubler le repos de la nymphe, ou d'abuser de son sommeil. Un groupe semblable se rencontre fréquemment dans les compositions qui représentent le sujet d'Ariane et de Bacchus; mais une particularité neuve et remarquable, qui ne s'est encore produite, à ma connaissance, que sur le bas-relief dont je m'occupe, c'est le *serpent* qui se dresse entre la nymphe et le satyre, évidemment afin de protéger le sommeil de l'une contre l'agression de l'autre. Or, l'addition d'un pareil symbole ne saurait convenir au sujet de Bacchus et d'Ariane; il ne paraît pas non plus que ce symbole, avec une intention si clairement indiquée, puisse s'appliquer à une simple nymphe bachique, ou toute autre[3], que rien ne caractérise ici d'une manière quelconque, tandis qu'il a, relativement au personnage de Thétis, une signification authentique et indubitable. Ce serait donc encore la fille de Nérée, dans l'état de sommeil

---

[1] Plusieurs pierres gravées qui représentent uniformément un *Hermaphrodite* endormi, dans une attitude pareille à celle de la *Cléopâtre*, entre des personnages qui varient, du reste, par le nombre et par l'action, attestent toutes le mérite et la célébrité de l'original d'après lequel était copiée la principale figure. J'indiquerai particulièrement la belle pierre décrite par Visconti, *Mus. Worsley.* IV, 1, laquelle avait appartenu aux ducs de Mantoue; un beau *Nicolo* publié par Guattani, *Monum. ined.* II, LXIX, settembr. tav. 1; deux autres pierres, l'une de la *Galerie de Florence*, VI, 3, Wicar; l'autre du recueil de Venuti, *Antiq. roman.* tab. LII, p. 37; sans parler de plusieurs pierres semblables qui existent au cabinet du Roi, et qui offrent le même sujet, avec des variantes plus ou moins légères.

[2] Ce bas-relief est placé dans la *loge découverte* [*loggia scoperta*] qui faisait partie du bâtiment d'Innocent VIII; il est encastré dans le mur qui fait face à la porte d'entrée, sous le n° 1016. Il n'en est fait aucune mention, ni dans le grand ouvrage du *Musée Pie-Clémentin*, ni dans l'*Indicazione antiquaria* du même musée, publiée à Rome, en 1792, sous le nom de *Massi*, et qui passe pour être l'œuvre de Visconti lui-même, bien que tous les monumens exposés ou encastrés dans la *loge* en question soient décrits ou indiqués dans ce livret, p. 68-74; ce qui donne lieu de penser que ce bas-relief y a été placé plus tard. Je n'ai pu, du reste, me procurer aucune notion certaine sur sa provenance, non plus que sur l'époque de sa découverte; et je n'ai rien trouvé qui y ait rapport, ni dans le livre intitulé *Elenco degli oggetti esistenti nel Museo Vaticano*, Roma, 1821, ni dans le *Supplemento* du même livre, Rome, même année. J'ai donc tout lieu de croire que ce monument n'a été encore ni publié, ni décrit, ni expliqué par personne. Voy. notre pl. X A, n. 1.

[3] Ainsi, dans les nombreuses peintures antiques qui représentent un sujet à-peu-près pareil, c'est à savoir, *un satyre capripède découvrant une nymphe endormie*, *Pittur. d'Ercolan.* V, XXXII, XXXIII, XXXIV, XXXV, la nymphe est toujours caractérisée comme nymphe bachique, par la *couronne de pampre* qu'elle porte, ou par le *tympanum* qu'on voit à ses côtés. On ne saurait admettre non plus qu'il s'agisse ici d'une de ces surprises célébrées par les poètes, telles que celles de *Pan et Iole*, Ovid. *Fast.* II, 331, ou du même *Pan et Pholoé*, Stat. *Sylv.* II, 3, 8, ou de *Bacchus et Nicée*, Nonn. *Dyonis.* XVI, 251. S'il est impossible de méconnaître ici la physionomie, le geste et l'intention d'un *satyre*, en revanche rien n'indique, dans la femme endormie, une *nymphe*, de quelque ordre que ce soit; et le *serpent* qui la protége est un symbole si bien approprié à Thétis, qu'on peut voir, dans le bas-relief qui nous occupe, une allusion à ce mythe célèbre, plus vraisemblablement, à ce qu'il me paraît, qu'aucun autre sujet.

qui l'expose à toute sorte d'entreprises, et sous la protection du serpent qui l'en préserve, que je serais disposé à voir dans ce bas-relief, monument très-curieux, du reste, quelle que soit l'explication qu'on adopte à son sujet, et qui offre, dans tous les cas, avec la célèbre statue du Vatican, une analogie très-remarquable.

D'après les motifs et les monumens exposés jusqu'ici, il me semble que l'on serait fondé à reconnaître dans la prétendue *Cléopâtre*, *Thétis* endormie sur les rochers du Pélion, avec le manteau qui couvre sa tête, sorte d'ajustement convenable pour une déesse, et avec le bracelet en forme de serpent, symbole des transformations de la Néréide, plutôt qu'*Ariane*, à qui le voile ne se voit dans aucune des compositions qui la représentent, et pour qui le bracelet, ornement passablement déplacé en pareille occasion, est d'ailleurs un objet tout-à-fait insignifiant. J'ajoute que, d'après le style même de cette figure, d'après l'ampleur de ses formes, d'après le caractère de sa physionomie, qui semble convenir davantage à une *matrone*, il y aurait, toutes preuves égales de part et d'autre, plus de probabilité à voir ici Thétis, déesse dont l'hymen avait été recherché par le maître des dieux, que la princesse de Crète, toujours représentée sous les formes délicates et avec la physionomie de la première jeunesse. Ce serait ici le lieu de rappeler, à l'appui de ces observations, le beau bas-relief du musée Chiaramonti[1], où l'on a reconnu, avec toute probabilité, *Junon essayant de disposer Thétis à l'hymen de Pélée*, d'après ce motif effectivement très-grave, que la figure de *Thétis* s'y montre assise sur les rochers du Pélion, dans un vêtement semblable à celui de la *Cléopâtre*, c'est-à-dire, avec cet *amplé péplus* qui l'enveloppe et qu'elle relève au-dessus de sa tête : trait essentiel de costume, qui a déjà été indiqué comme puisé aux sources les plus authentiques, et qui, fondé sur la tradition homérique[2], ne pouvait pas avoir été négligé dans les représentations de la belle époque de l'art. Le désordre qu'on a cru trouver dans ce vêtement, comme provenant de *l'agitation d'une personne qui s'est retournée plusieurs fois sur son lit*[3], l'anxiété d'un sommeil pénible qu'on a cru voir aussi dans cette figure, tiennent évidemment à l'opinion qu'on s'était formée du sujet qu'elle représente; et c'est parce qu'on y avait reconnu d'avance *Ariane*, qu'on y a trouvé depuis tout ce désordre. Quant à l'observation mieux fondée, de la draperie à franges sur laquelle est couchée la figure en question, et qui lui sert de couverture, l'emploi de cette draperie me semble tout aussi bien justifié, si ce n'est mieux encore, dans l'hypothèse du sommeil de Thétis, que dans celle du sommeil d'Ariane; et peut-être même cet accessoire paraîtra-t-il plus propre à la fille de Nérée, qui trouvait, dans sa grotte du Pélion, son *lieu de repos habituel, consueta cubilia*[4], qu'il n'est convenable dans la situation d'abandon de la princesse de Crète.

Je ne présente toutefois cette interprétation nouvelle que comme une conjecture, dont le seul avantage est peut-être de rendre un peu mieux raison d'une particularité symbolique, trop légèrement traitée par Visconti. Du reste, je ne me dissimule pas que l'assentiment presque général donné à l'opinion de cet illustre antiquaire, forme en sa faveur un préjugé bien légitime; et j'ajoute que je ne me suis hasardé à proposer une explication différente, que parce qu'elle m'était naturellement suggérée par la marche même de mes recherches et par l'analogie des monumens.

---

(1) *Mus. Chiaramont.* viii, 70-77, de l'édit. franç. de Milan, 1822, 8°.

(2) Homer. *Iliad.* xviii, 385. Voy. plus haut, page 9, note 2.

(3) Petit-Radel, *Monumens antiques du Musée Napoléon*, II, 22.

(4) Ovid. *Metamorph.* xi, 259.

§ VIII.

C'est maintenant le lieu d'examiner, pour clore la série des monumens relatifs à Thétis et Pélée, ceux de ces monumens, *d'âge et de travail romains*, où l'on a cru trouver le sujet en question[1]. La célébrité de cette fable avait porté Winckelmann à rechercher, avec un soin particulier, les monumens qui pouvaient s'y rapporter; et si, à cet égard, sa sagacité fut en défaut, ce fut moins la faute de ce grand homme que celle des temps où il écrivait. Alors, en effet, les vases peints qui nous ont conservé de si nombreuses répétitions de ce sujet tel qu'il avait été conçu et traité par les artistes grecs, étaient encore peu connus et généralement mal compris. Winckelmann n'eut même pas la pensée de s'assurer si, parmi les vases du Vatican, qui lui étaient pourtant familiers et dont plusieurs furent publiés par lui[2], il se trouvait quelques représentations vraiment grecques de ce sujet; et celui de tous ces vases qui nous l'a présenté de la manière la plus riche en figures et la mieux caractérisée, échappa à son attention, quoique ce vase fît dès-lors, comme aujourd'hui, partie de la collection du Vatican[3]. Zoëga, son continuateur, n'en tint pas plus de compte[4]; et généralement, dans ses interprétations des bas-reliefs romains, cet antiquaire, d'ailleurs si recommandable, donna trop peu de place à l'étude des vases grecs, qui n'était pas, à vrai dire, aussi avancée de son temps qu'elle l'est devenue depuis. Quoi qu'il en soit, les monumens romains où Winckelmann avait cru voir, avec plus ou moins de fondement, le sujet de Thétis et Pélée, ne sauraient plus maintenant être envisagés abstraction faite des monumens grecs qui présentent ce sujet sous sa forme originale, indubitable, authentique. C'est donc uniquement d'après l'analogie que pourraient offrir ces monumens avec ceux de style grec, qu'il serait permis d'adopter aujourd'hui les explications proposées en premier lieu par Winckelmann, suivies et complétées par Zoëga. Mais lorsque cette analogie manque absolument, lorsque, du reste, aucune des circonstances du sujet en question ne se retrouve sur ces monumens romains, il paraît bien difficile d'admettre désormais de pareilles explications.

Or, le trait caractéristique, essentiel, de la représentation dont il s'agit, c'est à savoir, la lutte de Thétis contre son ravisseur, la résistance qu'elle lui oppose au moyen des métamorphoses les plus effrayantes, ou la fuite par laquelle elle cherche à lui échapper, tantôt *seule* ou en présence de *Nérée* et de ses *sœurs*, tantôt avec l'intervention plus ou moins directe des divinités favorables à cette union, telles que *Vénus*, *Pitho*, *Minerve* et *Neptune*, ce trait, dis-je, commun à toutes les représentations grecques du sujet en question, constitue une composition totalement différente de celles que nous offrent les deux bas-reliefs du palais Mattei et celui du palais Rondanini, expliqués par Winckelmann. Rien ne caractérise non plus, dans le bas-relief Albani, où Zoëga a voulu voir les *Noces de Thétis et de*

---

(1) Le plus beau de ces monumens est un sarcophage de la villa Albani, publié d'abord par Winckelmann, *Monum. ined.* 111, puis par Zoëga, *Bassirilievi*, I, LII, LIII, et reproduit, avec l'explication de ce dernier, par M. Millin, *Galer. mythol.* CLII, 551. Deux autres bas-reliefs existent parmi les marbres Mattei, *Monum. Matteian.* III, XXXII, XXXIII, et ont été publiés, avec des différences, l'un de ces bas-reliefs, par Montfaucon, *Antiq. expl.* I, 48, Spence, *Polymet.* dialog. VII, IX, et Bellori, *Admiranda*, 22; l'autre, et le plus important, par Winckelmann, *Monum. ined.* 110. Un quatrième, qui faisait partie des marbres Rondanini, et qui est aujourd'hui au musée du Vatican, appartement Borgia, a été publié par M. Guattani, *Monum. ined. per l'anno* 1788, feb. tav. 11, et par M. Gerhard, *Ant. Bildwerke*, Heft II, t. XL, 2.

(2) Winckelmann, *Monum. ined.* 98, 131, 143, 181.

(3) Voy. plus haut, p. 3.

(4) Zoëga, *Bassirilievi*, I, 249-257.

Pélée[1], ni dans la célèbre peinture connue sous le nom de *Noce Aldobrandine*, le mariage de Thétis et Pélée, que Winckelmann s'obstinait à y trouver[2], plutôt que celui de *Cadmus et Harmonie*[3], qui jouit de la même célébrité, et qui fut pareillement honoré de la présence de tous les dieux[4]. Je dirai plus : la manière dont le sujet est traité dans le bas-relief dont il s'agit, aussi bien que dans cette peinture ; l'absence de toute circonstance particulière, de tout symbole caractéristique ; enfin l'emploi de personnages allégoriques, tels que les *Saisons*, qui figurent sur le premier de ces monumens, semblent prouver au contraire qu'on ne doit y chercher rien autre chose que la représentation d'un *mariage grec*, traitée d'une manière générale, et dans le costume héroïque, ou peut-être, s'il s'y trouve en effet quelque allusion à un fait particulier, sous les traits *de Cadmus et d'Harmonie*[5], plutôt que sous ceux *de Pélée et de Thétis*, que rien, encore une fois, n'y désigne d'une manière tant soit peu particulière.

Après cette observation générale, il serait superflu de réfuter en détail les argumens à l'aide desquels Winckelmann, dans son explication des deux bas-reliefs Mattei, a rendu compte de chacun des personnages figurés sur ces deux compositions[6]. En partant de ce principe, que tous les bas-reliefs romains, sans exception, doivent représenter des sujets grecs, principe certainement juste en soi et vérifié par une foule d'explications certaines, cet illustre antiquaire ne pouvait, en effet, trouver une fable qui s'adaptât plus heureusement au groupe principal et aux personnages accessoires, que celle de Thétis et de Pélée. Mais l'application exclusive, inflexible, de toute maxime, est sujette à l'erreur ; et bien que les monumens exécutés pour l'usage des Romains eussent été généralement puisés aux sources grecques, ce n'était certainement pas une raison pour que des *fables romaines*, s'il y en eut, n'eussent pu être représentées sur ces monumens, au moyen de compositions originairement grecques, qui avaient quelque rapport essentiel avec ces fables, ou qui pouvaient être aisément détournées de leur signification primitive. Ici les faits viennent encore à l'appui du raisonnement.

On sait que, dans l'antiquité grecque elle-même, il n'était pas sans exemple que des attitudes consacrées pour tel personnage, dans telle position donnée, eussent été appliquées à tel autre personnage dans une position analogue. Ainsi, pour me borner à un petit nombre de faits de cette espèce, l'une des figures du célèbre groupe de Saint-Ildefonse est visiblement empruntée d'un Apollon Sauroctone[7] ; ainsi la *Vénus Aréa*, de Corinthe, primitivement conçue isolée, se reconnaît à la même attitude, mais avec une intention toute différente, dans les groupes romains de *Vénus et Mars*[8]. Il arriva aussi plus d'une fois que, faute de temps

---

(1) Zoëga, *ouvrage cité*, I, LII.

(2) Le sentiment de Winckelmann, à cet égard, réprouvé par Zoëga lui-même, *à l'endroit cité*, p. 250, a été solidement réfuté par M. Boettiger, *Aldobrandin. Hochzeit*, p. 29-30.

(3) Ces noces de Cadmus et d'Harmonie, célébrées par les poëtes, Pind. *Pyth.* III, 150 sqq.; Eurip. *Phœniss.* 829 sqq.; Nonn. *Dionys.* III, 404, V, 91, attestées par des traditions locales, Pausau. IX, 16, 2, et par des monumens de l'art, tels que le trône de l'Apollon d'Amycles, Pausan. III, 18, pouvaient, avec autant de raison que celles de Thétis et de Pélée, être reconnues sur ce bas-relief Albani ; et M. Quatremère de Quincy semble en avoir jugé ainsi, puisqu'il s'est servi de ce bas-relief pour orner la partie du siége où le sujet des noces d'Harmonie devait être figuré, dans la restitution qu'il propose de ce monument, *Jupiter olympien*, pl. VII, p. 209.

(4) Voy. les nombreux témoignages rassemblés à cet égard par Zoëga, *Bassirilievi*, I, 6-19.

(5) Zoëga, à l'endroit cité note précédente, a reproduit un bas-relief sur lequel Winckelmann, *Monum. ined.* 27, avait cru voir l'*Adultère de Vénus et de Mars*, et qu'il explique à son tour par les *Noces de Cadmus et d'Harmonie* ; mais je n'oserais assurer que cette seconde explication fût préférable à celle de Winckelmann, laquelle a été suivie par M. Millin, *Galer. mythol.* XXXVIII, 168.

(6) Winckelmann, *Monum. ined.* II, 145-151.

(7) Welcker, *Kunstmuseum zu Bonn*, p. 62.

(8) Voy. Millingen, *Anc. uned. mon.* part. II, pl. IV, VI, p. 5-8. J'admets de tout point, contre l'opinion de M. Quatremère de Quincy, l'ingénieuse explication de M. Millingen, à l'appui de laquelle je produirai moi-même une statue de Vénus, copie

ou de ressources, ou par tout autre motif, on changea les attributions de certaines figures, comme nous l'apprend Pausanias, au sujet d'une statue de Neptune qui avait été transformée en un autre personnage, au moyen d'une inscription ajoutée après coup[1]. Quelquefois même il suffisait de l'addition d'un symbole, pour changer la signification d'une statue ou d'un groupe, comme on en a un exemple dans l'*Hercule avec Télèphe*, qui avait été dans le principe *Hercule avec Ajax*[2]. Ces transpositions d'attitudes, ces substitutions d'un signe à un autre, devinrent sur-tout fréquentes dans la période romaine de l'art, où, à défaut d'invention, on ne fit guère le plus souvent que répéter les idées, les types fournis par les Grecs, mais de manière à faire servir à une intention, à un motif, ce qui avait été créé dans un autre motif, dans une intention différente. La plupart des statues héroïques des empereurs, des princes de la famille impériale, de leurs femmes ou de leurs favoris, reproduisirent ainsi des types consacrés pour les divinités ou pour les héros de la Grèce : c'est un fait si notoire, qu'il n'a pas besoin d'être prouvé. Mais on alla plus loin : on se servit de groupes, de compositions entières, qui, dans le principe, avaient représenté tel sujet ; on s'en servit, dis-je, pour représenter un autre sujet, et cela, soit en y ajoutant une inscription, soit en l'employant dans quelque sujet analogue. Ainsi le bas-relief grec qui nous montre *Eurydice* entre *Orphée* et *Mercure*[3], offrit, par une simple substitution de noms, *Antiope* entre *Amphion* et *Zethus*[4] ; ainsi, un groupe d'*Oreste en démence soutenu par Pylade* fut transporté à la *fable des Niobides*[5] ; et un autre groupe, relatif pareillement à *Oreste et Pylade*, sur le beau bas-relief Grimani[6], à Venise, s'appliqua, sur un bas-relief Mattei[7], à *Achille et Antiloque*, sans qu'il soit possible de décider, dans aucun des cas que je viens de citer, quelle est la composition originale de laquelle dérivent ces répétitions diverses d'un même type.

Les Romains ne firent donc que suivre un usage pratiqué dans la Grèce et pour des sujets grecs, en appliquant aux fables de leur propre histoire des compositions primitivement affectées à des mythes helléniques. Or, de ces fables proprement romaines, celle qui réunissait au plus haut degré l'intérêt national et l'intérêt de l'art, était certainement la fable populaire de la surprise faite à Rhéa-Sylvia par le dieu Mars, principe de la grandeur romaine ; et en la représentant, comme nous savons, par le témoignage de Juvénal[8], qu'il était d'usage de le faire, sur les enseignes militaires, sur les armes mêmes des soldats, c'est-à-dire, sur tous les objets et de toutes les manières les plus propres à tenir incessamment les esprits occupés d'une image si favorable au patriotisme, il était naturel qu'ils se servissent d'un type déjà employé à rendre un sujet analogue, soit celui de la surprise faite

---

antique de la Vénus de Milo, demeurée jusqu'ici inédite à la villa Albani.

(1) Pausan. 1, 2, 4. Nous possédons un exemple analogue à celui-là, dans la statue de *Bacchus Barbu*, converti en *Sardanapale* par l'addition du mot ϹΑΡΔΑΝΑΠΑΛΛΟϹ. Voy. Visconti, *Mus. P. Clement.* II, xli, qui cite, à cette occasion, quelques autres faits du même genre.

(2) Visconti, *M. P. Clement.* II, ix, p. 68, éd. franç. de Milan.

(3) Finati, *Mus. Borbonic.* n. 206.

(4) Winckelmann, *Monum. ined.* 85 ; Zoëga, *Bassirilievi*, I, xlii ; Visconti, *Mus. P. Clem.* II, xli, p. 297, éd. franç.

(5) Visconti a remarqué lui-même l'identité du groupe en question, employé dans la *fable des Niobides*, sur un sarcophage du *Musée Pie-Clémentin*, IV, xvii, A, p. 149-150, éd. franç. de Milan, et dans celle des *Fureurs d'Oreste*, sur un sarcophage du palais Accoramboni publié par Winckelmann, *Monum. ined.* 149. Il cite encore quelques exemples semblables, entre autres celui des bas-reliefs qui représentent la fable de *Vénus et Adonis*, et la fable d'*Hippolyte et Phèdre*, par des compositions presque entièrement identiques. Mais cette dernière observation est sujette à des difficultés de plus d'un genre, lesquelles seront ailleurs l'objet d'un examen approfondi.

(6) Millin, *Orestéide*, pl. iii. Ce rapprochement si curieux et si frappant n'a cependant pas été fait par M. Millin.

(7) *Mon. Mattei.* III, xxxiv ; Winckelmann, *Mon. ined.* 130. Le même groupe se retrouve sur le célèbre camée Cherofini, Winckelmann, *Mon. ined.* 149 ; Dolce, *Description du cabinet de Ch. Dehn*, pl. R, n. 53 ; Schorn, *Homer nach Antik.* IX, iv, 19-23.

(8) Juvénal, *Satyr.* xi, 106.

à Thétis par Pélée, sujet également populaire et consacré par un si grand nombre de monumens; soit celui d'Ariane et de Bacchus, qui n'y avait pas un moindre rapport, et qui n'était sans doute pas moins familier aux Romains. Ce serait donc la fable de *Mars et Rhéa-Sylvia* que je serais disposé à voir sur les deux bas-reliefs Mattei, et sur le bas-relief Rondanini, en admettant que quelque composition grecque représentant Thétis surprise dans son sommeil par Pélée aurait fourni le motif principal de ces bas-reliefs, chargés d'ailleurs, comme il est facile de s'en convaincre, de personnages accessoires, probablement étrangers à la composition originale. Voici, du reste, comment j'expliquerais les bas-reliefs en question, sans m'arrêter aux explications produites avant Winckelmann[1], non plus qu'à celle de Winckelmann lui-même.

La jeune prêtresse de Vesta est endormie dans l'attitude que l'on voit à Ariane sur la plupart des bas-reliefs qui représentent sa rencontre avec Bacchus. Le péplus qui l'enveloppe et qui est ramené par-dessus sa tête, laisse cependant à découvert la partie supérieure du corps, de la même manière qu'Ariane est souvent figurée sur les bas-reliefs en question. Un petit génie ailé, debout près d'elle, dans l'attitude consacrée pour le génie du *sommeil*[2], semble protéger le repos de la vestale, au-dessus de laquelle *Morphée*, figuré pareillement comme on le voit sur la plupart des monumens antiques[3], verse, d'une *corne* qu'il tient de la main droite, la liqueur soporifique. *Mars*, la tête couverte d'un *casque*, portant la *haste* et le *bouclier*, s'approche, guidé par deux Amours, de la vierge endormie; à ses pieds est le *lion*, animal symbolique du dieu de la guerre. Des personnages allégoriques, la *Terre*, l'*Océan* et le *Tibre*, complètent, à droite et à gauche du groupe principal, l'ordonnance des figures placées sur le plan inférieur de la composition. Il n'y a pas de difficulté à reconnaître, dans les figures placées au plan supérieur, celles des divinités tutélaires de Rome, témoins sacrés de l'acte mystérieux auquel Rome va devoir sa naissance, savoir, *Junon Pronuba*, avec *Hébé* debout devant elle, *Minerve*, appuyée sur son *olivier*, *Vulcain* et l'aînée des *Grâces*, sa compagne[4], *Bacchus*, dans l'attitude molle et voluptueuse qui le caractérise, *Apollon* et *Diane*, *Mercure* enfin. Restent deux figures, dont la présence ne peut avoir rapport qu'au sujet de Mars et de Rhéa-Sylvia, bien que Winckelmann, trompé par quelques apparences[5], ait cru voir dans ces deux figures *Amphitrite* et *Proserpine*. La *palme* que tient la première, son attitude, et le geste qu'elle fait de la main gauche, caractérisent clairement la *Victoire*. Quant à la seconde figure, qui fait un geste semblable de la même main, en tenant élevé, de l'autre main, un cercle zodiacal sur lequel sont tracées les deux constellations de la *balance* et du *scorpion*, c'est ici sur-tout que la méprise de Winckelmann est le plus sensible et son explication le plus fautive. La *balance*, où il voit une allusion, soit à la saison de l'année où se fit le mariage de Thétis et de Pélée, soit à l'influence de Vénus, qui est censée y présider, soit à la justice d'Achille, fruit de ce mariage, indique manifestement la

---

(1) Bellori, *Admiranda*, 22; Spence, *Polymet.* dialog. vIII, p. 78.

(2) Visconti, *Mus. P. Clem.* I, xxvIII.

(3) Notamment sur ceux qui représentent la fable d'Endymion, et dont les principaux sont ceux du *Musée capitolin*, IV, xxv et xxIx; voy. Zoëga, *Bassirilievi*, t. II, p. 206, n. 14.

(4) Winckelmann voit dans cette figure, *Leucothea*, nourrice de Bacchus. Mais la place qu'elle occupe immédiatement derrière Vulcain, son attitude, son costume, conviennent mieux à celle des Grâces qui fut l'épouse de ce dieu.

(5) Les deux prétendues pinces d'écrevisse que Winckelmann avait cru voir sortir de la tête de la figure qu'il prend, par cette raison, pour *Amphitrite*, n'existent point sur le monument original. Tout se réunit, d'ailleurs, dans cette figure, la place qu'elle occupe, son attitude, son ajustement, et la palme qu'elle tient en main, pour nous faire reconnaître en elle la *Victoire*. Quant à la figure que Winckelmann prend pour *Proserpine*, uniquement à cause de son diadème, cette opinion peut sembler également bien peu fondée d'après cette seule considération.

1.

naissance de Rome, fondée sous cette constellation, suivant Manilius[1]; et le *scorpion*, signe
consacré à Mars[2], et représenté à ce titre sur les enseignes militaires des Romains[3], justifie et
complète cette indication. En conséquence, la figure qui porte ce cercle, et qui a le voile et le
diadème, ne peut être que la *Parque* qui préside aux destinées de Rome et qui assiste à
son enfantement; et le geste de la *Victoire* s'accorde parfaitement avec la présence de cette
figure, aussi bien qu'avec l'instrument qu'elle porte. C'est donc la fable de Mars et de Rhéa-
Sylvia, sujet populaire et cher aux Romains, que je vois représentée sur ce bas-relief et
sur d'autres pareils, tous d'époque ou de travail romain, dont le motif principal a pu être
emprunté d'une composition relative, soit à la fable de Thétis et de Pélée, soit à celle
d'Ariane et de Bacchus, avec l'addition des personnages et des accessoires que comportait
cette nouvelle application[4].

S'il pouvait rester quelques doutes sur la certitude de l'explication que je propose, ces
doutes seraient dissipés par la confrontation de monumens que Winckelmann ne semble
pas avoir connus, ou qu'il n'a pu citer, et sur lesquels le même groupe de Mars et de
Rhéa-Sylvia est figuré absolument de la même manière : tel est, en premier lieu, un bas-
relief de sarcophage faisant encore aujourd'hui partie des marbres Mattei[5], et représentant,
en cinq compartimens, des sujets relatifs à Mars, savoir : dans le premier, deux génies
de Mars qui portent son *casque*, attribut essentiel de ce dieu; dans le troisième, un de ces
groupes de Mars et Vénus, dont on possède plusieurs répétitions antiques, tant de ronde
bosse que de bas-relief[6]; dans le quatrième, Mars, armé, descendant, guidé par un Amour,
vers Rhéa-Sylvia, endormie dans l'attitude et dans le costume de la prétendue *Cléopâtre*;
et dans le cinquième, un groupe d'un berger et d'une nymphe appuyée sur une urne, qui ne
peuvent être que le berger Faustulus et une nymphe de fontaine[7]. Le célèbre autel Casali[8],

---

(1) Manilius, *Astronom.* iv, 103, ed. Scalig. L'astrologue
Tarrutius avait dressé le *thème natal* de Rome, à la requête de
Varron, Plutarch. *Romul.* xii; conf. Boxhorn. *Quæst. roman.* 33.

(2) Le *scorpion* était, chez les anciens, le signe attribué à Mars,
ou sa demeure, dans le langage astrologique, l'irmicus, lib. v,
c. 6; voy. Visconti, *Monum. gabin.* p. 172. C'est par cette raison
qu'on voit *Mars* représenté entre une *étoile* et un *scorpion*, sur
une des pierres astrologiques du recueil de Passeri, *Gemm. Astrif.*
tab. ci, p. 138 - 139. C'est au même titre que le *scorpion* est
figuré sur les boucliers des héros grecs les plus célèbres, tels
qu'*Achille*, comme sur notre vase, pl. XVIII, 1; et *Diomède*, sur
un vase publié en dernier lieu par M. Inghirami, *Galler. omeric.*
tav. lxix : ce qui prouve l'antiquité de ces croyances populaires
en rapport avec les doctrines astrologiques.

(3) C'est à ce titre que le *scorpion* figure sur les enseignes
romaines, comme on en a plusieurs exemples, entre autres
dans la célèbre pierre sépulcrale d'Atimetus, Zoëga, *Bassirilievi*,
I, xvi, et sur quelques autres monumens cités par Winckelmann, *Monum. ined.* II, 146. Mais le plus remarquable, à tous
égards, est le magnifique camée de Vienne, où le *capricorne*
se voit figuré au-dessus d'Auguste, à titre de signe généthliaque
de ce prince, Sueton. *August.* cxiv; Manilius, *Astronom.* ii, 499,
comme on le trouve souvent sur la monnaie même d'Auguste,
Eckhel, *Doctrin. num.* VI, 109, et le *scorpion* est gravé sur un
bouclier qui couronne le trophée dressé aux victoires de Rome,
dans la scène inférieure de ce camée. C'est ainsi du moins que
je crois pouvoir expliquer ce signe, qui a si fort embarrassé
le docte Eckhel, *Pierres gravées de Vienne*, pl. 1, p. 13, et dont
le dernier interprète de ce beau monument, M. Mongez,

Iconograph. rom. II, 59-66, n'a pas cru devoir parler. Zoëga,
Bassirilievi, I, p. 68, voit une allusion particulière à l'*Afrique*,
dans la pierre d'Atimetus, mais toutefois sans rejeter l'explication
générale de Winckelmann, qui paraît en effet la seule admissible.

(4) M. Behr suppose, *de Cult. Mart. antiquiss.* 11, 8-9, que
cette fable romaine de Mars et Rhéa-Sylvia peut être dérivée d'une
tradition des Tégéates, qui débitaient, sur la naissance d'Échémus,
fils de Mars et d'Ærope, une fable à-peu-près semblable, Pausan.
viii, 44; voyez aussi Niebuhr, *Roemisch. Geschichte*, I, 144. Mais
de pareilles aventures se reproduisent si fréquemment dans les
divers mythes helléniques, qu'il serait bien difficile d'assigner à
chacune de ces fables leur véritable original.

(5) *Monum. Mattei.* III, ix; voy. notre planche VII, n. 2.

(6) Le groupe en marbre de la *Galer. de Flor.* xxvii, 4, Wicar;
celui de la villa Borghèse, *Scult. della villa Pincian.* st. vi, n. 3; et
sur-tout celui du *Musée du Capitole*, III, 20; un bas-relief, *Galler.
Giustiniani*, II, 103, dont il existe une répétition parmi les marbres
du palais Grimani, à Venise; sans parler des pierres gravées,
Galer. de Florence, ii, 3, Wicar; Millin, *Pierres gravées*, I, xxiv.

(7) L'interprète des marbres Mattei voit, III, 18, dans ce
groupe, *Anchise et Vénus*, sans trop s'embarrasser apparemment
d'accorder avec ce personnage d'Anchise le *pedum*, ou bâton
pastoral, qu'il tient en main, non plus que son *costume*, qui n'a
rien d'héroïque.

(8) Souvent publié, d'abord par Fabretti, *Colmm. Trajan.*
p. 82, puis dans le recueil de l'*Admiranda*, 1-3, d'où il a passé
dans celui de Montfaucon, *Ant. expl.* II, vi, 106. Ce monument,
qui fait depuis long-temps partie du *Musée Pio-Clémentin*, a fourni
à l'antiquaire Orlandi le sujet d'une dissertation particulière,

qui présente sur l'une de ses faces toute l'histoire de la naissance de Romulus et Rémus, offre aussi une composition à-peu-près semblable, dans laquelle Mars, sous les mêmes traits, s'approche de Rhéa-Sylvia endormie, dans la même attitude, à l'ombre du figuier ruminal, et comme sous la protection du dieu du Tibre, seul témoin de cette scène mystérieuse[1]. Une belle peinture des Thermes de Titus nous montre de même Mars, dans tout son attirail guerrier, descendant du sein des airs vers Rhéa-Sylvia endormie sur les genoux de Morphée[2]; et l'on ne peut douter que cette dernière représentation, que nous trouvons consacrée par l'autorité publique sur un grand bronze d'Antonin[3], et reproduite sur plusieurs pierres gravées[4], n'ait été celle à laquelle Juvénal fait allusion dans un passage célèbre[5], dont la vraie interprétation, donnée pour la première fois par Addison[6], adoptée par Spence[7], et vainement contestée par Lessing[8], a reçu des monumens une démonstration complète.

J'en puis produire à mon tour une preuve nouvelle dans un bas-relief inédit, trouvé, il y a quelques années, près du portique d'Octavie, à Rome[9]. Ce bas-relief représente la moitié de la façade d'un temple décastyle, et, dans la partie du fronton qui subsiste, Rhéa-Sylvia endormie, dans l'attitude et le costume qu'on lui voit sur tous les monumens cités jusqu'ici; Mars descendant vers elle; la louve allaitant les deux jumeaux; enfin, les deux bergers témoins de cet allaitement merveilleux; c'est-à-dire, toutes les circonstances principales de la fable en question, rapprochées dans une même composition, telles à-peu-près qu'on les trouve représentées, en quatre compartimens, sur la face postérieure de l'autel Casali[10]. Il est fâcheux que l'état d'imperfection de ce bas-relief nous ait privés de la connaissance des sujets qui ornaient le reste du fronton, et qui avaient sans doute rapport à la même fable. Mais quoi qu'il en soit, nous devons probablement voir dans ce monument la représentation d'un des plus célèbres édifices de l'ancienne Rome, et, suivant toute apparence, du temple même *de Vénus et de Rome*[11], dont l'ordre et l'ordonnance

---

où chacun des onze bas-reliefs dont il est décoré, est représenté et expliqué en détail; *Ragionamento sopra un' ara antica posseduta da M. A. Casàli*, Roma, 1772, 4°.

(1) Orlandi, *dissertat. citée note précédente*, p. 69.

(2) Mirri, *Terme di Tito*, xxxiv; cf. Carletti, *le antiche camere delle Terme di Tito, descritte*, etc. p. 62-63.

(3) Oisel. *Thesaur. numism.* tab. xxxix, 3; Spence, *Polymet.* pl. viii, iv. Voy. au sujet de cette médaille, le judicieux Eckhel, qui approuve, *Doctr. num.* VII, 31-32, l'interprétation d'Addison, malgré les raisons contraires, mais insuffisantes, *ob leviores, ut existimo, causas*, données par Lessing.

(4) Venuti, *Antiq. rom.* tab. lviii, p. 42; Ficoroni, *Gemm. rar.* iii, 6. Une pierre semblable est gravée dans le cabinet du comte de Thoms.

(5) Juvenal. *Satyr.* xi, 100-107. De là les fréquentes allusions que les poètes des époques mêmes de décadence font à des armures ornées de pareils sujets, comme, entre autres exemples, dans la description du bouclier de Probus, forgé par Vulcain, ou plutôt par Claudien, *Prob. et Olybr. cons.* 95 sqq.; dans celle du bouclier de Rome, imaginé par Sidoine Apollinaire, *Carm.* ii, 21 sqq.; et d'un autre bouclier semblable, que le même poète, *Carm.* ii, 395, décrit ainsi:

. . . . Illius orbem
Martigenas, lupa, Tybris, Amor, Mars, Ilia, complent.

(6) Addison's *Travels*, p. 182.

(7) Spence, *Polymet.* dialog. vii, p. 77.

(8) Lessing, *Laocoon*, p. 68-74; IX, 121-131. Tous les raisonnemens de Lessing échouent contre les monumens qui sont venus confirmer de plus en plus l'ingénieuse interprétation d'Addison : c'est un des cas, d'ailleurs en bien petit nombre, où le sens juste et profond de Lessing s'est trouvé en défaut. Du reste, les explications, toutes différentes l'une de l'autre, qu'il propose à son tour, ne l'avaient pas satisfait lui-même; car il termine sa longue note par ces paroles : *Dessen angeachtet : non liquet.* J'ignore ce qu'est devenu le bas-relief Mellini cité par Spence, *Polymet.* p. 79; quant au bas-relief publié par Pacciaudi, *Monum. peloponn.* II, 273, où l'on a cru voir le sujet de *Mars et Rhéa-Sylvia*, Pacciaudi lui-même a rejeté cette explication, et proposé la seule qui soit admissible.

(9) Voy. notre pl. VIII, n. 1. Je ne dois pas dissimuler que ce bas-relief mentionné, en quelques mots, dans une dissertation de M. Carlo Fea, intitulée *Ragionamenti sopra la terme thuriane e il tempio di Venere e Roma*, etc. Roma, 1821, et dessiné d'une manière assez imparfaite, au même endroit, p. 23, a été l'objet d'une lettre de l'antiquaire Ph. A. Visconti au professeur Nibby, insérée dans le *Diario di Roma*, ann. 1819, n. 74.

(10) Orlandi, *dissert. cit.* p. 69, 74, 78, 82.

(11) Voy. le médaillon du iiie consulat d'Adrien, correspondant à l'année 119 de notre ère, au revers duquel se voit l'élévation d'une des façades de ce temple, dans Buonarrotti, *Medaglion.* tav. I, n. 5, p. 17 sgg. L'opinion que j'énonce est conforme à celle qu'a exprimée l'antiquaire romain Ph. A. Visconti, dans la *Lettre à M. Nibby*, citée plus haut, et qui a été contestée, mais avec peu de fondement, à ce qu'il me semble, par M. Carlo Fea; voy. sa *dissertation citée*, p. 24.

remplissaient les conditions que nous trouvons exprimées ici, puisqu'il était corinthien et décastyle, et dont le fronton ne pouvait être orné de sujets plus convenables à sa double destination, que ceux qui avaient rapport à la naissance divine de Romulus. Ce monument est donc à cet égard un des débris les plus précieux de l'antiquité romaine qui nous soient parvenus; et il offre encore, sous le rapport architectonique, un genre d'intérêt peut-être plus rare, dont je dois néanmoins, pour ne pas trop m'écarter de l'objet de mes recherches, abandonner l'appréciation à ses juges naturels[1].

§ IX.

Mais de tous les monumens relatifs à la fable de Mars et de Rhéa-Sylvia, le plus curieux peut-être à tous égards, et certainement le plus neuf, est une peinture tout récemment tirée des ruines de Pompéi[2]. Dans les premiers momens de la découverte de cette peinture, on s'accorda à y voir la fable en question[3]; plus tard, les opinions varièrent, et il ne paraît pas qu'elles soient encore définitivement arrêtées. On proposa *Bacchus et Ariane*, ou même le *Mariage de Zéphyre et de Flore;* et c'est cette dernière explication qui paraît avoir prévalu parmi les académiciens d'Herculanum[4]. Ailleurs, on a cru voir le

---

(1) Une des particularités les plus remarquables de ce bas-relief, sous le rapport architectonique, est sans doute la représentation, absolument neuve jusqu'ici, qu'il nous offre d'une couverture en tuiles de métal, telle que nous savions déjà, par les témoignages des anciens, qu'il y en eut à plusieurs temples de Rome, entre autres sur le *Capitole,* Pline, xxxiii, 3, 18. Le *Forum de Trajan* était pareillement couvert d'un toit en bronze, Pausanias, v, 12, 4; et l'on sait que la voûte du milieu et les deux plafonds latéraux du portique du *Panthéon* avaient conservé leur revêtement en lames de bronze, jusqu'au temps de Serlio, qui vit encore en place ce magnifique ouvrage, et qui nous en a laissé, lib. iii, *delle Antichità,* p. 52 verso, Venezia, 1566, avec un dessin peu satisfaisant, des regrets inutiles, et d'autant plus vifs, que nous savons à quoi ce bronze fut employé sous le pontificat d'Urbain VIII, c'est à savoir, à fabriquer le grand baldaquin et la chaire de Saint-Pierre, et le reste à fondre les canons du château Saint-Ange. Pour en revenir aux temples couverts en bronze, dont notre bas-relief nous présente pour la première fois une image fidèle, il est probable qu'un pareil luxe ne fut jamais appliqué qu'à des édifices du premier ordre : et cette consi dération vient encore à l'appui de l'opinion que j'ai avancée, sur l'identité entre le temple de Vénus et de Rome, et celui que représente notre bas-relief. Je profiterai de l'occasion qui s'est offerte de parler des toitures des temples antiques, pour consigner ici une observation qui ne me paraît pas sans intérêt. Une belle inscription grecque, trouvée dans les ruines du temple de Jupiter Pan-Hellenius, à Égine, et qui consiste en un catalogue de divers objets, meubles ou ustensiles appartenant à ce temple, Wagner's *Bericht über die Äginetischen Bildwerke, zu S.* 77, contient, à la deuxième ligne, les paroles que voici : ΣΙΔΗΡΤΑ ΕΞΟΓΗΣ|ΙΙΙ|, que M. Schelling a traduites par celles-ci : *Eiserne (Waffen oder Werkzeuge), so ausser der Erde sind,* 4, sans ajouter, du reste, aucune explication. J'avoue que je ne comprends pas ce que pourraient être *ces armes ou instrumens de fer qui seraient hors de terre.* Le mot ΣΙΔΗΡΤΑ ne semble pas grec, et doit se lire, suivant toute apparence, ΣΙΔΗΡΙΑ, *ferremens;* ensuite, ce n'est pas ἔξω γῆς, *hors de terre,* qu'il faut lire, comme l'a fait M. Schelling, mais bien ἐξ ὀπῆς, par deux raisons sans réplique : la première, c'est que le mot ἔξω, pour ἔξω, est contraire à l'âge et à l'orthographe du monument, où l'Ω se trouve répété cinq fois, c'est-à-dire, dans *tous* les mots dont il devait faire partie; la seconde, c'est que le *pi* dont M. Schelling est forcé de faire un *gamma,* est reproduit *sept fois* dans la même inscription, sous la même forme, et dans des mots dont la lecture est indubitable, savoir, ἐξάλειπϝε, πεὶ, ὑπὸ, πλάτυ, ἀμφιπολίϝ, χρεόπωλϝον, πίλικως, tandis qu'il ne s'y trouve pas un seul exemple du *gamma,* hors du prétendu mot γῆς, lu par M. Schelling. Quant au mot ὀπῆς, que je lis à mon tour, et qui signifie, en général, comme on le sait, toute espèce d'*ouverture,* il serait ici synonyme d'ὀπαῖον, mot employé par Plutarque, *in Pericl.* xiii, pour désigner l'*ouverture* pratiquée dans le comble du temple d'Éleusis, au-dessus du sanctuaire. Voy. à ce sujet Quatremère du Quincy, *Dissertations sur différens sujets d'antiquité,* p. 361-371. Il offrirait ainsi, dans un des plus célèbres monumens de l'antiquité grecque, tel que le temple de Jupiter à Égine, une nouvelle preuve de l'emploi de ce moyen pour éclairer les temples, par un jour tiré du comble, et il fournirait conséquemment un élément indubitable de la restauration qu'on doit prochainement attendre de cet important édifice. Voici donc comment je traduis le passage en question de l'inscription : *Ferremens provenant de l'ouverture du comble, quatre.*

(2) Voy. planche IX. Cette planche a été exécutée d'après un dessin très-exact de M. A. Russo.

(3) Ce fut l'opinion émise en premier lieu par M. N. d'Apuzzo, architecte des fouilles de Pompéi, dans son *Giornale dei scavi di Pompei,* du 13 novembre 1826. Du reste, l'explication de cette peinture, telle qu'elle est donnée par l'architecte Bonucci, auteur d'une relation récente des fouilles de la même ville, *Pompei descritta,* p. 141, diffère en plusieurs points de celle que je propose. On y voit le *génie du lieu* dans la divinité ailée, et l'on n'y dit rien du personnage de femme assis sur un plan élevé.

(4) La première opinion, qui est celle de M. Guarini, ne paraît pas avoir trouvé beaucoup de faveur parmi ces savans académiciens, dont je m'honore d'être le confrère. Mais en revanche, celle de M. Ianelli, appuyée par MM. Carelli et Avellino, semble avoir réduit, du moins au sein de l'Académie, tous ses adversaires au silence. En attendant que cette explication soit rendue publique, voici l'extrait que j'en puis donner, d'après le

Mariage de Morphée avec une des Grâces[1]. Je n'ai point à m'occuper de ces diverses interprétations, qui n'ont point encore été soumises au public. Je me borne, quant à présent, à exposer ma propre opinion, en l'appuyant de toutes les considérations qui me paraissent propres à lui donner quelque vraisemblance.

Le lieu de la scène mérite de fixer d'abord notre attention : c'est un *paysage*, composé avec plus de soin et, à ce qu'il semble, de fidélité locale, qu'on ne le voit habituellement sur les peintures antiques. Il représente un site agreste et sauvage, rempli d'arbres, enfermé entre des rochers, sur le devant duquel coule un fleuve encaissé dans ces rochers. Ce site correspond trop exactement à la tradition du *bois sacré de Mars, lucus Martis*[2], tel qu'il est décrit dans un fragment d'Ennius[3], agréablement amplifié par Ovide[4], tel qu'il est figuré ou indiqué sur quelques bas-reliefs romains[5], pour que ce rapport entre le lieu de la scène et le sujet qu'il nous présente puisse paraître indifférent. Examinons maintenant ce sujet même, dont voici la description sommaire.

Une femme, la partie supérieure du corps entièrement nue, le reste enveloppé dans un vêtement qui ressemble plutôt à un péplus qu'à une tunique[6], est endormie, la tête légèrement penchée vers son épaule droite, entre les genoux d'un personnage qui paraît être une femme, du reste absolument dans l'attitude donnée à Rhéa-Sylvia sur la peinture déjà citée des Thermes de Titus. Cette seconde femme, enveloppée du même péplus, a la tête environnée d'une auréole radiée et brillante; deux grandes ailes noires sont attachées à ses épaules; de la main gauche elle porte un petit bassin de métal et plusieurs branches d'un arbre ou arbuste fleuri, qui paraît être du *myrte*; de la droite, elle s'appuie sur le rocher qui lui sert de siége. Au-dessus de ce groupe, une autre femme, également assise sur un rocher, la partie supérieure du corps nue et le bas caché dans un vêtement

---

livre cité plus haut, de M. Bonucci, p. 141 : « Un gran quadro « vi rappresentava *Zefiro*, che scendeva dall' alto con de' fiori « in mano, a risvegliare la natura oppressa da' rigori del verno, « e indicata sotto le sembianze di *Flora*, o d' una bella giovane « addormentata. Il nume alato, che le sostiene il capo, potrebbe « essere *Imene* o *Bacco*, il padre della fruttificazione, che indica i « suoi doni in una sacra canestra. *Venere* ed *Amore* sembrano « essere i pronubi di queste nozze misteriose. » On peut faire cependant de graves objections contre cette interprétation. La première et la plus forte, c'est la manière dont Ovide expose, *Fast.* v, 201-202, le mariage de Flore et de Zéphyre, qui fut le résultat d'un *enlèvement*, et non d'une *surprise*, pendant le sommeil de la nymphe :

> Ver erat, errabam; Zephyrus conspexit; abibam.
> Insequitur, fugio; fortior ille fuit.

Ce récit, conforme d'ailleurs à la nature même du personnage de Zéphyre, se trouve d'accord avec la manière dont les Grecs représentaient Borée, frère de Zéphyre, enlevant Orithyie, sujet si fréquent sur les vases grecs, et rappelé par Ovide dans les vers suivans :

> Et dederat fratri Boreas jus omne rapinæ;
> Ausus Erechthea praemia ferre domo.

Les témoignages relatifs au mariage de Zéphyre et de Flore ont été déjà rassemblés par les académiciens d'Herculanum, au sujet d'une peinture antique où ils ont cru découvrir *Flore* ou *Chloris, Pitture*, III, tav. v, p. 25-27.

(1) Cette opinion a été proposée en dernier lieu par le savant antiquaire, M. Hirt, mais sans qu'il m'ait été possible jusqu'ici d'en connaître les détails ni les preuves, qui m'auraient peut-être épargné un travail inutile; car j'avoue que cette explication, très-ingénieuse, paraît satisfaire, bien mieux que toutes celles qui ont été données jusqu'ici, à toutes les conditions du sujet. Je présume que M. Hirt interprète ainsi notre peinture : *Hypnos* descend, entouré des *Songes*, qui sont ses enfans, vers *Pasithea*, la *Grâce* qui lui est donnée en mariage, et qui repose endormie entre les genoux de *Séléné; Pitho* et l'*Amour* président à cette union mystérieuse. Du reste, il faut attendre que l'auteur ait rendu son opinion publique, et, jusque-là, je dois me borner à exposer la mienne.

(2) Aurel. Vict. *de Orig. gent. roman.* xix, 21, ed. Bipont. C'est d'un pareil *bois sacré de Mars* qu'il est question dans un passage de Virgile, *Æneid.* ix, 584, où la leçon *Matris luco* a été préférée à tort, suivant moi, à celle de *Martis luco*, qui semble mieux d'accord avec la célébrité du culte de Mars dans cette partie de la Sicile, culte vainement révoqué en doute par le savant Heyne, et dont il reste tant de monumens sur les médailles, Eckhel, *Doctr. num.* I, 224, aussi bien que sur les pierres gravées; voy. Visconti, *Esposizione di gemme antiche*, dans ses *Opere varie*, t. II. p. 195-197, Milan, 1828.

(3) *Apud* Ciceron. *de Divin.* 1, 20.

(4) Ovid. *Fast.* iii, 9-40.

(5) *Monum. Mattei.* III, xxxvii, 1; *Admiranda*, 5.

(6) Suivant Pollux, *Onomast.* vii, 13, 50, le péplus était un vêtement à double usage, dont on se servait comme de tunique ou de manteau : ἔσθημα δ᾽ ἐστὶ διπλοῦν τὴν χρείαν, ὡς ἐνδῦναί τι καὶ ἐπιβάλλεσθαι.

pareil à celui des deux autres femmes, retient de la main gauche un pan d'une draperie, qu'un petit génie ailé, ou Amour, soulève au-dessus de sa tête, au moyen d'une longue *haste* qu'il tient des deux mains. La peinture, endommagée et fruste en cet endroit, ne permet pas de décider comment se terminait cette partie de la représentation. Le champ du tableau offre, sur un plan plus éloigné, l'image d'un personnage ailé et entièrement nu, qui semble descendre des airs, entre deux petits génies pareillement ailés, qu'il tient serrés contre lui : le vol de ce personnage ou de ce dieu suspendu en l'air, *pendentis dei*, se dirige vers la femme endormie ; et, pour qu'il n'y ait aucun doute à cet égard, un petit Amour, placé à quelque distance de cette femme, écarte de ses deux mains l'ample péplus qui l'enveloppe, et la découvre ainsi aux regards du dieu qui la contemple. Tel est le sujet que ce tableau nous présente ; voici maintenant comment je crois pouvoir l'expliquer.

La jeune Vestale *s'était rendue le matin au bord du fleuve, pour y puiser l'eau nécessaire aux fonctions sacrées*[1] ; *parvenue à un endroit de la rive solitaire*[2], *elle s'y assied par terre, pour se reposer quelques instans*[3]. Cependant, *le léger murmure de l'eau, la fraîcheur de l'ombre, le chant des oiseaux, la plongent insensiblement dans le sommeil; ses yeux se ferment; sa main, qui soutenait sa tête fatiguée, retombe languissamment sur la terre*[4] ; *et l'urne qu'elle tenait encore échappe de son autre main*[5]. C'est le moment rendu par l'artiste, presque avec les mêmes traits, avec les mêmes couleurs que celles qui sont employées par le poète. Pendant qu'elle s'abandonne au sommeil, *Rhéa voit en songe un homme d'une beauté divine, qui l'entraîne dans de voluptueuses retraites*[6]. C'est une seconde circonstance fournie par Ennius, et qui explique le reste de la composition. Rhéa est ici endormie sur les genoux d'une femme, dans laquelle je crois reconnaître la nymphe *Pasithea*, l'épouse d'*Hypnos*. Cette personnification du Sommeil sous les traits d'une femme, conforme aux plus anciennes théogonies, et constatée par les poésies homériques[7], n'est pas, du reste, absolument nouvelle sur les monumens : on la trouve sur un beau sarcophage récemment découvert à Ostie, et représentant Endymion visité par Diane[8] ; c'est pareillement une femme qui protège le sommeil d'Ariane, sur d'autres sarcophages, dont un est publié parmi les marbres Mattei[9], et l'autre fait partie du musée du Louvre[10] ; et Zoëga, qui reproche aux restaurateurs des monumens antiques, d'avoir quelquefois fait du Sommeil une femme, trompés par le vêtement *mulièbre* de ce personnage[11], pourrait bien plutôt être accusé lui-même d'erreur à cet égard. Ce qui achève de prouver que cette femme est bien Pasithea, l'épouse d'Hypnos, ce sont les deux attributs qu'on lui voit ici. Le *cercle radié et lumineux* autour de la tête, et les *grandes ailes* aux épaules, avec lesquelles l'auteur des hymnes homériques nous représente *la Lune*, conviennent également

---

(1) Ovid. *Fast.* III, 12 :

     Sacra lavaturas mane petebat aquas ;

(2) Idem, *ibidem*, 13 :

     Ventum erat ad molli declivem tramite ripam.

(3) Idem, *ibidem*, 15 :

     Fessa resedit humi.

(4) Idem, *ibidem*, 17-20 :

     Dum sedet, umbrosæ salices volucresque canoræ
     Fecerunt somnos, et leve murmur aquæ ;
     Blanda quies victis furtim subrepit ocellis,
     Et cadit a mento languida facta manus.

(5) Idem, *ibidem*, 14 :

     Ponitur e summa fictilis urna coma.

(6) *Apud* Ciceron. *de Divinat.* 1, 28.

(7) Homer. *Iliad.* XIV, 267 sqq. Conf. Catull. *Carm.* XLII, 62 ; Nonn. *Dionys.* XXXI, 129.

(8) Gerhard, *Antik. Bildwerke*, I Cent. II Heft, t. XXXVI.

(9) *Monum. Mattei.* III, VII, 1. L'opinion d'Amaduzzi, qui voit dans cette figure une *Bacchante avec des raisins*, au lieu de *Pasithea avec des pavots*, ne mérite pas d'être réfutée.

(10) *Descript. du mus. des antiq.* n. 421.

(11) Zoëga, *Bassirilievi*, II, 202 et suiv. Il soupçonne cependant, p. 207, not. 19, qu'on a pu représenter quelquefois, en place d'*Hypnos*, son épouse *Pasithea*.

bien à la divinité du sommeil[1]. Ces *ailes* sont *noires*, comme les poètes en donnent à la *Nuit*[2], ou à *Hesperus*[3], et comme, au même titre, on pouvait en assigner à la *déesse du sommeil*, par opposition à l'*Aurore*[4], et à *l'étoile du matin*[5], qui sont pourvues d'*ailes blanches*. Le bassin que tient Pasithea est sans doute le vase rempli de l'eau lustrale[6] qu'avait laissé échapper la vestale endormie; et les tiges d'arbrisseau fleuri peuvent indiquer, dans le doux parfum qui s'en exhale, une des causes du sommeil voluptueux qui l'a surprise.

L'apparition de *Mars* n'est pas moins clairement, moins ingénieusement exprimée. Ce dieu vole dans une atmosphère lumineuse, qui semble une émanation de sa propre personne. Il porte au-dessus du front deux petites ailes, symbole des songes[7], qui servent ainsi à le désigner comme un *personnage vu en songe*, tel qu'il apparut en effet à la vestale[8]; il se soutient sur deux *grandes ailes noires*, semblables à celles qui servaient au Sommeil lui-même, soit à voler[9], soit à se couvrir[10]. Il tient une branche de *myrte*, arbre cher à Vénus, et qui jouait un grand rôle dans les mystères[11]. Il est *sans armes*; et c'est effectivement en cet état qu'il surprit la jeune prêtresse[12]; et dans le *songe* que prête Ennius à Rhéa-Sylvia elle-même, elle ne parle également que d'un *homme d'une beauté divine*, *pulcher homo*, qui l'entraîne dans les forêts : ce qui prouve que cette manière de représenter l'aventure dont il s'agit, conforme au récit d'Ennius et d'Ovide, devait être puisée dans quelque tradition célèbre. Les deux enfans du même âge que le dieu presse contre son sein, l'un desquels a pareillement sur le front une *petite aile*, indépendamment de celles qu'ils portent tous deux aux épaules, ne peuvent être que les *deux jumeaux*, fruits de cette union sacrée, dont l'apparition complète le songe de Rhéa-Sylvia; et leur présence, jointe à la manifestation du dieu, ne saurait, du reste, dans une pareille circonstance, paraître plus contraire à la vraisemblance, qu'elle ne l'est sur le bas-relief, où ils se montrent déjà allaités par la louve, dans le moment même où Rhéa endormie va

---

(1) *Hymn. Homer. ad Selen.* 1 - 6 :

> Μήνην . . . Τανυσίπτερον . . . .
> . . . .
> Ἧς ἀπὸ αἴγλη γαίαν ἑλίσσεται οὐρανόδικτος,
> Κρᾶτὸς ἀπ' ἀθανάτοιο . . . .
> . . . . φλέγει δέ τ' ἀλάμπετος ἀὴρ
> Χρυσέου ὑπὸ στεφάνου.

(2) Euripid. *Orest.* 178 ; Aristophan. *Av.* 695. Conf. Winckelmann, *Monum. ined.* 27 ; Heyne, *ad* Tibull. II, 1, 89.

(3) C'est le sens du *Vesper opacus* de Stace, *Thebaid.* VIII, 159.

(4) Euripid. *Troad.* 848 - 855.

(5) Ion. *apud* Schol. Aristophan. *Pac.* 832 :

> . . . . Ἀστέρα
> Ἀελίου ΛΕΥΚΟΠΤΕΡΥΓΑ πρόδρομον.

C'est par suite des mêmes idées qu'Ovide, *Amat.* 11, 2, et *Metamorph.* XV, 189, donne un *cheval blanc* au *matin*; et que le *soir* est figuré sur un *cheval noir*, par le même Ovide, *Fast.* II, 314, et par Stace, *Thebaid.* VI, 240. Le quadrige d'Apollon Hélios, attelé de chevaux alternativement *blancs* et *bruns*, tel qu'on le voit sur un grand nombre de vases grecs, est manifestement dérivé de la même source.

(6) Ce vase, qui paraît être d'or, pourrait être le Κέρνος, d'après lequel une classe de prêtres et de prêtresses s'appelait Κερνοφόρος, et qui s'employait particulièrement dans les mystères de Cybèle ; cf. Hesych. v. Κέρνος; Schol. Nicand. *Alexiph.* 217. Ce même vase, figuré à-peu-près comme il est ici, se voit sur la tête d'une canéphore, dans une peinture antique, *Pitture d'Ercolan.* III, 31, p. 154.

(7) Zoëga, *Bassirilievi*, II, 205; Visconti, *Mus. P. Clem.* III, XLIV.

(8) Ovid. *Fast.* III, 27 :

> . . . . quod imagine somni
> Vidimus.

(9) Zoëga, *Bassirilievi*, II, 205. Il suffirait, à cet égard, du seul témoignage de Virgile, *Æneid.* V, 861 :

> Ipse volans tenues se sustulit ales in auras.

(10) Zannoni, *Galler. di Firenz.* ser. IV, t. II, 39 - 40. Tibulle donne au Sommeil de grandes *ailes noires* qui l'enveloppent, *Eleg.* II, 1, 90 :

> . . . . Fuscis circumdatus alis
> Somnus

(11) Aristophan. *Ran.* 333 ; Tibull. *Eleg.* I, XI, 27 - 28 :

> Hanc pura cum veste sequar; myrtoque canistra
> Vincta geram, myrto vinctus et ipse caput.

Rien n'est, du reste, plus fréquent que l'emploi du *myrte* en couronne ou en rameau, dans les scènes d'initiation représentées sur les vases grecs; voy. entre autres exemples, Millin, *Vases peints*, I, LIV, 116 et 123; II, 67.

(12) Ovid. *Fast.* III, 9 - 10 :

> Tu quoque inermis eras, cum te romana sacerdos
> Cepit.

recevoir le dieu qui plane au-dessus d'elle. C'est donc l'apparition de Mars entre ses deux fils, telle qu'elle eut lieu dans le songe attribué par Ennius à Rhéa-Sylvia; c'est cette espèce de révélation anticipée des grands destins de Rome, que l'artiste a voulu représenter ici, sous des traits qu'il ne semble pas possible de méconnaître, et d'une manière aussi neuve que piquante et ingénieuse.

Il reste à rendre compte de la figure assise sur un plan plus élevé, qui ne semble pas prendre une part directe à l'action représentée, mais que sa présence dans cette scène mystérieuse, et l'éloignement même où elle est placée du groupe principal, caractérisent d'une manière indubitable. Sur le beau bas-relief grec[1] qui représente *Hélène* séduite en faveur de *Pâris* par *Vénus* et l'*Amour*, désignés chacun par leur nom, on remarque, au-dessus du groupe de Vénus et d'Hélène, une figure assise sur un cippe élevé, dans une attitude semblable à celle de la figure que l'on voit ici; et ce personnage est pareillement indiqué par son nom ΠΕΙΘΩ, la *Persuasion*. On retrouve la même figure, dans la même position, sur d'autres répétitions antiques qui existent de ce monument[2]; d'où il résulte clairement que la *Persuasion personnifiée*, indiquant, d'une manière symbolique, le moyen et le succès de la séduction tentée par l'*Amour*, était un des élémens nécessaires de ces sortes de représentations. Cette image, chaste et gracieuse, était d'ailleurs puisée aux plus pures et aux plus anciennes sources de la mythologie grecque. *Pitho*, l'aînée des *Néréides*, de ces sages nymphes chargées, *conjointement avec Apollon, de l'éducation des mortels*, suivant la théogonie d'Hésiode[3], ou l'une des deux *Grâces primitives*, suivant d'autres traditions[4], était encore, au témoignage de Pindare, *la sage déesse qui présidait aux unions secrètes et pudiques des mortels et des dieux*[5]. C'est à ce titre qu'elle avait été célébrée par Hermesianax, comme compagne de Junon dans les *Hiérogamies*[6], et sculptée par Praxitèle, sous un nom qui rappelait cette fonction sacrée[7]. Nous voyons en effet *Pitho* assister avec *Vénus* au mariage de Thétis et de Pélée, sur le beau vase athénien que j'ai cité[8]; et c'est elle qui tressa la couronne nuptiale, à cette union honorée de la présence des dieux, suivant une tradition célébrée par Coluthus[9]. Nous la voyons enfin associée à la *bonne Renommée* [des Épouses], sur un curieux fragment de vase grec que je publie pour la première fois[10]:

<hr>

(1) Winckelmann, *Monum. ined.* 115.

(2) Une de ces répétitions, dépourvue d'inscriptions, a été publiée par Guattani, *Monum. ined.* per l'anno 1785, giugno, tav. 1, p. XLI-XLVII, qui voit, dans le personnage de *Pitho*, la personnification de l'oracle et du temple de *Pitho*, à Delphes : interprétation tout-à-fait inadmissible, et rejetée avec raison par M. Inghirami, qui a reproduit en dernier lieu le bas-relief Caraffa, *Galler. omeric.* tav. X. Il existe une autre répétition du même sujet, mais avec des variantes considérables dans le nombre et la disposition des personnages, sur un vase de marbre publié par Tischbein, *Homer nach Antik.* Heft V, n. 2 ; voy. Boettiger, *Aldobrand. Hochzeit*, p. 67 et suiv. Sur ce vase, *Pitho* est remplacée par *trois Muses*.

(3) Hesiod. *Theogon.* 347-349 :

> . . . . Θυγάτερων ἱερὸν γένος, αἳ κατὰ γαῖαν
> Ἄνδρας κουρίζουσιν Ἀπόλλωνι σὺν ἄνακτι,
> ΠΕΙΘΏ τ'.

(4) Hermesian. *apud* Pausan. IX, 35.

(5) Pindar. *Pyth.* IX, 70 (40, ed. Boeckh.) : Κρυπταὶ κλαΐδες ἐπὶ ΣΟΦΑΣ ΠΕΙΘΟΥΣ ἱερᾶν φιλοτάτων. Conf. Schol. *ibidem*, et Plutarch. *Amator.* IX, 14, ed. Reiske.

(6) Hermesian. *apud* Pausan. IX, 35.

(7) Sous le nom de ΠΑΡΗΓΟΡΟΣ, *apud* Pausan. I, 43, 6; conf. Boettiger, *Aldobrand. Hochzeit*, pag. 40-42. Les *Sirènes* placées sur la main de Junon, Pausan. IV, 34, 2, étaient un symbole d'un genre analogue à la *Persuasion*, donnée pour acolyte à cette déesse; voyez Siebelis, *ad* Pausan. *Excurs.* II, t. IV, page 148. M. Gerhard a essaié, *Venere Proserpina*, page 24, de déterminer plus précisément le caractère et les attributs de *Pitho*, qu'il reconnaît pareillement, en qualité de l'une des deux Grâces primitives, *comme déesse tutélaire des noces*, sur le bas-relief Caraffa; et j'ai regret de dire que les objections élevées par M. Hirt, *Bilderbuch*, II, 216, contre l'interprétation de ce bas-relief, et généralement contre l'intervention de *Pitho*, dont il n'admet aucune image sur les monumens connus jusqu'ici, semblent bien peu propres à justifier une opinion si contraire à toutes les idées reçues.

(8) Voyez plus haut, p. 7 et 8.

(9) Coluth. *Rapt. Helen.* 28.

(10) Voy. planche VIII, 2. Ce fragment est tiré du recueil manuscrit de dessins de vases grecs, formé par M. Millin, et appartenant à la bibliothèque du Roi. On y voit une femme debout, la main droite étendue et ouverte, geste propre en effet à

d'où il suit que, dans le langage de l'art, aussi bien que dans celui de la religion et de la poésie, si intimement liés l'un à l'autre, *Pitho* était devenue l'une de ces personnifications d'idées morales, dont on sait que les Grecs firent un si fréquent et si heureux usage.

Si les témoignages que je viens de produire eussent été rapprochés des monumens qui les confirment, le personnage allégorique de *Pitho* eût pu être reconnu sans peine sur un assez grand nombre de ces monumens, où je ne doute pas qu'il n'ait dû trouver place. Déjà M. Boettiger, guidé par la seule autorité des textes, avait conjecturé que c'était ce personnage qui remplissait l'office de *Pronuba* sur la célèbre peinture de la *Noce aldobrandine*[1]. Mais sa présence est encore bien mieux caractérisée par sa position élevée et par toute son attitude, sur d'autres monumens proprement et indubitablement grecs, tels que le bas-relief Caraffa, auxquels je puis maintenant ajouter, outre notre peinture de Pompéi, celles de quelques beaux vases grecs, d'une signification non douteuse. Tel est, en premier lieu, le vase publié par M. Millingen[2], et représentant *Pâris*, gagné par *Mercure* en faveur de *Vénus*, vase où la figure, assise sur un plan plus élevé, que M. Millingen a prise pour *Hélène*, est manifestement *Pitho*, la compagne de *Vénus*, placée à l'extrémité opposée. Je reconnais le même personnage, à cette même position, et à cette même attitude, qui paraît avoir été consacrée pour *Pitho*, sur un autre vase grec, du même sujet, également publié par M. Millingen[3], après Passeri[4]; et sur un vase représentant *OEdipe* réfugié à l'autel des *Euménides*[5], où *Pitho* est assise, dans son attitude caractéristique, sur le plan supérieur de la composition, vis-à-vis de *Vénus* et de *l'Amour*, dont nous savons qu'elle était en effet la compagne habituelle. Je pourrais étendre encore à d'autres monumens du même genre, d'une signification plus ou moins probable[6], l'observation dont je viens de faire l'essai sur quelques-uns de ces monumens, où l'intention dont il s'agit me paraît hors de doute. Mais ce sont des applications dont je dois laisser le soin à d'autres, pour ne pas m'écarter plus long-temps du principal objet de mes recherches.

C'est donc *Pitho*, la *Persuasion*, qui préside, sur notre peinture, à l'union mystérieuse de Mars et de Rhéa-Sylvia; qui la consacre, en quelque sorte, par l'autorité de sa présence : elle est d'ailleurs rattachée au sujet par la draperie que cet Amour ailé soulève au-dessus de sa

---

caractériser la *Persuasion*, et qui s'accorde avec le nom ΠΕΙΘΩ tracé au-devant de cette femme ; une seconde femme, assise, avec un *coffret* qu'elle soulève de ses deux mains, et un grand *calathus* à ses côtés, deux meubles servant aux usages domestiques, souvent figurés, à cette intention, sur les vases, et tout-à-fait bien appropriés au caractère du personnage allégorique de la *bonne Renommée* [des Épouses], [E]ΥΚΛΕ[I]A, telle qu'elle est représentée ici, sous les traits d'une *matrone*. Du reste, s'il était permis d'interpréter la pensée de l'artiste, je serais disposé à croire que, dans cette composition allégorique, il a voulu représenter *Pénélope*, occupée aux travaux par lesquels elle charme son long veuvage, avec une de ses femmes derrière son siège, sans doute la fidèle *Eurynome*, sous les traits de ΜΗΤΙΣ, personnification du même genre, que nous voyons figurée sur le célèbre bas-relief de l'*Apothéose d'Homère*, et sur une rare médaille de Locres, Magnan. *Num. Brutt.* tab. 69. 70; et la seconde femme serait *Mélantho*, qui cherche, sous les traits de *Pitho*, à gagner sa maîtresse en faveur des Prétendans. On sait que le culte de *Pitho* avait été associé à celui de *Vénus vulgaire*, dès les plus anciens temps, Pausan. I, 22, 3. Il existait à Athènes un temple d'*Eucleia*, Εὐκλείας ναός, Pausan. I, 14, 4; et *Diane*, sous le même surnom, avait aussi un temple et une statue à Thèbes, Pausan. IX, 17, 1.

(1) Boettiger, *Aldobrand. Hochzeit*, p. 25.

(2) Millingen, *Anc. uned. monum.* part. I, pl. XVIII, p. 47-49. Ce vase avait été publié auparavant par Visconti, *Mus. P. Clement.* IV, tav. agg. A, qui y voyait *Phrixus* et *Hellé*.

(3) Millingen, *Vases grecs*, XLIII.

(4) Passeri, *Pictur. Etrusc. in vasc.* I, XVI. Sur un autre vase de la collection Bartholdy, Millingen, *Vases grecs*, XLII, l'Amour, sur les genoux d'Hélène, détermine cette princesse à suivre Pâris, debout devant elle, et fait ainsi l'office de *Pitho*. Voy., sur ce vase, les observations de M. Inghirami, *Mon. etrusch.* ser. IV. p. 139.

(5) Ce vase, publié par Passeri, *Pictur. Etrusc. in vasc.* III, CCLXXX, a été reproduit par M. Millingen, *Vases grecs*, XXIII, 41-43, qui en a donné le premier une explication satisfaisante.

(6) Dans ce nombre, je serais assez disposé à placer le vase du musée Biscari, publié par d'Hancarville, *Antiq. grecq.* IV, CXXVIII, et par Millin, *Vases peints*, II, III-IV, où la figure de femme assise derrière Minerve, sur un plan plus élevé, me paraît être *Pitho*, plutôt qu'*Andromède*. Un vase publié dans la collection des *Vases de Lamberg*, II, XXVII, semble offrir aussi ce même personnage. Mais j'avoue que le sujet de cette dernière composition, où l'on a cru voir l'*Apothéose d'Hélène*, prête à bien des difficultés.

I.   6

tête, et dont elle-même retient un pan de sa main gauche, tandis que l'autre extrémité de cette draperie est passée sous le bras du dieu, de manière à couvrir toute la composition. Ce moyen ingénieux de lier un personnage purement allégorique, tel que celui-là, à une action réelle; ce voile, qui couvre toute la scène, qui enveloppe à-la-fois les êtres physiques et l'idée morale, sont tout-à-fait, à ce qu'il me semble, dans les procédés symboliques de l'art grec; et ce n'est pas une des particularités les moins neuves et les moins curieuses que nous ait offertes cette intéressante peinture.

§ X.

Je reviens, après cette digression, à quelques monumens qui me restent à faire connaître, pour achever d'expliquer la fable de Thétis, et d'exposer les nombreuses applications qui s'en firent dans l'antiquité. La première question qui s'offre au sujet de ces représentations mêmes si souvent reproduites sur des vases grecs et sur d'autres monumens, qui ne peuvent avoir eu qu'une destination funéraire, c'est de savoir à quel titre la fable de Thétis put figurer sur des monumens de cette espèce. Mais cette question ne saurait être ainsi traitée isolément du vaste ensemble des monumens du même genre qui donnent lieu à la même observation, et qui doivent conséquemment être compris dans une solution commune. Je me bornerai donc à remarquer, quant à présent, que le personnage de *Thétis* assise sur un *dauphin*, ou seule, ou dans la compagnie de ses sœurs, et le plus souvent portant un *casque* ou toute autre armure, par allusion aux armes d'Achille, est un des types qui paraissent avoir été le plus fréquemment employés par les anciens sur leurs monumens funéraires. C'est encore dans la classe des vases grecs que se trouvent le plus grand nombre des exemples que j'en puis citer. Tel est, entre autres, le beau vase du Vatican, publié par Winckelmann[1], et reproduit par M. Millin[2], où l'on voit *Achille* assis entre ses compagnons, et, dans un plan inférieur, *Thétis* au milieu des Néréides, qui portent l'armure destinée à ce héros. Ici, en effet, l'intention du sujet entier est si nettement établie par le rapprochement même des deux compositions, qu'il n'y a guère lieu de douter que toutes les représentations analogues aient eu une signification semblable. Cette intention n'est pas moins nettement exprimée sur un autre vase, de la forme de patère, où l'on voit *Thétis* portant pareillement l'armure d'Achille, et, dans le centre de la patère, Achille lui-même combattant[3]. Je rapporte à là même intention le sujet d'un vase publié dans le premier recueil d'Hamilton[4], et celui de quelques autres vases, en partie inédits, qui seront publiés dans le cours de ces recherches. L'un de ces vases, qui trouve naturellement ici sa place[5], offre, par un rapprochement qui ne peut sembler fortuit, mais dont il n'est pas aisé de déterminer le véritable motif, *Thétis* portée sur un monstre marin, et tenant d'une main le *casque* destiné pour Achille, et, sur la face opposée, *Médée* assise sur son dragon, et montrant le *glaive* encore tout dégouttant du meurtre de ses enfans.

---

(1) Winckelmann, *Monum. ined.* 131. Ce vase avait été publié auparavant par Passeri, *Pictur. Etrusc. in vasc.* III, CCLXIV-CCLXIX.

(2) Millin, *Vases peints*, I, XIV, XV, XVI. Je reviendrai ailleurs sur ce vase; mais je ne dois pas négliger l'occasion qui s'offre ici, de remarquer que la petite *idole* de Minerve qui a remplacé la *cnémide* sur la planche de M. Millin, est due uniquement à une méprise ou à un caprice du dessinateur. La gravure de Passeri, toute imparfaite qu'elle est, est encore, à cet égard, la plus exacte.

(3) Maisonneuve, *Introduction à l'étude des vases*, XXXVI.

(4) D'Hancarville, *Antiq. grecq.* III, 118. Ici, *Thétis*, entre deux Néréides, porte le *bouclier*; sur le vase du Vatican, précédemment cité, c'est la *cuirasse*; sur le plus grand nombre, c'est le *casque*.

(5) Voy. pl. VI, n. 1. Ce vase est en ma possession.

Des monumens d'un autre genre, tous pareillement funéraires, et appartenant de même à l'art grec, offrent une représentation semblable, et dont la signification n'est pas moins évidente. Telle est, en premier lieu, la frise, en terre cuite dorée, qui décorait l'intérieur de ce fameux tombeau grec trouvé à Armento, dans la Basilicate, et qui consistait en un *Chœur de Néréides portant les armes d'Achille*, et en quelques autres sujets mythologiques[1]. Tel est encore un petit autel, aussi en terre cuite, et rapporté de Sicile par feu M. Dufourny, de la collection duquel il a passé dans le cabinet du Roi[2]. Tel est enfin un vase en terre cuite, de la forme de *lecythus*, et auquel il serait bien difficile de contester le nom, trop vulgairement employé et très-justement réprouvé d'ailleurs, de *lacrymatoire*[3], vase sur lequel la figure de *Thétis*, sculptée de bas-relief, est représentée assise, avec un *casque* sur les genoux, dans une attitude de douleur, et comme pleurant la mort d'Achille[4]. L'intention funèbre de ces monumens ne saurait être révoquée en doute, d'après la place même qu'ils occupaient, d'après leur forme et leur usage manifestes. Cette intention est la même que celle qui fit orner l'intérieur des plus anciennes sépultures étrusques[5], aussi bien que celui des tombeaux les plus récens de Pompéi[6], de *Dauphins* et de *Tritons*, et qui décora du même type le devant d'une assez grande quantité d'urnes étrusques[7], imitées probablement de monumens grecs analogues[8], d'où cette représentation a passé sur un nombre presque

(1) Plusieurs fragmens provenant de cette frise se trouvaient dans la collection Bartholdy, à Rome, Panofka, *Mus. Bartholdian. terre cotte*, n. 52, p. 152. Quelques-uns de ces fragmens ont été acquis par moi à Naples, un desquels est représenté, de la grandeur et avec les couleurs de l'original, vignette n. 1, p. 48.

(2) Voy. pl. VI, n. 2. C'est un de ces autels laraires, creux intérieurement, et propres à être suspendus, qui ne pouvaient être destinés qu'à être placés de cette manière dans des tombeaux. Le travail de celui-ci est certainement *grec*, et d'un beau temps, quoique la conservation n'en soit pas parfaite.

(3) On a sans doute eu tort de ne voir que des *lacrymatoires* dans ces vases de forme alongée, nommés *lecythi*, qui servaient à contenir de l'huile ou des parfums, et qu'on trouve si fréquemment figurés sur les peintures de vases grecs, avec cette destination indubitable. Mais peut-être aussi se tromperait-on, en retranchant de la nombreuse série des vases grecs l'espèce de vases propres à renfermer des *larmes*, que des témoignages positifs, et des locutions consacrées dans les inscriptions funéraires, *lacrymas ponere, tumulum lacrymis plenum dare*, Gruter, *de Jure manium*, c. 27, prouvent avoir été déposés dans les tombeaux; voy. *Vases de Lamberg*, II, p. 26. De ce nombre est certainement le vase du musée Charles X, que je publie; voy. la note suivante.

(4) Voy. notre pl. XXII, n. 2. Ce vase, dessiné de la grandeur de l'original, est pourvu d'une petite anse ronde, de manière à pouvoir être suspendu : ce qui met sa destination hors de doute.

(5) J'ai relevé, dans la description que j'ai donnée des peintures d'un hypogée étrusque, *Journal des savans*, janvier 1828, p. 8 et 13, peintures où le *dauphin* est figuré comme gage de la félicité de l'autre vie; j'ai relevé, dis-je, les rapports de cette croyance étrusque avec les opinions grecques et romaines. J'ajouterai aux monumens et aux témoignages déjà cités à cet égard, un curieux fragment d'un vase proprement étrusque, qui nous montre un jeune *Triton* soufflant dans une conque marine, et une *Néréide* portée sur un monstre océanique, désignés indubitablement l'un et l'autre par les inscriptions, en caractères étrusques, qui les accompagnent, ΤΡΙΤΥΝ, ΑΛΑΓΙΑ. Nous savions déjà, par le témoignage de Festus, v. *Salacia*, que, sous ce nom de ΣΑΛΑΣΙΑ,

dérivé de *salum*, les Romains révéraient une *divinité de l'onde salée*; et cette expression, puisée à la même source que l'épithète ἈΛΙΑ, souvent jointe par les poètes grecs au nom de *Thétis*, Euripid. *Andromach.* 108 : τῶ ἈΛΙΑΣ εἰνάός, et devenue, sans doute au même titre, le nom propre d'une des *Néréides*, Apollodor. 1, 2, 7, désignait effectivement *Thétis*, suivant le témoignage de Cicéron, *apud* Serv. *ad Æneid.* 1, 177 : mais il nous restait à trouver sur les monumens mêmes la confirmation de cette notion curieuse. Le vase qui nous la procure, trouvé en 1817, près de Bologne, l'ancienne Felsina, a été publié d'abord par M. Schiassi, *Lettere sopra alcuni fittili*, etc. p. 8, et reproduit par M. Inghirami, *Monum. etrusch.* ser. V, tav. LV, p. 420-421. Il nous offre de plus un exemple unique jusqu'ici d'une inscription étrusque sur un vase dont le style, le dessin et la fabrique soît d'ailleurs, avec ceux des vases proprement grecs, de la plus parfaite analogie; et cet exemple, bien qu'unique, prouve que Lanzi s'était trop avancé en affirmant, *Vasi dipinti*, dissert. 1, § x, p. 47, § xi, p. 50, qu'on ne trouva jamais d'inscriptions étrusques sur les vases peints.

(6) Bonucci, *Pompei descritta*, p. 62.

(7) Dempster, *Etrur. reg.* I, 102, II, 405, 498, avec le chapitre de Buonarotti, p. 35. Une déesse guidant quatre chevaux et sortant des ondes, au sein desquelles sont figurés *deux dauphins*, est un type fréquemment reproduit sur les urnes étrusques de Volterre, Inghirami, *Monum. etrusch.* ser. I, tav. V. Un autre type, presque aussi souvent employé, est celui que nous offre une urne étrusque du musée de Vérone, Ventura, *Mus. lapidar. di Verona*, XII, 51-52, d'un génie porté sur un monstre marin, type analogue à celui de plusieurs sarcophages, Pacciaudi, *Mon. pelopon.* I, 144. Voyez ma description, citée plus haut, des peintures d'un hypogée étrusque, p. 14.

(8) Un de ces monumens, jusqu'ici très-rares et encore inédits, fait partie de la riche collection de M. le duc de Blacas. C'est une urne en pierre, provenant d'Athènes, de travail grec, de la forme et de la capacité de la plupart des urnes étrusques, offrant, sur la face antérieure, un *cheval* marin, avec des *ondes*, figurées comme sur les monumens du plus ancien style grec, notamment sur les médailles de Tarente, et, sur chaque face latérale, une palmette. Je crois avoir remarqué quelques urnes semblables, dans un recueil de dessins exécutés en Grèce, que j'ai vu à Rome.

6 *

infini de sarcophages romains[1]. C'est toujours, sur tous ces monumens, d'âge, de style et de travail si divers, une allusion au séjour des ames bienheureuses, qu'on supposait placé par-delà les bornes de l'Océan, d'après une croyance qui paraît avoir été commune à ces peuples, et qu'on trouve consacrée par une foule de témoignages de toute espèce[2].

La présence de *Thétis*, sur tous ces monumens funéraires, ne pouvait donc avoir qu'une intention analogue, celle d'offrir, dans la personne de cette nymphe océanide, modèle accompli, et, pour ainsi dire, type de la maternité personnifiée, une allusion sensible à ce séjour des ames fortunées où conduisaient la faveur et la justice des dieux, au terme d'une vie laborieuse et honorable[3]. Je puis produire, à l'appui d'une induction déjà établie sur tant de faits, un monument sépulcral fort curieux, et qui peut passer pour inédit, d'après la manière incomplète, et de tout point défectueuse, dont il a été publié[4]. C'est un devant de sarcophage qui fait encore aujourd'hui partie des marbres du palais Mattei. Le sujet qu'il représente[5] est divisé en deux compartimens, au moyen d'une guirlande, dont les festons sont soutenus, aux angles et dans le milieu de la composition, par trois génies nus et ailés. Il suffira de comparer notre dessin avec celui des *Monumenta Matteiana*, recueil rempli d'ailleurs de tant d'infidélités du même genre qui ont justement provoqué les plaintes de Winckelmann[6], il suffira, dis-je, de cette comparaison, pour s'assurer que nulle part peut-être on n'a plus abusé de la faculté de travestir et de dénaturer les monumens antiques, en les publiant, qu'on ne l'a fait à l'égard de celui-ci. Le premier compartiment, ou la moitié de la composition totale, qui offre *Œdipe devant le Sphinx*, sujet rare et curieux[7], a été supprimé en entier ; le second a été rendu méconnaissable par les altérations qu'on y a introduites. Le

---

(1) Voy. entre autres exemples, *Monum. Matteian.* III, tav. x, 3, xi, 2, xii, 1, 2 ; *Scultur. della vill. Pinc.* st. vii, 16, 17 ; *Mus. P. Clement.* IV, xxxiii, et sur-tout *Mus. capitol.* IV, 62, où les témoignages relatifs à cette opinion populaire, et les monumens qui s'y rapportent, sont cités, sans être épuisés, p. 301-306.

(2) On en trouve des témoignages produits de siècle en siècle, depuis les temps de Pindare, *Olymp.* ii, 127-128, jusqu'à ceux d'Hérode Atticus, *Iscriz. triop.* ii, 9 ; conf. Visconti, *ibid.* p. 80, et *Mus. P. Clement.* IV, xxxiii. Les mêmes allusions ne se rencontrent pas moins fréquemment sur les inscriptions funéraires, Gruter, dcclxix, 4 ; Osann, *Sylloge*, etc. fasc. V, p. 227.

(3) C'est Thétis elle-même, avec le chœur des Néréides, qui transporte Pélée dans les demeures de Nérée, Euripid. *Andromach.* 1255 et sqq. De là ces chœurs de *Tritons* et de *Néréides*, portant un buste sculpté de bas-relief dans une coquille, type de tant sarcophages romains, *Guller. Giustin.* II, 98 et 99 ; *Mus. veron.* cxxxvii, 1 ; Bouillon, *Mus. des antiq.* III, 10. D'autres représentations, appartenant à l'art grec, et dont l'intention, très-profonde, mais, à ce que je crois, mal comprise, n'a pas encore été expliquée, paraissent dérivées de la même source. Tel est le vase publié par Millin, *Vases peints*, II, x, 20, qui reçoit d'un autre vase, que ce savant ne semble pas avoir connu, quoiqu'il ait été publié deux fois, par Gori, *Mus. etrusc.* II, tab. clviii, et par Christie, xv, p. 83, qui reçoit, dis-je, de cette confrontation, une lumière inattendue. On voit sur ce dernier vase *Hercule* portant sur son dos, à travers l'Océan atlantique figuré par des *ondes et des poissons*, *Bacchus*, qui tient en main un *grand rhyton*. Ce groupe est placé entre *Mercure Psychopompe*, que précède un autre personnage, et une déesse marine, qui ne peut être que *Thétis*, assise sur un rocher, avec des *poissons* à ses pieds, et appuyée sur un simple *bâton*, dont j'ai déjà indiqué, *Journal des savans*, janvier 1828, p. 13-14, la signification funéraire et l'analogie avec le caducée primitif. J'aurai bientôt occasion de confirmer cette interprétation au moyen d'un monument décisif, provenant de l'art étrusque.

(4) *Monum. Mattei.* III, xi, 1.

(5) Voy. notre pl. VII, n. 1.

(6) Winckelmann, *Monum. ined.* n. 130, p. 171.

(7) Je reviendrai ailleurs sur cette partie de notre bas-relief, en publiant quelques autres monumens relatifs au même sujet d'*Œdipe devant le Sphinx*. Du reste, on pourrait excuser l'éditeur des marbres Mattei, en supposant qu'à l'époque où ce recueil fut publié, la partie en question n'était pas encore découverte ou rapprochée du monument auquel elle appartient. On a plus d'un exemple de ces monumens ainsi trouvés pièce à pièce, et restés long-temps incomplets. On sait que les jambes de l'Hercule Farnèse, restaurées d'abord par Guillaume de la Porte, ne furent retrouvées que long-temps après cette restauration, et remises en place que plus long-temps encore après cette découverte. Mais il n'en a pas été de même des jambes de l'Hercule Verospi, suppléées par l'Algardi, et qui ont continué de rester en place, même après la découverte de cette partie de l'original : cette statue garde encore ses jambes modernes de la main de l'Algardi, tandis que les jambes antiques sont exposées tout près de là, sous le portique intérieur du Musée du Capitole, *Mus. capitol. statue*, n. xlii, p. 118-119, Roma, 1826, 8°. Je pourrais citer, en fait de bas-reliefs, plus d'un exemple du même genre, et j'en publierai quelques-uns ; mais en attendant, j'indiquerai celui du beau bas-relief grec appartenant à M. le baron G. de Humboldt, et publié par M. Welcker, *Zeitschrift für Geschichte der alt. Kunst*, tav. iii, 10, p. 197-233, dont toute la partie supérieure, habilement restaurée par M. Rauch, fut retrouvée ensuite chez un marbrier de Rome, avec des cassures qui s'adaptaient si parfaitement à celles de la partie inférieure, qu'il n'y a pas eu la moindre lacune à réparer pour restituer au monument toute son intégrité : il a suffi d'en rapprocher les deux moitiés.

personnage assis a été transformé en *Polyphème*, au moyen d'un troisième œil sur le front, dont il a été pourvu de la main du dessinateur, et par la suppression de la *dépouille du lion*, de la *massue* et du *vase* que tient ce personnage; c'est un *mouton*, en place d'un *éléphant*, qu'on lui fait présenter de la main droite; et c'est pareillement un *mouton* qu'on a figuré paissant auprès de lui, au lieu d'un quadrupède qui ressemble plutôt à un *porc*. Grâces à toutes ces métamorphoses, on a vu dans le sujet du bas-relief en question Polyphème cherchant à séduire Galatée par l'appât de sa richesse pastorale[1], bien que le mouvement et l'attitude de la nymphe elle-même, sur le bas-relief qui nous occupe, ne parussent pas d'accord avec l'impression peu favorable que ce genre de séduction opéra, comme on sait, sur Galatée. Néanmoins, comme il n'était venu jusqu'ici dans la pensée de personne de vérifier, sur le monument original, jusqu'à quel point la représentation en était fidèle, c'est toujours avec cette explication erronée qu'il a été cité, toutes les fois que l'occasion s'en est présentée[2], même par Zoëga[3], qui pouvait si facilement, pendant son long séjour à Rome, s'assurer de la fausseté des motifs sur lesquels reposait cette interprétation.

Le sujet de ce bas-relief, tel que je le présente à mon tour, dessiné avec tout le soin possible sur le monument original, s'explique si clairement de lui-même, qu'il pourrait à la rigueur se passer de commentaire. Le personnage qu'on a pris pour Polyphème[4] est *Hercule*, revêtu de la peau du lion, et tenant le *scyphus* de la main gauche, comme on le voit figuré sur un grand nombre de monumens antiques[5] : il a sa *massue* entre les jambes; un *porc*, animal si souvent associé aux effigies de ce héros[6], est auprès de lui, comme victime propre aux sacrifices qui lui sont offerts; c'est enfin un *éléphant* parfaitement caractérisé, et non un *mouton*, qu'il présente de la main droite[7]. Ce dernier attribut, source de la méprise commise par l'interprète des marbres Mattei, se rapporte indubitablement au douzième exploit d'Hercule, à sa victoire sur le dragon des Hespérides, dont

(1) *Monum. Mattei.* III, p. 20.

(2) Dans sa dissertation sur un curieux bas-relief du Musée de Naples, qui représente *Ulysse chez Polyphème*, M. Arditi a cru devoir s'appuyer aussi du bas-relief Mattei, qu'il cite sur l'autorité de Zoëga, *Illustraz. di un Bassorilievo in marmo del museo reale Borbonico*, p. 13; Napoli, 1817, fol.

(3) Zoëga, *Bassirilievi*, II, tav. LVII, p. 12.

(4) Une transformation toute contraire a été opérée entre ces deux mêmes personnages de Polyphème et d'Hercule, sur un bas-relief de la villa Pinciana, publié par Visconti, dans les planches de supplément du *Musée Pie Clémentin*, V, tav. agg. A, IV, n. 4. L'illustre antiquaire vit sur ce bas-relief *Hercule foulant aux pieds Cacus*, tandis qu'en ne tenant aucun compte de restaurations dépourvues d'autorité, Tischbein crut y reconnaître *Polyphème foulant aux pieds un des compagnons d'Ulysse*; voy. son *Homer nach Antiken*, Odyss. XI. Tel est, en effet, le véritable sujet de cette composition, prouvé par trois répétitions antiques inconnues à Tischbein, dont deux, au musée de Naples, ont été récemment publiées par M. Arditi, dans la dissertation citée plus haut, note 2, et une troisième, encore inédite, est exposée dans la salle du Niobide de la Glyptothèque de Munich, et décrite sous le n° XXI, par M. Schorn, *Kunstblatt*, 1828, n. 48, p. 190. Le témoignage de ces monumens ne permet plus de conserver désormais le moindre doute sur le sujet du célèbre groupe du Capitole, *Mus. capitolin. Statue*, n. LIX, 144, Roma, 1826, 8°, dont une petite copie en bronze, parfaitement conservée, fait partie du cabinet de M. le comte de Pourtalès-Gorgier, à Paris. J'aurai occasion de revenir sur ces monumens, en publiant, outre

le bronze antique que j'ai cité en dernier lieu, un curieux bas-relief relatif à Polyphème, et encore inédit, qui existe à Catania, dans le musée des Bénédictins de cette ville.

(5) Tischbein, *Vases d'Hamilton*, II, XXIII; Zoëga, *Bassirilievi*, II, LXVIII, LXIX, LXX, LXXII; *Mus. roman.* sect. II, 37, 38, 39; *Mus. Worsley.* IV, 2; *Mus. Chiaramont.* XLII.

(6) Sur deux bas-reliefs du *Musée Pie Clémentin*, IV, XLI, et V, XIV; sur un autre de la villa Albani, Zoëga, *Bassirilievi*, II, LXVIII; aux pieds d'une idole de bronze, dans Caylus, *Antiq. grecq. et rom.* VII, XVIII, 3, et d'une statuette en marbre du musée Nani, dans Pacciaudi, *Monum. pelopon.* I, p. 235; sur des pierres gravées, *Nov. Thes. gemm.* tat. II, tav. 85; Gori, *Mus. Florent.* I, 39, 3, et *Pierres grav. de Stosch*, n. 1711, où Winckelmann voit à tort le sanglier d'Érymanthe; sur le célèbre autel Giustiniani, et sur un autre autel, ou base carrée, dans Guattani, *Monum. ined. per l'anno* 1786, genn. tav. II. Parmi les *bronces d'Herculanum*, il se trouve, t. 1, p. 71, une petite *truie*, avec une inscription sur le flanc, qui indique que c'était un *ex-voto* à Hercule. Visconti, *Mus. P. Clement.* IV, 90, et V, 27, et Zoëga, *Bassirilievi*, II, 112-115, ont cherché à donner l'explication de ce quadrupède si souvent joint aux images d'Hercule, sans que les anciens eux-mêmes nous aient transmis de renseignemens positifs à cet égard.

(7) On ne doit pas être surpris de voir un *éléphant* porté de cette manière. C'est toujours ainsi que sont figurés les *animaux*, quand ils sont employés comme *symboles* : ainsi Neptune porte sur sa main un *dauphin*, son animal symbolique, *Mus. P. Clement.* IV, XXXII; *Mus. capitol.* IV, 22 et 31.

le siége était en Afrique, suivant les traditions les plus avérées[1], ou bien à sa victoire sur Antée[2], victoires qui fermèrent l'une et l'autre le cercle des travaux prescrits à Hercule, et après lesquelles le demi-dieu se reposa de ses fatigues. C'est donc au terme même de sa carrière laborieuse, sur le dernier rocher de l'Atlas, qu'Hercule se repose ici, comme le prouve d'ailleurs la présence de la *Néréide*, ou plutôt de *Thétis* elle-même, qui accourt vers lui, portée sur un *dauphin*, à travers *l'Océan atlantique*, et celle d'une seconde femme assise sur un rocher voisin, de l'autre côté d'une espèce de détroit, et qui représente ainsi, suivant toute apparence, *l'Europe* personnifiée. En effet, sur le célèbre bas-relief Albani du *Repos d'Hercule*[3], ce demi-dieu est figuré avec le *scyphus* dans la main gauche, comme sur le nôtre, entre une femme désignée par son nom ΕΥΡΩΠΗ, l'*Europe*, et une autre femme dont le nom, presque effacé, a donné lieu à une foule de conjectures diverses[4], et que je proposerai à mon tour de lire ΛΙΒΥΗ, la *Libye* ou l'*Afrique*. Quoi qu'il en soit de cette dernière conjecture, l'explication de notre bas-relief, où chaque personnage a sa signification si nettement déterminée par la place qu'il occupe et par les attributs qui le distinguent, n'est du moins susceptible d'aucune difficulté; et le rapport de la *Néréide*, ou de *Thétis*, portée sur son dauphin, et accourue du séjour des ames fortunées, avec *Hercule*, assis au terme de ses longs travaux, rapport qui constate le sens funéraire de ce bas-relief, d'accord avec la nature même de ce monument qui a servi de sarcophage, confirme à-la-fois l'intention que j'y trouve, et tout l'ensemble des considérations qui s'y rattachent.

Mais le motif qui fit employer le plus généralement ce type de Thétis, sur-tout dans l'état de *sommeil* où la représentent le vase funéraire Barberini, la peinture de tombeau romain et le bas-relief de sarcophage du musée du Louvre, se rapporte, suivant toute apparence, à cette doctrine si populaire de l'antiquité, qui considérait la *mort* comme un *sommeil*, et qui se traduisait si habituellement, dans le langage de l'art, par une *personne endormie*, telle qu'*Ariane*, ou *Endymion*, visitée dans son sommeil par une divinité de sexe différent, telle que *Bacchus* ou *Diane*. Thétis pouvait figurer, au même titre, dans une représentation semblable et sur des monumens du même genre; et le sommeil de cette déesse, devenu le principe de la gloire et de l'immortalité d'un héros, semblait même devoir offrir le type

---

(1) Sur cet exploit d'Hercule, et sur les monumens, en si grand nombre, qui y sont relatifs, et dont les principaux sont les deux vases d'Hamilton, d'Hancarville, *Antiquit. greeq.* I, 127, III, 94, et le vase de Pestum, dans Millin, *Vases peints*, I, 3, voy. Zoëga, *Bassirilievi*, II, LXIV, p. 89 et suiv.; *Mus. british,* III, pl. II; *Mus. P. Clem.* IV, XLI, et tav. agg. B.

(2) Cet exploit d'Hercule est représenté sur un bas-relief de la *Galler. Giustinian.* II, 83, sur un vase de bronze du cabinet du Roi, dans Caylus, *Recueil d'antiquit.* I, XIII, 5, p. 301, et sur une peinture du tombeau des Nasons, Bartoli, XIII, 133.

(3) Peu de monumens ont été publiés, cités ou expliqués plus souvent. Zoëga, qui l'a compris, après Montfaucon, *Antiq. expliq.* I, 141, Gori, *Inscript. Doni*, p. 32, Muratori, *Nov. thesaur. inscript.* p. LX, et Corsini, *Herculis quies*, etc. Florent. 1749, folio, dans le recueil de ses *Bassirilievi di Roma*, II, LXX, n'a pas empêché M. Millin de le publier après lui, *Galler. mythol.* CXXIV, 464. Aux auteurs qui s'en sont occupés, soit directement, soit indirectement, et dont le même Zoëga a donné la liste, j'ajouterai Heyne, *Antiq. Aufsaetze*, I, 30-31; Boettiger, *Andeutungen*, 60; Millin, *Galer. mythol.* II, 35-37.

(4) Winckelmann, qui avait cru lire ΗΒΗ, a été réfuté par Fea, *Indicaz. antiquar. per la villa Albani*, p. 167-168, 2 edit. Zoëga propose, *Bassirilievi*, II, 120, not. 7, mais comme une simple conjecture, ΘΗΒΗ. Corsini, le premier, avait lu, p. XI, ΗΒΑ, et ΠΟΝΟΙ, deux conjectures qui ne semblent guère admissibles, et qui avaient conduit Visconti, *Mus. P. Clement.* III, XLII, note 3, à lire trop arbitrairement, ΗΒΑΣ ΓΑΜΟΣ. Fea lui-même s'abstient de rien proposer. Barthélemy, sans énoncer aucune conjecture sur les lettres gravées à droite d'Hercule, qu'il lit ΒΑΙ et ΤΟΠ, prétend seulement, mais sans en apporter aucune preuve, que le mot ΕΥΡΩΠΗ ne désigne pas l'Europe, *Mémoires de l'Acad.* XXVIII, 602; en quoi il n'a été approuvé ni suivi par personne, à ma connaissance. L'opinion la plus probable est, au contraire, que ces noms, ΕΥΡΩΠΗ, ΙΤΑΛΟΣ, et les autres, moins faciles à lire ou à restituer, ont rapport à des *lieux* célèbres dans l'histoire d'Hercule; et c'est sous ce rapport que la lecture que je propose du mot ΛΙΒΥΗ, est peut-être préférable à celles de Corsini, de Winckelmann et de Zoëga, quoique M. Welcker ait reproduit tout récemment l'opinion de Visconti, *Nachtrag zu der Schrift über die Æschyl. Trilogie*, p. 309-310.

le plus convenable à tous égards dans cet ordre de représentations symboliques. Aussi je n'hésite pas à regarder comme empruntées du même type, et comme offrant la même intention, ces figures de femme couchée et endormie, dans l'attitude de la prétendue *Cléopâtre*, qui forment le principal sujet d'un assez grand nombre d'urnes cinéraires, une desquelles fait partie du cabinet du Roi[1], et une autre, pareillement inédite et des plus curieuses, à tous égards, existe à Rome, dans la villa Casali, sur le mont Cœlius. C'est un cippe sépulcral[2], de très-beau travail, et d'une magnifique conservation, orné aux angles de têtes humaines, avec cornes de bélier, et surmonté d'un fronton, dans lequel est sculpté de bas-relief un *sphinx*, avec trois mamelles gonflées de lait, *qui tient entre ses deux pattes une tête de taureau*[3]. La face principale est décorée d'une guirlande, au-dessus de laquelle est figurée une femme qui dort appuyée sur sa main, dans l'attitude si souvent rappelée; et cette attitude a cela de remarquable, sur le monument dont il s'agit, qu'elle semble être en rapport avec l'inscription qui l'accompagne[4]. Je produirai enfin un petit bas-relief sépulcral, encastré dans un des

---

(1) Voy. planche X, A, n. 3. La *Nymphe* qui est ici représentée endormie, ne peut être considérée que comme une personnification du sommeil éternel, et non comme la personne même à qui était destinée l'urne cinéraire, puisque cette personne est un homme, c'est à savoir, *M. Ulpius*, surnommé *Euphrosynus*, *affranchi de l'Empereur*, probablement *Trajan*, d'après ce nom même d'*Ulpius*, lequel était chargé, dans la maison impériale, *d'avoir soin des habits de chasse*. Telle est du moins l'interprétation que je propose de l'inscription funéraire, qui offre en tête la formule accoutumée : *D. M.*, *Aux Dieux Manes*, et qui est de la teneur suivante :

D. M.
M. VLPIVS AVG LIB
EVPHROSYNVS
A VESTE VENATORIA.

(2) Voy. planche X, B, n. 1.

(3) Cette représentation, d'une nature symbolique et probablement astrologique, indique, suivant toute apparence, la constellation dans laquelle était morte la personne à qui était destinée l'urne cinéraire. On trouve fréquemment, en effet, sur des pierres reconnues pour astrologiques, un *lion* dévorant tantôt un *bélier* ou une *tête de bélier*, Passeri, *Gemm. Astrifer.* tav. CLII, tantôt une *tête de taureau*, ibidem, tav. CL, quelquefois avec l'addition d'un *cancer*, placé sous les pieds de derrière du *lion*, ibidem, CLI, CLVII. De pareilles représentations ne peuvent, suivant les interprétations les plus plausibles et les plus universellement admises, avoir rapport qu'à des idées astrologiques; elles expriment, sur ces pierres, l'influence de la planète salutaire placée dans le *lion*, laquelle triomphe de l'influence contraire de la planète ennemie placée dans le *bélier*, le *taureau* ou le *cancer*; elles ont conséquemment rapport au thème génethliaque de tel ou tel individu. On retrouve, si je ne me trompe, un monument curieux, relatif au même ordre d'idées, et appartenant à une assez haute antiquité grecque, dans la représentation symbolique placée sur le tombeau de la célèbre courtisane Laïs, à Corinthe, et qui consistait, suivant Pausanias, ●, 2, 4, en une *lionne tenant un bélier dans ses pattes de devant*, représentation qui forme précisément le type d'une des pierres astrologiques du recueil de Passeri, *Gem. Astrif.* tav. CLII, et celui de quelques monnaies coloniales de Corinthe, Eckhel, *Doctr. nam.* II, 239-240. Si l'intention du monument sépulcral de Laïs est telle que je le présume, c'est-à-dire, *astrologique* et ayant rapport au thème génethliaque de Laïs elle-même, on aura, je crois, l'explication la plus plausible de ce monument, dont le véritable objet me paraît avoir échappé à Eckhel, et à l'antiquaire romain Al. Visconti, auteur d'une dissertation particulière sur ces médailles, voy. *Effemeridi letterarie*, etc. p. 1-16. La *sirène*, oiseau de mort, placée, avec un *bélier*, sur le tombeau d'*Isocrate*, Plutarch. *Dec. Rhetor. Isocrat.*, doit avoir eu une intention semblable, en ce qu'elle offrait un type tout-à-fait analogue, bien qu'on puisse trouver, dans l'antiquité même, une interprétation différente de cette représentation symbolique, Pausanias, 1, 21, 2, avec la note de Siebelis, t. I, p. 70, et qu'un savant, dont l'opinion est d'un grand poids dans ces matières, ait soutenu que les idées astrologiques sont restées étrangères à l'antiquité grecque, Letronne, *Observations sur les représentations zodiacales*, p. 73-80. Quoi qu'il en soit, ce qu'il importe de remarquer sur le bas-relief qui nous occupe, et ce qui ne paraît nullement susceptible de doute, c'est la nature symbolique et l'intention funéraire de ce *Sphinx tenant entre ses pattes une tête de taureau*, représentation absolument conforme à celles que nous offrent tant de pierres astrologiques.

(4) Cette inscription est ainsi conçue :

D. M
CORNELIÆ. CLEOPATRÆ.
VIXIT. ANN. XXX. MEN. II.
DIEBVS. III.
M. CORNELIVS. HYMNVS.
ET. CORNELIA. CORINTHIA.
PARENTES. FILIÆ.
PIENTISSIMÆ. DE. SE.
BENEMERENTI.
FECERVNT.
ET. SIBI. ET. SVIS. POSTERISQVE.
EORVM.

C'est-à-dire : *Aux Dieux Manes de Cornelia Cleopatra. Elle a vécu trente ans deux mois trois jours. M. Cornelius Hymnus et Cornelia Corinthia, ses père et mère, ont fait (ce monument) à leur fille chérie, qui avait bien mérité d'eux, ainsi qu'à eux-mêmes et à leurs proches, et à leur postérité.* Ce nom de *Cleopatra* se rencontre assez fréquemment sur des inscriptions romaines du même genre, Oderici, *Disseriat. antiq.* p. 69; Fabretti, *Inscript. antiq.* p. 11, 31; et j'en ai déjà cité un exemple tiré d'un cippe sépulcral, *Monum. Mattei.* III, LXVII, 2. Ce serait sans doute trop hasarder, que de supposer qu'il entra dans les intentions des auteurs du monument qui nous occupe, un rapport quelconque entre ce même nom et la nymphe endormie, dont l'attitude ressemble si fort à celle de la statue réputée si long-temps *Cléopâtre*. Toutefois, il ne serait pas impossible que, dans les temps de l'Empire, où

compartimens du corridor des inscriptions du musée du Vatican, et que je crois également inédit[1]. Il représente une nymphe endormie, dans la même attitude, et, près d'elle, une autre nymphe, sa compagne, debout et s'efforçant de repousser un satyre, dont l'intention d'attenter au sommeil de la première ne paraît nullement équivoque. Ce sujet rappelle trop évidemment celui du bas-relief que j'ai fait connaître[2], et où j'ai cru trouver Thétis exposée durant son sommeil aux entreprises d'un satyre, pour qu'il soit besoin d'insister sur un pareil rapprochement : quant à l'intention funéraire de ce bas-relief, elle est également mise hors de doute par l'inscription qui l'accompagne[3], et qui, ayant rapport à un *homme*, prouve manifestement que la *femme*, sous les traits de laquelle est représenté ici le *sommeil* éternel, qu'elle soit *Thétis* ou *Ariane* ou toute autre personnification semblable, est un type général employé à cet effet par les anciens sur leurs monumens funéraires.

le personnage de *Cléopâtre* avait acquis une célébrité populaire, ce personnage eût été représenté dans l'attitude en question, et que, par un genre d'allusion dont les monumens anciens offrent de fréquens exemples, on se fût servi de ce type pour orner l'urne funéraire de notre *Cornelia Cleopatra*. On sait, en effet, combien il était dans le goût de l'antiquité, d'exprimer les noms propres au moyen de symboles ou de figures d'une signification équivalente : la *Muse*, au revers des médailles de Pomponius *Musa*, Eckhel, *Doctr. num.* V, 284 ; le *Silène*, sur celles de Jun. Silanus, Visconti, *Mus. P. Clem.* I, p. 329 ; la *Grenade*, sur les monnaies de *Mélos* ; la *Harpé*, sur celles d'*Arpi*, sont des exemples connus de tous les antiquaires. Mais c'est sur-tout sur les monumens funéraires des Romains, qu'abondent ces sortes d'allusions, dérivées sans doute de l'ancien système phonétique des Égyptiens. Le savant Cardinali en a rassemblé quelques exemples, *Iscrizion. antich. Velitern.* p. 209, sans avoir cité toutefois le plus remarquable de tous, et celui qui se rapporte le plus directement à notre objet, c'est à savoir, le cippe sépulcral du *Vatican*, qui offre, en bas-relief, une imitation d'une fameuse statue grecque, du *Diadumène* de Polyclète, tel que nous le possédons dans une rare copie antique, de Cavalleriis, 97, avec cette inscription, déjà publiée par Maffei, *Mus. Veron.* cclxxvi, 2 :

D. M.
TI. OCTAVI.
DIADVMENI.

Ce qui viendrait encore à l'appui de la conjecture avancée plus haut, c'est que, sur un assez grand nombre de monumens antiques, d'époque romaine, *Cléopâtre* est effectivement représentée dans une position à-peu-près identique avec celle de la statue du Vatican : telle elle se montre, par exemple, sur un beau camée de la maison Colonna, publié par Bracci, *Memor. de' incisori*, II, xii, pour ne point parler d'autres pierres gravées qui se trouvent dans le recueil d'Agostini, part. I, tab. 78, ed. Gronov., dans le musée Odescalchi, I, xviii, et ailleurs. Voyez à ce sujet Bracci, p. 125-127, qui cependant me paraît avoir cité comme représentant *Cléopâtre*, des figures où l'on pourrait avec plus de raison peut-être voir des nymphes bachiques ou bien des nymphes de fontaine.

(1) Voy. planche X, A, n. 2.

(2) Même planche, n. 1 ; voy. p. 28-29.

(3) Voici cette inscription :

D. M.
T. FLAVIO. EVCH
ARISTO. FECIT
FLAVIA. SABINA
FILIA. PIENTISSI
MA. PATRI. DVL.
CISSIMO.

C'est-à-dire : *Aux Dieux Mânes. A T. Flavius Eucharistus, père très-chéri, Flavia Sabina, fille très-pieuse* (a fait ce monument).

DEUXIÈME PARTIE.

§ I.

Ce n'est pas sans quelque hésitation que j'ai placé ici, en tête des monumens relatifs au héros de l'Iliade, la belle statue connue sous le nom de *Mars en repos*, qui fait depuis plus de deux siècles l'un des principaux ornemens de la villa Ludovisi, à Rome[1], mais dans laquelle je crois reconnaître *Achille* lui-même, d'après des raisons qu'il doit m'être permis de déduire avec tous les développemens que comporte cette interprétation nouvelle.

La statue dont il s'agit, publiée pour la première fois, à ce que je crois, dans le recueil de Perrier[2], et depuis insérée dans les collections de Montfaucon[3], de Maffei[4], de Piranesi[5], et d'autres encore[6], est trop généralement connue, pour qu'il soit besoin d'insister sur son mérite, encore moins d'en donner une description détaillée; il n'est pas plus nécessaire d'avertir que toutes les estampes où elle est représentée, sans excepter celle de Piranesi, réputée pourtant la meilleure, ne rendent que très-imparfaitement le caractère de cette figure[7]; et la négligence est même poussée, dans la plupart de ces estampes, au point qu'une petite figure d'*enfant* ou de *génie*, assis aux pieds du personnage principal, a tout-à-fait disparu[8]. On ne saurait cependant tirer de cette suppression aucune induction contre l'antiquité

(1) Voyez planche XI. Il n'est fait aucune mention de cette statue dans le *Catalogue des principales statues de Rome*, rédigé par Aldrovandi, ou publié sous son nom, dont la quatrième édition, qui est celle dont je me sers, porte la date de *Venetia*, MDLXII, et dans aucune des descriptions postérieures des monumens antiques de Rome, je n'ai rien trouvé qui ait rapport à la découverte de cette statue, non plus qu'à l'époque où elle fut placée dans la collection Ludovisi, formée, comme on sait, par le cardinal Buoncompagni, neveu de Grégoire XIV, et de laquelle il paraît que ce monument a fait partie dès l'origine. Voy. Magnan, *la Città di Roma*, etc. t. II, p. 2, Roma, 1779, folio.

(2) Perrier, *Statuæ*, tab. 38.

(3) Montfaucon, *Antiq. expl.* I, 66, 3; III, 155.

(4) Maffei, *Raccolta di statue*, tav. LXVI, LXVII.

(5) Piranesi, *Scelta delle migliori statue antiche.*

(6) Dans l'ouvrage cité plus haut de Magnan, *la Città di Roma*, etc. t. II, tav. H, et dans un recueil intitulé *Elegantiores statuæ antiquæ in variis Romanorum palatiis asservatæ*, tab. 24, Rom. 1776, 4°.

(7) On ne pourra faire, je crois, le même reproche à la planche ci-jointe, exécutée avec tout le talent que l'on connaît à M. Granger, d'après un dessin très-soigné et très-fidèle que je dois à l'amitié de M. Debay, pensionnaire du Roi à l'Académie de France à Rome, et dont je me plais à lui rendre ici hommage.

(8) Cette figure d'enfant a été complètement omise dans les deux estampes de Maffei, et dans celles des deux recueils cités plus haut, note 6, lesquelles paraissent à la vérité provenir de la même planche.

1.   7

de cette figure ; car elle se montre sur la gravure de Perrier, qui est la plus ancienne de
toutes ; et je me suis assuré, par un examen attentif du monument original, qu'elle fait
partie du même bloc et qu'elle est l'ouvrage du même ciseau que la figure principale, sauf
la tête et les mains, qui ont été restaurées par le Bernin, aussi bien que le pied gauche et
la main droite du prétendu Mars. Mais ce qui n'est pas douteux non plus, c'est que cette
figure accessoire est exécutée avec une négligence extrême : d'où l'on pourrait inférer avec
assez de probabilité qu'elle est une addition postérieure faite au type primitif[1] par l'artiste
inconnu, mais, suivant toute apparence, d'époque romaine, qui exécuta ce groupe d'après
quelque excellent original. Car indépendamment des raisons de goût qui ne manqueraient
pas pour prouver que la statue qui nous occupe n'est qu'une bonne copie romaine d'un bel
ouvrage grec[2], à laquelle cette petite figure d'enfant a pu être ajoutée par un caprice de
l'artiste et dans une intention très-différente peut-être de la conception primitive, la même
collection en offre une preuve à-peu-près décisive, dans une autre statue antique dont il
n'a été fait jusqu'ici aucune mention, qui n'a jamais été ni gravée, ni décrite, à ma connaissance, et qui ne méritait cependant ni un pareil oubli, ni une pareille indifférence.

C'est une figure de *Héros grec*, en repos, assis sur un plan presque horizontal, les jambes
croisées, et les mains, dont l'une tient une épée, posées sur les genoux, dans une attitude
presque absolument semblable à celle du prétendu Mars. Les restaurations assez nombreuses
qu'elle a subies dans les mains et dans les jambes, n'affectent du reste, en aucune façon,
ni l'attitude, ni le mouvement général de cette figure. La tête, qui paraît avoir été rapportée,
quoiqu'elle soit certainement antique, est très-belle, d'un caractère semblable à celui du
Méléagre, avec lequel le *Mars* offre aussi beaucoup de rapports, et d'un style peut-être supérieur. Par une singularité remarquable, et qui seule prouverait l'époque romaine de cette
sculpture, elle est de marbre cipollin, marbre, comme on sait, d'un emploi très-rare dans
la statuaire, et d'un effet ingrat et désagréable : d'où il est résulté des inégalités de travail
et des imperfections apparentes, qui ont nui sans doute à la réputation de cette statue.
Malgré les défauts que je viens d'indiquer, la figure en question n'en est pas moins très-
recommandable, ne fût-ce que par cette répétition même qu'elle nous offre d'un type célèbre,
variée avec cette liberté dont on sait qu'usaient généralement les anciens artistes à l'égard
des originaux qu'ils s'attachaient à reproduire, et, ce qui est ici l'objet essentiel, *sans cette
figure d'enfant*, que je regarde, dans le groupe du prétendu Mars, comme une addition faite
à une époque romaine, et dans une intention étrangère au monument original.

Quoi qu'il en soit de cette dernière conjecture, ce qu'il importe de remarquer, ce qu'il
est, je crois, impossible de méconnaître, dans la figure réputée de *Mars en repos*, c'est le

(1) Je n'ignore pas que la négligence avec laquelle cette petite
figure est traitée, put provenir du système général suivant lequel,
dans les plus belles productions de l'art antique, la plupart des
accessoires se trouvaient sacrifiés au sujet principal, ou réduits à
une simple indication. Il existe beaucoup d'exemples de cette pratique des anciens statuaires, notamment dans les deux groupes
des travaux d'Hercule, du *Musée Pie-Clémentin*, II, vi, vii ; mais
l'exemple qui s'applique le plus directement à notre objet, est
celui que nous fournit le célèbre groupe d'*Hercule et Télèphe*, du
Vatican, où la figure de l'enfant est d'une pauvreté de style et
d'une médiocrité d'exécution qui contrastent avec le mérite supérieur de la figure principale. Voyez à ce sujet les judicieuses
observations de Visconti, *Mus. P. Clém.* II, ix, p. 69, éd. de Milan.

(2) D'après l'examen attentif que j'ai fait, à plusieurs reprises,
de cette statue célèbre, j'avoue que les formes ne m'en ont pas
paru par-tout d'un choix assez noble, ni d'une exécution assez
soutenue, pour y reconnaître un original grec. Le haut du bras
gauche, le genou et la jambe droite, en particulier, offrent des
détails qui contrastent avec le style idéal de la figure. Généralement, la sculpture de ce morceau m'a semblé un peu molle, et
l'exécution un peu négligée. Mais on y retrouve, à travers ces
imperfections de détail, un excellent type original et des parties
superbes, qui ne peuvent provenir que du meilleur temps de
l'école grecque, et de ses maîtres les plus habiles.

caractère de la tête, qui offre, ai-je dit, beaucoup d'analogie avec celle du *Méléagre;* des cheveux travaillés dans le même goût; une physionomie presque semblable, seulement avec une expression plus prononcée de mélancolie et de méditation; en un mot, l'image d'un *Héros grec,* conformément aux types nombreux et certains que nous en possédons[1], et non celle du *Dieu de la guerre.* Cette dernière opinion, admise d'après un examen superficiel, et dans un temps où la critique des monumens était encore imparfaite, ne pouvait guère avoir d'autres motifs que l'*épée* que tient en main la figure en question, et les autres *armes* posées à ses pieds, comme si les armes convenaient au seul personnage de Mars; et enfin, cette petite figure d'enfant ou de génie, qui n'est pas non plus un accessoire propre ou obligé du Dieu de la guerre, quelles que soient l'intention qu'on lui suppose et l'antiquité qu'on lui attribue. C'est sur de si faibles fondemens que reposait uniquement l'ancienne dénomination de la statue qui nous occupe, dénomination admise cependant sans difficulté, sans contestation; répétée, dans le cours de plus de deux siècles, par presque tous les antiquaires[2], sans avoir été l'objet d'aucune réclamation, d'aucun doute[3], et sous laquelle cette statue, réputée par Winckelmann[4] *la plus belle représentation de* Mars *qui nous soit restée de l'art antique,* et, à ce titre, proposée comme type et comme modèle de ce personnage idéal[5], ne pouvait devenir, pour les interprètes des monumens antiques, et sur-tout pour les artistes chargés de les reproduire, qu'une source continuelle de méprises. C'est pour cette raison que je crois devoir soumettre la figure dont il s'agit à un nouvel examen; et j'espère pouvoir montrer, en premier lieu, qu'elle ne représente point *Mars en repos;* secondement, que c'est un *Héros grec,* et, suivant toute apparence, *Achille, méditant sur la vengeance de Patrocle,* qui a fourni le sujet de cette statue.

Il nous reste bien peu de monumens antiques relatifs au dieu Mars[6], desquels nous puissions inférer avec certitude quelle était chez les Grecs la manière la plus généralement admise de représenter cette divinité, *idéal de la force athlétique, et type du courage sanguinaire et farouche*[7], bien plus que du courage calme et réfléchi[8]. L'antiquité avait admiré des statues

---

(1) Telles sont, entre autres, les célèbres statues du *Méléagre,* du *Jason,* et du prétendu *Gladiateur* Borghèse; ce dernier probablement *Thésée,* suivant une ingénieuse conjecture proposée d'abord par Heyne, *Ant. Aufsætz.* II, 222, et par Visconti, *Mus. P. Clém.* IV, 21, confirmée par Millin, *Monum. inéd,* I, 370, et admise en dernier lieu par M. Welcker, *Kunstmuseum zu Bonn,* 16-18.

(2) Winckelmann's *Werke,* IV, 87; VII, 87; Visconti, *Sculptures d'Elgin,* 42-44; Ramdohr, *Ueber Malerei,* etc. II, 203; H. Meyer, *sur Winckelmann,* IV, 30, VII, 267. J'observe ici que le même H. Meyer, dans sa nouvelle *Histoire des arts du dessin chez les Grecs jusqu'au temps d'Alexandre,* Dresde, 1824, 2 vol. 8°, ne fait aucune mention de cette statue, non plus que M. Lange, dans son *Catalogue d'ouvrages de l'art antique,* ajouté à sa version allemande du *Traité préliminaire* de Lanzi sur la *Statuaire.* Cette omission, qui ne peut être involontaire, semble indiquer que, dans l'opinion de ces deux habiles appréciateurs des monumens antiques, la statue qui m'occupe est, comme il me paraît à moi-même, une sculpture d'époque romaine.

(3) Je trouve seulement dans le *Grundriss der Archaeologie* de D. Ch. Beck, p. 171, ces paroles, au sujet de notre statue: *Nach Andern, ein Heros.* Par ces *autres,* M. Beck a sans doute voulu désigner, sans le nommer, M. Hirt, qui, dans son *Bilderbuch,* I, 51, s'exprime ainsi en parlant de la même statue : « Für einen «*Mars* galt die schoene Statue eines sitzenden unbaertigen «Heros, zu dessen Füssen sich ein Amor befindet, in der *Villa* «*Ludovisi.* Wir übergehen hier die Gründe, warum wir nicht «dieser Meinung sind, und behalten uns vor, das Naehere davon «in einem andern Abschnitte zu sagen. » On voit que le célèbre antiquaire allemand se déclare ici contre l'opinion qui fait un *Mars* de la statue Ludovisi, sans s'expliquer, du reste, sur le sujet de cette statue. C'est sans doute dans la partie de son *Bilderbuch* qui doit traiter des *représentations héroïques,* qu'il exposera complétement son opinion à cet égard : mais cette partie n'a pas encore été publiée; et en attendant qu'elle paraisse, je m'estimerai heureux si l'interprétation que je propose obtient l'approbation de M. Hirt.

(4) Winckelmann's *Werke,* IV, 87, 301.

(5) Guattani, *Monum. ined. per l'anno* 1787, t. IV, p. xci.

(6) Cette rareté des monumens relatifs au dieu Mars a déjà été remarquée par M. Hirt, *Bilderbuch,* I, 51.

(7) Beck, *Grundriss der Archaeologie,* 170.

(8) Homère oppose toujours *Mars,* type de la valeur téméraire et emportée, à *Minerve,* type du courage tempéré par la prudence; voy. *Iliad.* IV, 439, XX, 69, XXI, 391. C'est en vertu de cette distinction que Minerve est dans l'Iliade la divinité tutélaire des héros grecs, et Mars le dieu favorable aux Troyens; conf. Behr, *de Cultu Martis antiquissimo,* II *Disputat.* Geræ, 1818 et 1820, 4°. Le surnom de *Thereitas,* donné à un ancien simulacre de Mars qui se trouvait à Amycles, Pausan. III, 19, 8, était

de Mars, œuvres d'Alcamène[1], de Scopas[2] et de Léocharès[3]; mais nous ne savons pas sous quelles formes, ni avec quels attributs, ces grands artistes avaient conçu et produit leur personnage idéal. Pausanias cite quelques simulacres du dieu Mars, qui paraissent appartenir aux plus anciennes époques de l'art, et qui se rapportent à des traditions locales, également fort anciennes[4], mais sans que nous puissions tirer de ces œuvres de la statuaire primitive, d'ailleurs imparfaitement décrites, la moindre notion applicable aux monumens de la belle époque de l'art. Sur le coffre de Cypsélus, Mars était représenté *armé de pied en cap*, entraînant Vénus[5]; et l'on ne peut guère douter que ce ne fût de cette manière, je veux dire *entièrement revêtu de ses armes*, que les Grecs du premier âge se figuraient le Dieu de la guerre, d'après les images qu'ils en possédaient. C'est ainsi, en effet, que nous le montrent les célèbres bas-reliefs Capitolin[6], Albani[7] et Borghèse[8], seuls monumens, entre tous ceux qui nous sont restés de l'art antique, que nous puissions rapporter avec certitude aux anciennes et primitives représentations de ce dieu. On l'y voit *debout*, vêtu d'une armure complète, avec la *cuirasse* et les *cnémides*, tenant d'une main la *lance*, et de l'autre le *casque*, son attribut essentiel et distinctif; attribut qu'on retrouve en effet dans toutes ses images antiques, sans exception, *statues*[9], *groupes*[10], *bustes*[11], *bas-reliefs*[12], *médailles*[13], *pierres gravées*[14], autels

dérivé, suivant l'opinion de Pausanias lui-même, de la même source, c'est-à-dire, *de l'idée de férocité* attachée à ce personnage, bien qu'il y ait eu dans l'antiquité des traditions différentes sur l'origine de ce mot, et que M. Behr, dans la dissertation citée plus haut, ait proposé, *Disputat.* II, p. 11-13, une opinion nouvelle, qui ne paraît point invraisemblable.

(1) Pausan. 1, 8, 5.

(2) Plin. xxxvi, 5, 5. Cette statue de Mars était *assise* [*Mars sedens*]. C'est la seule de ce genre qui soit citée dans toute l'antiquité; et il y a lieu de s'étonner qu'aucun des interprètes de la statue Ludovisi n'ait fait mention d'une circonstance qui pouvait sembler si favorable à leur opinion. J'ai vu aussi à Nola un superbe vase grec, où *Mars* est représenté, dans une réunion de plusieurs dieux, *assis*, avec son nom écrit au-dessus de lui : ΑΡΗΣ. C'est, à ma connaissance, la seule image authentique de ce dieu, dans cette position, qui nous reste de l'antiquité.

(3) Vitruv. *de Architect.* II, 8. Cette statue colossale de Mars était placée dans un temple de ce dieu, à Halicarnasse de Carie.

(4) Pausan. II, 25 et 35; VI, 19, 9; conf. Behr, *Dissert. laud.* II, 6-13.

(5) Pausan. v. 18, 1 : Ἄρης ὅπλα ἐνδεδυκώς. Mars portait, sur le monument même, le nom de Ἐνυάλιος, qui lui est donné sur une curieuse peinture antique, où ce dieu combat contre Vulcain pour délivrer sa mère, Passeri, *Pict. Etrusc.* III, cclv; d'Hancarville, *Antiq. grecq.* III, 108; Millin, *Galer. mythol.* xiii, 48.

(6) *Mus. capitol.* IV, 22.

(7) Winckelmann, *Monum. ined.* 5.

(8) Visconti, *Mus. P. Clement.* t. VI, tav. agg. B II. Conf. Hirt, *Bilderbuch*, vign. 4, p. 3.

(9) *Villa Pincian.* st. III, n. 11; *Mus. capitol.* III, 21; *Mus. florentin. Stat.* III, 37. J'aurai occasion de citer plus bas d'autres statues de Mars, et d'expliquer les raisons pour lesquelles je ne crois pas devoir en faire usage ici.

(10) Tels sont ces groupes de *Mars* et *Vénus*, ou plutôt de personnages romains, sous le costume de Mars et de Vénus, qu'on trouve fréquemment reproduits, de ronde bosse, *Mus. capit.* III, 20; *Mus. florent. Stat.* III, 36; *Villa Pincian.* st. VI, n. 3, ou de bas-relief, entre autres sur un sarcophage publié parmi les *Monum. Mattei.* III, IX; voy. notre pl. VII, n. 2, et sur un bas-relief de la

Galer. Giustinian. II, 103, absolument pareil à celui qu'on voit au palais Grimani, à Venise, et qui sera publié dans mon recueil; groupes dont l'invention peut passer pour grecque, d'après quelques analogies que fournissent des peintures grecques, Tischbein, *Vases grecs*, III, 3; Millin, *Tombeaux de Ruvo*, pl. II; et des pierres gravées, d'ancien style, Millin, *Pierres gravées inéd.* I, xxxiv, 68-70; mais sur lesquels je crois que M. Quatremère de Quincy a cependant eu tort de fonder sa restitution de la Vénus de Milo. Je reviendrai ailleurs sur ce sujet.

(11) *Galer. Giustinian.* II, 32. Ce buste casqué, en basalte noir, est cité par M. Hirt, *Bilderbuch*, I, 52, comme le plus beau buste connu du dieu Mars. Il faut mettre sur la même ligne celui du musée de Dresde, *Augusteum*, I, xxxv. Il s'en trouve encore un de très-beau style, en bronze doré, mais de petite proportion, dans la collection du roi de Prusse; Hirt, à l'endroit cité plus haut. On connaît d'ailleurs celui du *Musée du Louvre*, n. 621, publié dans les *Monum. ant. du Mus. Napol.* II, LIX.

(12) J'ai déjà cité les bas-reliefs du Capitole, de la villa Albani et de la collection Borghèse, où *Mars* est représenté tenant à la main son *casque*, comme son attribut essentiel. J'ai fait aussi mention, voy. plus haut, p. 34, des bas-reliefs relatifs à la fable de *Mars et Rhéa-Sylvia*, où ce dieu figure toujours avec le *casque* en tête. J'ajoute ici l'indication d'un beau bas-relief, provenant du palais Rondanini, et publié par Guattani, *Monum. ined.* t. IV, decembr. tav. II, où *Mars* est représenté, avec le *casque*, jeune et imberbe, sous des formes plus sveltes, et en apparence plus héroïques, que dans aucune autre de ses images antiques.

(13) Voyez Millin, *Galer. mythol.* xxxix, 151, 152, 155, 156; xl., 150, 154.

(14) C'est peut-être dans cette classe de monumens antiques que nous possédons le plus d'images de Mars avec le *casque* en tête; je me contenterai de citer les pierres du *Mus. Corton.* 33 et 34, du *Mus. Worsley.* IV, 2, et celles que M. Millin a publiées, *Pierres grav. inéd.* I, xx, xxi, xxii. Sur un assez grand nombre d'autres pierres, *Mars*, bien qu'avec le *casque* en tête, tient de la main gauche un second casque; mais je conviens qu'on pourrait voir ici, avec plus de probabilité, Déiphobe regardant le casque d'Ascalaphus, comme l'a cru le dernier interprète de la *Galerie de Florence*, M. Mongez, III, 1, et XLVIII, 4, Wicar.

et *trônes*[1]; attribut, en un mot, tellement caractéristique, qu'on le lui voit même dans les circonstances où il semble que ce dieu pouvait le mieux s'en passer, comme, entre autres exemples, dans la scène de ses amours avec Vénus, telle qu'elle est représentée sur un célèbre bas-relief de la villa Albani[2].

A ce trait, auquel il n'est pas possible de méconnaître les images de cette divinité, il faut en ajouter un second, non moins particulier; c'est que Mars est toujours représenté *debout*[3] ou en *marche*, et le plus souvent dans une action animée, conformément à l'ordre d'idées dont ce dieu était le type personnifié[4]. De là, les surnoms de *Gradivus, Ultor, Victor, Stator, Propugnator*, qui lui sont donnés si souvent sur les médailles romaines; de là, les représentations en rapport avec ces surnoms, lesquelles ne se produisent pas moins fréquemment sur des monumens de tout genre[5], et qui paraissent dérivées d'un type grec, tel que celui des *Hoplitodromes*, ou vainqueurs à la course armée, dont il est probable que les statues, si nombreuses dans la Grèce ancienne, avaient servi de modèles aux représentations romaines de *Mars Gradivus*[6]. L'idée du mouvement était enfin tellement inhérente à celle de Mars, que lorsque, par une exception solennelle, les Spartiates voulurent avoir une image de ce *dieu en repos*, ils lui firent mettre les *fers aux pieds*, par la même raison, ajoute Pausanias, qui avait fait supprimer aux Athéniens les ailes de la Victoire[7].

La plus belle image de ce dieu qui nous soit restée de l'art antique et qui provienne indubitablement d'un type grec, peut-être du célèbre original d'Alcamène, est celle que nous offre le candélabre Barberini, où Mars est représenté *debout*, avec le *casque* en tête et la *lance* à la main[8]. Cette même attitude, que je crois propre à Mars, d'après tous les monumens qui le représentent ainsi, est aussi celle que l'on retrouve à la plupart des statues authentiques de ce dieu, telles que celle qui fut trouvée à Ostie, avec l'inscription MARTI gravée sur la plinthe[9], et dont il existe une répétition antique, que personne n'a citée jusqu'ici, parmi les monumens apportés de la Grèce et publiés par le P. Pacciaudi[10]. Ces deux statues, dont on

---

(1) Le *casque* de Mars est posé sur son *trône, Pittur. d'Ercolan.* I, xxix, 55. Ce même *casque* est porté par deux génies de Mars, sur le bas-relief Mattei, que j'ai publié pl. VII, n. 2, et sur les autels triangulaires, ou, pour parler plus juste, sur les bases de candélabres, servant au culte de Mars, telles que celle du Musée du Louvre, *Monum. ant. du Mus. Napoléon*, IV, 15, provenant de Venise. *Ant. stat. della libreria di S. Marco*, II, 33; et sur une autre du *Mus. british*, I, vi, le *casque* est pareillement porté par un génie de Mars, aussi bien que le bouclier et le parazonium. Le célèbre candélabre Barberini, dans le *Musée P. Clémentin*, IV, vii, présente, sur une de ses faces, Mars nu, avec le *casque* en tête. Enfin, sur un autel carré, actuellement au Musée Chiaramonti, publié d'abord par Guattani, *Monum. ined.* t. III, genn. tav. iii, p. 8, et reproduit, *Mus. Chiaramonti*, xix, ce dieu est représenté avec la barbe, et l'armure complète, c'est à savoir, la cuirasse, les *ocreæ*, la lance, le bouclier et le casque.

(2) Winckelmann, *Mon. in.* 27-28; Hirt, *Bilderbuch*, I, vii, 5.

(3) Il n'y a guère d'exceptions, sauf les deux exemples que j'ai cités plus haut, p. 52, note 2, que dans les cas où la nature même du sujet exigeait que Mars fût assis, comme lorsqu'il est surpris dans la couche de Vénus, sujet représenté sur deux bas-reliefs, l'un de la collection Borghèse, l'autre de la villa Albani, le dernier desquels a été interprété d'une manière tout-à-fait erronée, suivant moi, par Zoëga, *Bassirilievi*, I, ii, 6 sqq., comme offrant la représentation des *Noces de Cadmus et Harmonie*. Le même sujet, conçu différemment, est figuré sur la face antérieure du célèbre autel Casali, Orlandi, *Ragionamento sopra un' Ara antica*, p. 3 : Mars y est représenté assis, la tête nue; et c'est peut-être, quant à cette dernière particularité, la seule exception que je connaisse à l'usage constant de l'antiquité.

(4) Hirt, *Bilderbuch*, I, 53 : *Der Gott rascher, kraftvoller Jugend.*

(5) Il suffira d'indiquer, outre les médailles citées plus haut, p. 52, note 13, la figure de *Mars Gradivus* portant un trophée, sculptée sur la pierre qui forme la clef de la voûte à l'arc de Septime Sévère, telle qu'on la retrouve sur une pâte antique, dans Caylus, *Recueil d'antiq.* IV, lxv, 5; voy. aussi Hirt, *Bilderbuch*, vign. 17, pag. 51; Millin, *Pierres grav. inéd.* I, xxi, 50.

(6) Voy. Thorlacius, *Opuscul. academ.* V, 384-391. La conjecture de M. Thorlacius, à cet égard, me paraît bien mieux fondée que ne l'est, à mon avis, celle par laquelle M. Quatremère de Quincy a cru pouvoir expliquer la statue dite du Gladiateur Borghèse, comme un de ces *Hoplitodromes* Voy. ses *Dissertat. sur différens sujets d'antiquité*, p. 69 et suiv.

(7) Pausan. iii, 15, 5.

(8) Visconti, *Mus. P. Clém.* IV, vii.

(9) Cette statue, trouvée dans les fouilles faites à Ostie en 1802, et acquise alors par l'évêque de Bristol, doit avoir passé en Angleterre. Elle fut publiée par Guattani, *Monum. antich. inediti, ovvero notizie sulle antichità e belle arti di Roma*, per l'anno MDCCCV, tav. xviii, p. 87-92; et c'est d'après C. Fea, *Viaggio d'Ostia*, p. 53, qu'elle est citée par M. Hirt, *Bilderbuch*, p. 52.

(10) Publiée en tête du premier volume des *Monumenti*

ne peut ni méconnaître la conformité, ni contester l'attribution, peuvent servir à fixer l'opinion encore indécise des antiquaires sur le sujet de la belle statue de la collection Borghèse[1], où Winckelmann avait cru voir, avec une sorte d'hésitation, une image de Mars[2]; dans laquelle Visconti, après une discussion longue et approfondie, a reconnu positivement Achille[3]; et bien que cette opinion de l'illustre interprète des marbres Borghèses ait été le résultat des méditations de sa vie entière[4], et que, malgré la faiblesse de son argument principal, relevée en dernier lieu par M. Welcker[5], cet habile antiquaire se soit rangé lui-même à l'avis de Visconti, je crois devoir m'écarter de cette interprétation, non-seulement d'après l'autorité des deux statues que j'ai citées, mais encore d'après des considérations tirées du style même et du caractère de la statue Borghèse.

Il est certain que l'*anneau* placé au-dessus de la cheville du pied droit de cette statue, et regardé par Visconti comme une sorte d'armure destinée à couvrir la seule partie vulnérable du corps d'Achille, et, à ce titre, comme un symbole caractéristique des figures de ce héros, ne saurait, sous aucun rapport, comporter une pareille explication. La preuve tirée du bas-relief Capitolin, où Thétis, en plongeant son fils dans le Styx, le tient précisément par ce même endroit de la même jambe, n'est réellement qu'une de ces circonstances accidentelles, un de ces rapports fortuits, dont on ne peut tirer une induction rigoureuse. A cet égard, les objections proposées par M. Hirt[6] et par M. Welcker[7] me semblent sans réplique. Les *longs cheveux* que le héros porte sous son casque seraient sans doute un plus sûr indice d'Achille, en supposant qu'il est représenté avant le sacrifice qu'il fit de sa chevelure aux mânes de Patrocle. Mais, d'un autre côté, ce léger duvet qui ombrage ses joues, ce *commencement de barbe*, contraste avec le visage absolument *imberbe* donné à ce héros[8] dans la statue antique que Visconti lui-même considère comme le type de toutes les figures d'Achille et comme le modèle de celle-ci[9]. Le *casque*, attribut essentiel de Mars; les *griffons*, les *loups*[10], sculptés sur ce casque, sont des symboles propres au Dieu de la guerre, bien mieux encore qu'au fils de Pélée, et qui n'auraient pu être attribués à ce dernier que par allusion aux qualités guerrières qui le rendaient semblable à Mars. Il n'y a donc, dans les principaux traits auxquels Visconti reconnaissait Achille dans cette statue, aucune particularité qui concerne exclusivement ce héros, sauf l'*anneau*, dont l'interprétation, beaucoup trop forcée, paraît inadmissible, et ne saurait, dans aucun cas, servir seule de base à une pareille attribution.

---

peloponnesiaci du P. Pacciaudi. Cette statue présente, du reste, dans le port de la tête, qui est de face, et dans les accessoires, quelques différences avec la statue trouvée à Ostie, mais qui n'empêchent pas d'y reconnaître un même type et un même personnage.

(1) *Scolture della villa Pinciana*, st. 1, n. 9. Publiée d'abord par Perrier, n. 39, sans l'indication de l'anneau. La meilleure gravure est celle de Bouillon, *Mus. des antiq.* t. II, pl. 15.

(2) Winckelmann, *Monum. ined.* t. II, p. 33.

(3) *Illustrazioni de' monum. scelti Borghesiani*, t. I, tav. v.

(4) Après avoir observé que, dès l'année 1771, cette opinion avait été consignée dans une *lettre* de son père au prince Borghèse, et, plus tard, exposée par lui-même, avec quelques détails, dans le *Mus. P. Clément.* t. I, p. 62, not. 6, Visconti semble s'applaudir de la persévérance avec laquelle il a poursuivi le développement de cette idée; voici ses propres paroles : « Le seconde « cure sono ora ben lungi da farmi cangiare avviso, anzi tutto « mi sembra venire a conferma della proposta opinione. » La dissertation dont cette statue lui a fourni le sujet est en effet l'une des plus étendues et des plus soignées qui soient sorties de la plume de cet illustre antiquaire. Publiée, seulement après sa mort, dans ses *Illustraz. de' monum. Borghes.* Roma, 1821, folio, elle avait été communiquée à M. Petit-Radel, qui l'a citée et suivie dans son explication d'un buste présumé d'Achille, *Mon. ant. du Mus. Napoléon*, t. II, pl. LIX, p. 125-126.

(5) Welcker, *Kunstmuseum in Bonn*, p. 33.

(6) Hirt, *Bilderbuch*, p. 52.

(7) Welcker, *endroit cité*, p. 33-34.

(8) Voy. l'*Épigramme* de Christodore, dans l'*Anthologie grecque*, v, 57 : Αἰχμηθὴς δ' ΑΝΙΟΥΛΟΣ ἰλάμπετο δῖος Ἀχιλλεύς.

(9) Voici les propres paroles de Visconti : « Non si potrebbe « comporre un' epigramma che sembrasse più proprio ed adatto « alla presente scultura. » Il me semble au contraire qu'il y a bien peu de rapports entre la figure décrite ici par le poète et la statue Borghèse.

(10) Sur le *loup*, symbole de Mars, voyez les témoignages recueillis par Eckhel, *Doctr. num.* V, 300, qui omet cependant le plus positif de tous, celui de Plutarque, *Romul.* IV : Νομίζεται δ' Ἄρεος ἱερὰ τὰ ζῶα. C'est au même titre que les *loups* sont sculptés

Mais a-t-on fait d'ailleurs assez d'attention au mouvement de cette tête doucement inclinée vers la terre, à l'air d'abattement et de confusion qui se peint dans cette physionomie, à la manière dont ce bras droit retombe de son propre poids le long du corps? Comment concilier cette attitude et cette expression avec le caractère guerrier de la statue que Visconti croit avoir servi de modèle à celle-ci, et avec la composition du groupe dont il pense que l'une et l'autre faisaient partie[1]? Comment reconnaître *Achille brandissant sa lance et menaçant Memnon*, tel qu'il était figuré dans le groupe en question, ou tel qu'il est décrit dans l'épigramme grecque, comment, dis-je, le reconnaître dans une figure si différemment conçue, telle que la statue Borghèse? On ne pourrait expliquer l'attitude et l'expression de cette figure, en la considérant comme une image d'Achille, qu'en supposant que le héros y est représenté en proie à la douleur de la mort de Patrocle, debout, près de la stèle qui supporte l'urne de son ami[2]; et c'est en effet, dans l'hypothèse dont il s'agit, la seule manière de concilier une pareille expression de mélancolie avec l'idée d'un pareil personnage. Mais la principale difficulté de cette attribution réside véritablement dans la conformation même de la figure qui nous occupe, laquelle n'a rien de la délicatesse des formes, de la beauté idéale des traits, qui caractérisaient le fils de Thétis entre tous les héros grecs, et qui lui avaient permis de déguiser son sexe parmi les filles mêmes de Lycomède, excepté pour la seule Déidamie. Les traits prononcés et même un peu rudes, la barbe naissante, la poitrine large, les épaules et les bras où la puissance et la force sont sur-tout exprimées, semblent en effet convenir à Mars plutôt qu'à Achille. Les *cheveux longs* ne contrediraient pas la première supposition; car c'est sans autorité d'aucune espèce, et c'est même contre le témoignage de tous les monumens, que Visconti a regardé les *cheveux courts et crépus* comme exclusivement propres à Mars[3]. Dans ses plus anciennes images, telles que celles du bas-relief Albani et du candélabre Borghèse, ce dieu porte ses cheveux bouclés et serrés par un bandeau; on les voit de même pendre en boucles sur son visage, dans les représentations de la plus belle époque de l'art, telles que celle du candélabre Barberini, et jusque dans les images du *Mars Gradivus*, telles que celle de l'arc de Septime Sévère. C'est pareillement à l'aide d'interprétations forcées et arbitraires, que Winckelmann avait attribué à Mars une physionomie *jeune et imberbe*, exclusivement à tout autre dieu[4]. Visconti lui-même l'a réfuté sur ce point[5]; et, sans opposer au sentiment de Winckelmann la statue barbue du Capitole[6], long-temps appelée *Mars*, puis *Pyrrhus* ou *Agamemnon*[7], ni cette autre statue, pareillement barbue, du même musée, qui offre le portrait d'*Adrien*[8]; sans s'autoriser non plus de

---

sur le casque de la déesse *Rome*, *Mus. P. Clém.* II, xv. Quant aux *griffons*, on les voit sculptés sur le casque de Mars, du candélabre Barberini.

(1) Pausan. v, 22, 2. M. Welcker a déjà relevé, d'une manière qui ne permet pas d'y insister de nouveau, le peu de vraisemblance du ce rapprochement, voy. son *Kunstmuseum zu Bonn*, p. 33.

(2) C'est une heureuse conjecture de l'interprète des marbres de Dresde, *Augusteum*, t. I, xxxv, laquelle semble approuvée par M. Welcker, *ouvrage cité*, p. 34, n. 2.

(3) Visconti, *à l'endroit cité* : « Nè i suoi capelli (di Marte) son « mai altramente scolpiti che crespi e ricciuti. » Cette assertion, admise et répétée par l'interprète des *Monumens ant. du Musée Napoléon*, II, 125, n'est cependant fondée, à ma connaissance, sur aucun texte positif ni sur aucun monument authentique.

(4) Winckelmann, *Geschichte der Kunst*, v, 1, 18, et x, 11. Les inductions qu'il tire d'un passage de S. Justin, martyr, *Orat. ad Graec.* § 3, p. 4, et la distinction qu'il s'efforce d'établir entre Ἐνυάλιος, Ἄρης et Mars, ne sont réellement fondées que sur une interprétation tout-à-fait arbitraire; ses commentateurs en ont déjà fait la remarque, *Werke*, IV, 302; et bien que la même distinction se reproduise dans le texte des *Monum. ant. du Musée Napoléon*, I, 164, je ne crois pas qu'il soit nécessaire de la réfuter de nouveau. C'était Mars Ἐνυάλιος qui entraînait Vénus, sur le coffre de Cypsélus, Pausan. v, 18, 1; et le même dieu, avec le même surnom, est figuré sur un vase peint; v. plus haut, p. 52, note 5.

(5) Visconti, *Mus. P. Clém.* II, xlis. Voyez aussi, à ce sujet, les *Observations* de Carlo Fea sur *l'Histoire de l'art* de Winckelmann, t. III, p. 465, de l'édit. de Rome.

(6) *Mus. capitol.* III, 48; Maffei, *Raccolta*, cxxx.

(7) C'est l'opinion de M. Hirt, *Bilderbuch*, 51, suivie par Beck, *Grundriss*, etc. p. 171.

(8) *Mus. capitol.* III, 21. Il en existe une répétition, de plus

deux autres statues réputées de Mars, avec plus ou moins de raison[1], lesquelles présentent ce dieu avec une *barbe naissante*, il est constant que, sur des médailles, genre de monumens de l'authenticité la plus haute, et sur des médailles, tant grecques que latines[2], des plus beaux comme des derniers temps de l'art, la tête de Mars est aussi habituellement représentée *barbue* qu'*imberbe*[3], et avec la physionomie de l'âge mûr qu'avec l'air de la jeunesse.

Il est donc certain que, si l'on ne considérait la statue Borghèse qu'en elle-même, abstraction faite de toute attribution particulière, les formes robustes et vigoureuses de cette figure, le casque qu'elle porte, la barbe naissante qui ombrage son visage, sembleraient plus convenables pour Mars que pour Achille. Or, dans cette supposition, l'*anneau*, si subtilement interprété par Visconti, et le port incliné de la tête, avec la physionomie pensive et affligée, que l'illustre antiquaire a négligé de comprendre dans son examen, trouveraient, si je ne me trompe, l'explication la plus satisfaisante. Winckelmann, en avançant que cette statue pouvait représenter Mars, avait déjà fait, au sujet de cet anneau qu'elle porte à la jambe droite, l'application ingénieuse du passage de Pausanias qui décrit une statue de Mars enchaîné par les pieds, laquelle existait chez les Lacédémoniens[4]. On ne saurait nier que cette explication, approuvée encore et suivie en dernier lieu par M. Hirt[5], ne fût en effet la plus naturelle de toutes; celle qu'en donne à son tour M. Welcker[6], savoir, que cet anneau est une indication d'armure, conforme à ce système d'*abréviature* qui remplaçait le tout par la partie, paraîtra peut-être un peu forcée; et l'on a d'ailleurs quelque peine à concevoir dans ce système comment l'autre jambe est restée dépourvue du même symbole. D'un autre côté, l'interprétation de Winckelmann laisse subsister une difficulté assez grave, qui est celle de l'attitude et de l'expression mélancolique de la figure, attitude et expression qui ne semblent point convenir à

---

petite proportion, *Mus. P. Clém.* t. II, xlix, Voyez, au sujet de cette dernière figure, les observations de Visconti.

(1) Ces deux statues, dont l'une provient de la villa Albani, et qui toutes deux offrent des restaurations considérables, sont publiées dans les *Monum. antiq. du Musée Napoléon*, t. I, pl. lxxi et lxxii. Elles ont la *tête nue*, ce qui est contraire à l'usage suivi pour toutes les images de Mars; et les symboles qu'elles portent n'ont rien d'antique, ni de propre au personnage en question : d'où l'on peut tirer les inductions les plus graves contre l'attribution de ces statues, qui me paraît en effet très-douteuse. La statue *barbue* du Vatican, *Mus. P. Clém.* II, xlix, étant reconnue pour un portrait d'Adrien, ne saurait non plus être citée à l'appui de l'usage de représenter *Mars barbu*; et j'en dois dire autant de la statue Borghèse, *Scultare della villa Pinc.* st. iii, n. 11, dont la tête moderne a été copiée d'après la statue du Capitole, III, 21. Quant aux statues de *Mars imberbe* publiées dans la *Galler. Giustinian.* I, 79, 115, 116, 120 et 122, je n'en puis rien dire, attendu que je n'en connais point les originaux. Mais la plupart des statues de cette collection, dessinées d'ailleurs avec si peu d'exactitude et publiées sans aucune observation, ayant eu leurs têtes rapportées ou restaurées, sont de peu d'importance dans la question dont il s'agit, bien qu'elles soient citées à l'appui d'une opinion contraire à la nôtre, par l'éditeur du *Musée Chiaramonti*, p. 175, not. 1, éd. de Milan.

(2) Visconti, *Mus. P. Clém.* II, 342, note 2, éd. de Milan, et les commentateurs allemands de Winckelmann, *Werke*, IV, 302, ont déjà cité, d'après Magnan, *Brut. numism.* vi, xxxvii, xlix, les médailles des *Brattiens*, des *Rhégiens*, et des *Mamertins*, à l'égard desquelles il y a pourtant des restrictions à faire, Eckhel, *Doctr. num.* I, 224. Les médailles de *Métaponte*, où l'on a cru généralement jusqu'ici voir la tête *barbue* et *casquée* de Mars, avec la légende ΛΕΥΚΙΠΠΟΣ, Millin, *Galer. mythol.* xxxix, 151, 153, xl, 150; Avellino, *Ital. veter. numism.* t. II, pl. 14 sqq., devraient également souffrir une exception, s'il était vrai que ce mot ΛΕΥΚΙΠΠΟΣ se rapportât à *Leucippus*, chef de la colonie achéenne qui fonda Métaponte, au témoignage de Strabon, *Geograph.* vi, 1, 15, ainsi que M. Avellino, dans un ouvrage récent, *Opuscoli diversi*, t. I, p. 199, paraît disposé à le croire, et que l'avait, long-temps auparavant, conjecturé Beger, *Thes. Brandeburg.* I, 328. Mais la même *tête casquée et barbue* paraît sur une médaille autonome de Métaponte, du plus grand module et du plus beau style, avec la légende ΑΡΗ, sans doute pour ΑΡΗς, et la partie antérieure d'un *lion*, animal symbolique de Mars, qui semble prouver que cette tête est bien celle de Mars. Dans le cas où les lettres ΑΡΗ seraient regardées comme les initiales d'un nom de magistrat, l'induction tirée du nom de ΛΕΥΚΙΠΠΟΣ n'en serait pas moins détruite par l'apparition de ce nom nouveau. Cette médaille inédite et même unique, à ma connaissance, est gravée vignette n. 3. Quant aux monnaies romaines qui offrent la tête de Mars *casquée et barbue*, il suffira de citer celles de la famille Fonteia, Eckhel, *Doctr. num.* V, 219.

(3) Mars est *barbu*, entre autres monumens que je pourrais citer, sur l'autel Chiaramonti, *Mus. Chiaram.* xix, où cependant, par une singulière inadvertance des interprètes, il est dit, dans le texte, p. 175, éd. de Milan, que *le dieu est représenté sous la forme d'un jeune homme sans barbe.*

(4) Pausan. iii, 15, 5. Conf. Aristid. *Orat. isthm. Neptun.* p. 46; Fabretti, *Colum. Trajan.* 298 b; Paciaudi, *Monum. peloponn.* II, 53.

(5) Hirt, *Bilderbuch*, p. 52; add. Siebelis, *ad* Pausan. II, 44.

(6) Welcker, *Kunstmuseum zu Bonn*, p. 36.

Mars, honteux ou frémissant de se voir enchaîné dans sa carrière belliqueuse. Mais il est une autre circonstance où Mars, pareillement enchaîné, a bien pu être représenté de cette manière : c'est l'aventure si célèbre de ses amours avec Vénus, que nous voyons retracée sur un assez grand nombre de monumens[1], et qui paraît avoir été l'un des sujets les plus anciens comme les plus populaires de l'art, aussi bien que de la poésie[2]. La diversité de composition qui se remarque sur quatre bas-reliefs relatifs à ce sujet qui nous sont parvenus, prouve en effet qu'il dut y avoir dans l'antiquité un assez grand nombre de types appropriés à cette fable. Sur le plus remarquable de ces bas-reliefs, Mars, *casqué*, et la *tête inclinée*, exprime, dans toute son attitude, la confusion et la honte[3]. Il a de même la tête inclinée, avec une expression semblable, sur le bas-relief qui décore la face antérieure de l'autel Casali : d'où l'on serait peut-être fondé à conclure que c'est ce personnage, dans la situation indiquée, avec l'*anneau* autour de la cheville, symbole du piége où il a été pris, et témoignant, par sa tête baissée, la confusion qu'il éprouve, qui est représenté dans la statue Borghèse[4]. On pourrait encore expliquer cette expression et ce symbole par un fait mythologique auquel je suis surpris qu'aucun des interprètes du monument qui nous occupe n'ait fait jusqu'ici attention ; c'est la *captivité de Mars* enchaîné par les deux fils d'Aloée, captivité qui dura treize mois, et qui épuisa toutes les forces de ce dieu terrible[5]. Cette tradition, dont la célébrité est attestée par Homère, rendrait peut-être mieux raison du simulacre lacédémonien et de la statue Borghèse, qu'aucune des hypothèses qui ont été présentées jusqu'ici ; mais quel que soit le jugement qu'on porte sur l'une ou l'autre des conjectures que je viens de proposer, j'avoue que je ne puis voir que *Mars*, et non *Achille*, dans la statue en question ; et je tire le principal motif de ma conviction à cet égard, de la conformation même de cette figure, qui ne saurait convenir au fils de Thétis.

Les caractères du dieu Mars une fois reconnus et fixés, tels que je viens de les établir et que nous les offre réunis la plus belle, la plus intègre et la moins contestée des représentations de ce dieu, celle du candélabre Barberini, c'est à savoir, d'un dieu avec tous les traits

---

(1) Deux bas-reliefs qui offrent ce sujet ont été publiés par Winckelmann, *Monum. ined.* 27 et 28, à l'égard du dernier desquels j'ai déjà remarqué que Zoëga avait proposé une interprétation différente, mais qui ne semble pas fondée, *Bassirilievi*, I, II, 6 sqq. Le même sujet est représenté sur la face principale de l'autel Casali, Orlandi, *Ragionam. sopra un' ara antica*, p. 3 ; et sur un beau bas-relief, de style grec, trouvé à Capri, et publié par Guattani, *Monum. ined. per l' anno* 1805, tav. xx. Ce dernier monument, qui n'est, à ce qu'il paraît, qu'un fragment d'une composition plus étendue, se trouve actuellement dans les magasins du Vatican. Une pierre gravée du même sujet est décrite aussi par Winckelmann, *Pierr. grav. de Stosch*, n. 609, p. 125.

(2) Homer. *Odyss.* v, 262 sqq. ; Virgil. *Georg.* iv, 345 ; Ovid. *Metamorph.* iv, 171-189 ; *Art. amat.* ii, 561-590.

(3) C'est ainsi que Lucien, *de Saltat.* 63, dépeint Mars ὑπ-Δεικότα ἦ καὶ Ἰκθεύοντα.

(4) On n'objectera pas, contre cette interprétation, que Mars, surpris dans la couche de Vénus, devait être représenté *assis*, comme il l'est effectivement sur la plupart des bas-reliefs qui ont rapport à cette fable : d'abord, parce qu'un de ces bas-reliefs, et celui de tous qui procède le plus directement d'un type grec, le fragment de Capri, fait exception à cet usage ; en second lieu, parce qu'en isolant le personnage de Mars, l'artiste devait le montrer debout, dans l'attitude généralement consacrée pour ce personnage, sauf à indiquer par quelque symbole la circonstance particulière qu'il avait en vue. Le *Mars enchaîné par les pieds*, que Pausanias vit en Laconie, était certainement aussi debout, puisque l'écrivain ne dit pas qu'il fût assis ; et sans s'arrêter à l'opinion des Lacédémoniens ou à celle de Pausanias lui-même, on pourrait conjecturer, avec M. Behr, *de Cult. Mart.* II, 10-11, que ces *fers aux pieds* avaient rapport à la même fable de l'adultère de Mars et de Vénus ; ce qui viendrait à l'appui de notre explication de la statue Borghèse. Je ne sais si l'on ne pourrait expliquer encore de la même manière une pierre gravée qui a été jusqu'ici l'objet d'opinions très-diverses. Winckelmann, qui l'a publiée le premier, *Monum. ined.* 166, voyait, dans un guerrier nu et casqué qui cherche à briser avec son épée un filet dans lequel il est enveloppé, le général athénien Phryuon vaincu par Pittacus ; explication qui n'a même pas le mérite d'être spécieuse. Caylus, *Recueil d'antiq.* IV, пп, 2, y voyait, avec tout aussi peu de raison, un *gladiateur rétiaire* ; et, tout récemment, M. Labus, *Monument. Brescian.* p. 83, un *gladiateur mirmillon*. Mais pourquoi ne serait-ce pas Mars cherchant à se dégager des filets de Vulcain, comme il est dépeint dans un dialogue de Lucien, *Deor. Dialog.* xvii, 1 ? Si ce n'est parce que cette explication, la plus naturelle de toutes, est celle qui se produit la dernière. Je ne fais mention d'une statue réputée, sans aucun motif, *Mars dans les filets*, et reconnue pour *Endymion endormi*, Guattani, *Monum. ined. per l'anno* 1784, p. vii, qu'afin de ne rien omettre de ce qui a rapport à ce sujet.

(5) Homer. *Iliad.* v, 389-395.

de la virilité et de la force, constamment *casqué*, le plus souvent *barbu*, toujours *debout* ou *en mouvement*, peut-on dire que l'on retrouve ces caractères dans la figure d'un jeune héros, *imberbe*, la *tête nue, assis*, avec une *épée* dans la main, il est vrai, mais non pas avec le *casque* et la *lance*, qui sont les attributs distinctifs de Mars? La qualification de *Mars en repos*[1], au moyen de laquelle on croit expliquer ce que cette position offre de contradictoire et même d'incompatible avec l'idée du dieu de la guerre, cette qualification, dis-je, ne se fonde sur aucun témoignage ancien, sur aucun fait mythologique, où Mars figure effectivement en état de repos. Il apparaît *debout*, même lorsqu'il est désarmé par Vénus; Pausanias ne dit pas qu'il fût *assis*, dans l'ancien simulacre qui le représentait avec les fers aux pieds; et enfin, on ne le voit *en repos* dans aucun des monumens qui le concernent. Il faut donc reconnaître que cette attribution, passablement arbitraire en elle-même, et d'ailleurs contredite par tous les monumens, ne saurait convenir au personnage représenté dans la statue Ludovisi.

Il ne s'agit plus que de rechercher, dans l'examen approfondi de cette statue même, et dans sa confrontation avec d'autres monumens de l'art, le sujet qu'elle représente. Or, le trait caractéristique de la figure qui nous occupe, trait négligé jusqu'ici et comme inaperçu par tous les interprètes, est certainement la pose des *deux mains croisées sur le genou droit*. Il ne serait pas conforme à la saine critique de supposer que cette attitude si remarquable fût un simple caprice de l'artiste, ou qu'elle n'eût été adoptée que d'après de pures considérations de goût. Ce n'est pas ainsi que procédaient les statuaires grecs dans leurs compositions, où tout avait une intention, un but, un motif, lors même qu'ils travaillaient d'après leurs propres inspirations, ce qui n'arrivait pas souvent, à plus forte raison lorsqu'ils suivaient, dans leurs ouvrages, des types fixés en vertu de certaines conventions sacerdotales, ou appropriés à certaines destinations religieuses. On peut admettre, comme un principe à-peu-près général, que, dans les monumens de l'art grec, rien n'était laissé à la fantaisie de l'artiste, si ce n'est les détails de l'exécution. La pose, le costume, les symboles, les accessoires, propres à chaque sujet, étaient déterminés par d'anciennes traditions ou consacrés par d'anciens ouvrages, de manière que, tout en reproduisant un modèle hiératique, le talent de l'artiste pût néanmoins s'exercer dans toute sa liberté. De là ces foules de répétitions venues jusqu'à nous, de figures presque en tout semblables l'une à l'autre, et manifestement dérivées d'un même type; figures qui, souvent reproduites, et chaque fois avec de nouvelles beautés, allaient toujours se perfectionnant de main en main par des imitations successives, suivant ce judicieux principe, qui, dans l'art de la sculpture, faisait consister le mérite de l'originalité, aussi bien dans la reproduction embellie d'un excellent modèle, que dans la création même de ce modèle, c'est-à-dire, en d'autres termes, qui plaçait sur-tout l'invention dans l'exécution.

Une autre observation qui ne me paraît pas moins solidement fondée sur l'étude des monumens antiques, c'est que l'art grec resta toujours plus ou moins fidèle, dans sa pratique, à ses premières habitudes symboliques; qu'il y eut toujours, dans les compositions des artistes, un certain nombre de combinaisons qui avaient une signification propre et déterminée, d'attitudes consacrées qui correspondaient à certaines affections, soit physiques, soit morales,

---

(1) Visconti emploie habituellement, *Sculpt. d'Elgin*, p. 42-44, pour désigner la statue Ludovisi, cette expression de *Mars en repos*, répétée par la foule des antiquaires; mais on peut toujours demander sur quel témoignage antique se fonde cette dénomination, si ce n'est celui de Pline, cité plus haut, et qui n'a cependant été allégué par personne.

qui appartenaient à certains personnages, soit réels, soit métaphysiques[1]. Les nombreuses
répétitions d'une même attitude donnée, dans une même situation, à des personnages divers, telles qu'elles se rencontrent sur les vases et sur les bas-reliefs, prouvent sans nul
doute qu'en adoptant telle pose convenue, les artistes avaient eu pour objet d'exprimer telle
intention, ou de caractériser tel personnage. En un mot, on voit clairement, par tous les
ouvrages de l'antiquité, qu'il y eut un langage symbolique de l'art, qui avait ses formules
consacrées, ses expressions convenues, et qui était probablement dérivé de cette ancienne
écriture figurative, dont les élémens, participant à-la-fois de la forme et de l'idée des objets,
avaient fourni les premiers modèles des arts d'imitation.

Sans chercher ailleurs que dans la statue qui nous occupe des exemples à l'appui de cette
observation, c'est un fait indubitable, que l'attitude qu'elle nous présente avait été employée,
avec une intention déterminée, dans une composition qui paraît avoir eu la plus grande
influence sur le développement des arts parmi les Grecs; je veux parler des fameuses peintures du *Lesché* de Delphes, exécutées par Polygnote, peintures qui, embrassant presque
toutes les inventions épiques connues de son temps, avaient naturalisé dans le domaine de
l'art un monde poétique tout entier, et où tous les artistes postérieurs paraissent avoir puisé,
comme les poètes aux sources d'Homère, une foule de personnages, de motifs et d'intentions
pittoresques[2]. Or, dans le grand nombre de personnages mis en scène par Polygnote, Pausanias,
qui décrit soigneusement chacun d'eux, cite *Hector, assis, tenant son genou gauche embrassé
de ses deux mains, dans l'attitude d'un homme absorbé par la douleur*[3]. Ce témoignage d'un écrivain
grec si familier avec les monumens de son pays, prouve que l'attitude dont il s'agit avait dès-
lors une signification déterminée et populaire : d'où nous pouvons inférer que cette attitude,
ainsi consacrée dans un pareil lieu et par l'autorité d'un si grand maître, ne put être reproduite dans d'autres ouvrages de l'art que dans un cas semblable et avec une intention
équivalente. Nous retrouvons en effet la même attitude attribuée, pour le même motif, à des
personnages divers, non-seulement sur des monumens de l'art, lesquels ne peuvent offrir
jamais que des représentations individuelles, mais encore dans des descriptions de poètes,
qui ont besoin de généraliser leurs images pour les rendre intelligibles. Ainsi Apollonius de
Rhodes, voulant montrer Chalciopé affligée de la funeste passion de sa sœur Médée, la représente interrompant son discours par ses larmes abondantes, puis *tenant embrassés ses genoux de*

---

(1) Rien n'est plus fréquent que de trouver, sur les monumens
antiques, des attitudes qui paraissent avoir été propres à certains
personnages, ou caractéristiques d'un certain ordre d'idées. Ainsi
Neptune se reconnaît constamment à son attitude, aussi bien
qu'à ses symboles. L'attitude du *Faune en repos*, sur laquelle on
peut consulter les académiciens d'Herculanum, *Pitture*, II, 1,
note 9, et III, 26, note 8, est donnée, avec la même intention,
à l'*Apollon* dit *Lycien*, à *Bacchus*, et, ce qui est plus remarquable,
à *Hercule* ἀναπαυόμενος, sur le célèbre bas-relief Albani, et sur
un autre bas-relief, *Mus. Chiaramont.* XLII. D'autres attitudes se
reproduisent si souvent dans des circonstances semblables,
qu'il est impossible d'y méconnaître une même signification, et
j'aurai occasion d'en rapporter plus d'un exemple dans le cours
de ces recherches; mais voyez à ce sujet les observations faites
par Buonarotti, *Medaglion. antich.* prefaz. p. VIII; Visconti, *Mus.
P. Clém.* I, XIX; Zoëga, *Bassirilievi*, II, 201; Lessing, *Saemmtlich
Schriften*, X, 143; Boettiger, *Vasengemaelde*, I, 120; et les
interprètes du *Mus. capitol.* IV, 12 et 39.

(2) M. Boettiger a réuni, *Archaeolog. der Malerei*, p. 296-368,
tous les témoignages qui peuvent avoir rapport à ces célèbres
peintures, en indiquant, dans celles du *Campo Santo*, de Pise,
l'analogie la plus frappante que puisse offrir l'histoire des arts
modernes. Les frères Riepenhausen ont essayé de donner, par
le dessin, une idée des tableaux de Polygnote, *Gemaelde von
Polygnotos in der Lesche zu Delphi*, en XIV feuilles, avec une explication de 51 p. 4°, Goetting. 1805. Cet essai, perfectionné dans
une seconde édition, *les Peintures de Polygnote à Delphes*, XX feuilles,
avec un avant-propos, Rome, 1827, pourrait donner lieu à plus
d'une observation critique; et l'on doit sur-tout regretter que les
auteurs de ce travail estimable n'aient pas profité davantage de
l'étude des vases peints, qui leur auraient épargné bien des frais
d'invention.

(3) Pausan. X, 31, 2 : Ἕκτωρ μὲν καθεζόμενος· ἀμφοτέρας ἔχων τὰς
χεῖρας περὶ τὸ ἀριστερὸν γόνυ ΑΝΙΩΜΕΝΟΥ ΣΧΗΜΑ ἐμφαίνων. Voyez
sur ce passage la note de M. Siebelis, IV, 273, qui adopte l'opinion
de Winckelmann, *Werke*, II, 527, contre celle de ses commentateurs allemands, *ibid.* 716, et s'autorise à cet égard de l'assentiment de M. Boettiger, *Archaeolog. der Malerei*, 356.

ses deux mains, et laissant tomber sa tête sur sa poitrine[1]. En offrant cette image à l'esprit, le poète savait que chacun de ses lecteurs pouvait se la rendre aussitôt sensible et palpable, dans quelqu'une de ces nombreuses représentations répandues en tout lieu et familières à tout le monde. Ainsi, le poète généralisait l'œuvre de l'artiste; et l'artiste à son tour donnait la forme et la vie aux images immatérielles du poète.

Nous ne saurions douter, d'après les seules autorités que je viens de produire, que l'attitude dont il s'agit n'ait eu en effet la signification que je lui attribue. Aussi trouvons-nous chez des auteurs, même des époques les plus récentes, de fréquentes allusions à l'usage de tenir ses deux mains croisées sur les genoux, *en signe de douleur*[2]. Mais c'est sur-tout par le témoignage des monumens qu'il est intéressant pour nous d'obtenir la confirmation d'un fait suffisamment établi par l'autorité des écrivains. Je n'alléguerai pas la figure sculptée sur un des bas-reliefs de la frise du Parthénon[3], figure dont Visconti a déjà fait remarquer la ressemblance d'attitude avec celle du Mars Ludovisi[4], et dans laquelle il croyait reconnaître *Triptolème*; que Stuart, au contraire, prenait pour *Thésée*, l'un et l'autre sans motifs suffisans, et sur-tout sans le moindre égard à cette attitude même, laquelle était certainement significative dans l'intention de l'artiste, quoique, dans l'état actuel de cette figure, et attendu le défaut absolu de tout symbole caractéristique, il soit bien difficile aujourd'hui d'en deviner le sujet[5]. Mais je puis citer des monumens où la même attitude est donnée à des personnages non incertains, et avec une intention non équivoque. En tête de ces monumens, je placerai la fameuse pierre de Stosch, représentant *cinq des sept chefs contre Thèbes*, l'un desquels, Parthénopée, se distingue par la manière dont il tient son genou gauche croisé par-dessus l'autre, et serré de ses deux mains[6], soit que cette manière de représenter ce héros fût conforme à quelque tradition particulière, soit qu'elle eût été consacrée par quelques monumens

---

(1) Apollon. Rhod. *Argonaut.* III, 705-707 :

 Ὡς ἄρ' ἴφη, τὸ δὲ πολλὸν ὑπεξέχθ' αὐτίκα δάκρυ·
 Νειόθι δ' ἀμφοτέρῃσι περίσχετο γούνατα χερσί,
 Σὺν δὲ κάρη κόλποις περικάββαλεν....

Brunck et la plupart des interprètes ont entendu ce passage différemment; ils supposent que Chalciopé serre de ses deux mains les genoux de *sa sœur*, et qu'elle laisse tomber sa tête pareillement dans le sein de *sa sœur*, deux choses dont il n'y a pas la moindre indication dans le texte, tandis que ce texte, interprété de la manière la plus littérale, produit le sens le plus conforme aux monumens de l'art. Aussi l'application faite de ce passage à l'attitude de Parthénopée, par Winckelmann, dans ses *Monum. ined.* 105, réunit-elle toutes les conditions de l'interprétation la plus heureuse.

(2) S. Basile semble faire allusion à un usage général, dans ce passage de ses homélies, *apud* Price *ad* Apul. *Metamorph.* III, 13 : Ταῖς ἀγυραῖς ἐπικαθήμενοι, καὶ τὰς χεῖρας κατὰ τῶν γονάτων συμπλέξαντες· νῦν γὰρ τῶν ΠΕΝΘΟΥΝΤΩΝ ΣΧΗΜΑ. Apulée représente un des personnages qu'il met en scène, dans cette même attitude, et avec cette même intention positivement exprimée, à l'endroit cité plus haut : *Palmulis inter alternas digitorum vicissitudines super genua connexis, sic... abertim* FLEBAM. Le croisement des jambes, *complicitis pedibus*, avait aussi dans certains cas, pour les personnes représentées debout, une signification équivalente, au témoignage du même Apulée, confirmé d'ailleurs par la description que fait Philostrate d'une ancienne peinture dont le sujet était le deuil causé dans l'armée des Grecs par la mort d'Antiloque, peinture dans laquelle les personnages secondaires, figurant l'armée entière, étaient représentés *debout et les jambes*

passées l'une par-dessus l'autre, Philostrat. *Imag.* II, 7, p. 64, ed. Jacobs.

(3) Stuart. *Antiquit. of Athens*, II, XIII, 6.

(4) Visconti, *Sculpt. d'Elgin*, p. 42-44.

(5) Néanmoins, en se fondant sur le sens de l'attitude donnée à ce personnage, on pourrait voir en lui *Oreste* près de *Pylade*, et, dans le groupe voisin, les *Dioscures* : tous personnages dont les rapports avec l'histoire héroïque d'Athènes sont suffisamment connus, et dont, à ce titre, la présence ne pourrait surprendre sur les sculptures du Parthénon.

(6) Winckelmann, en publiant cette pierre, *Pierres de Stosch*, p. 344, et *Monum. ined.* n. 105, fit une juste application du passage de Pausanias à cette attitude en général, et à celle de Parthénopée en particulier; ce qui n'est pas inutile à remarquer, puisqu'un savant antiquaire, Millin, observant à son tour la même attitude donnée à Électre sur un vase grec, Millingen, *Vases peints*, XIV, s'exprimait encore tout récemment en ces termes, *Orestéide*, p. 13 : « Électre retient avec ses mains jointes « et ses doigts croisés un de ses genoux, attitude remarquable, « et qui n'a encore été observée dans aucune composition. » A cet égard, sa mémoire était d'autant plus en défaut, que, bien avant Winckelmann, la même observation avait été faite par Beger et Gori, au sujet de deux monumens dont il sera parlé plus bas; et plus anciennement encore, un savant qui n'a été cité par personne, et qui a précédé tout le monde dans l'observation dont il s'agit, Valois, *sur* Ammien Marcellin, XXII, 2, 568, relevant le passage de Pausanias, en avait tiré la même induction. Il est juste de rendre à chacun ce qui lui est dû; et ce que je réclame pour Valois, Beger, Gori et Winckelmann, forme d'ailleurs autant d'autorités de plus en faveur de mon opinion.

plus anciens, bien que cette pierre soit elle-même d'une haute antiquité, et d'un style sans doute antérieur à celui des peintures de Polygnote.

Sur une autre pierre dont il existe plusieurs répétitions antiques, *un Héros, nu et imberbe, assis sur un rocher, avec la physionomie pensive et affligée, et tenant un de ses genoux élevé et serré de ses deux mains*[1], a été pris par quelques antiquaires pour *Philoctète* ou pour *Hector*[2], en se fondant, pour cette dernière attribution, sur le passage de Pausanias cité plus haut. Mais il est évident, d'après les paroles mêmes de cet auteur, que l'attitude qu'il décrit exprimait la douleur en général, et non celle d'Hector en particulier; et quant au personnage représenté sur la pierre dont il s'agit, ce ne peut être ni *Philoctète*[3] ni *Hector* qui soient figurés ainsi sous les traits d'un *héros imberbe*. Une seconde pierre nous montre le même personnage dans une attitude absolument semblable, et, de plus, avec ses armes à côté de lui, c'est à savoir, le *parazonium* suspendu et le *bouclier* dressé contre un tronc d'arbre. Gori, qui a publié le premier cette pierre[4], croyait y reconnaître, d'après l'autorité de Pausanias et suivant l'exemple de Beger[5], *Hector assis dans les enfers, et pleurant sa jeunesse moissonnée par le glaive*. Mais les armes ne conviennent point à un pareil personnage dans une pareille position; la physionomie jeune et imberbe ne sied pas non plus à *Hector*, sujet d'ailleurs bien rarement traité par les anciens artistes, tandis que son heureux vainqueur, le héros de l'Iliade, est aussi le sujet favori des arts et particulièrement de celui de la glyptique[6]. Aussi M. Millin, publiant de nouveau cette pierre, l'a-t-il reproduite sous le nom d'*Achille*[7]; attribution qui me paraît indubitable, et que je crois généralement admise[8].

La même attitude affectée, avec la même intention d'exprimer la douleur, à des personnages divers et de sexe différent, se retrouve encore sur d'autres monumens, dont l'énumération peut donner lieu à des observations utiles et à des rapprochemens curieux. Ainsi, sur une intaille publiée par Maffei[9], on voit une femme assise et tenant son genou avec ses mains

---

(1) Je ne puis citer que la description de cette pierre, telle qu'elle se lit dans la iv° *dissertazione*, p. 73, de l'abbé Raffei : « Figura maschile, tutta nuda, sbarbata, e sedente sù d'un sasso, « la quale mesta in viso, tenendo alzato un ginocchio, lo stringe « con ambo le mani. » Ce savant, assez généralement malheureux dans ses explications, se sert de la pierre en question pour interpréter un bas-relief Albani où il croit voir Philoctète, contre toute espèce de vraisemblance.

(2) La première opinion indiquée plus haut, au sujet de la pierre citée note précédente, et publiée dans la *Scena troica in Dict. Cret. et Daret. Phryg.* tab. vi, Amstelod. 1702, est celle de Schmid et de Gronovius; Beger, *ibidem*, se fondant sur le passage de Pausanias, s'était prononcé pour la seconde.

(3) Philoctète n'est jamais représenté, sur le très-petit nombre de monumens qui ont rapport à ce personnage, autrement que *barbu*, et avec l'apparence de la maturité de l'âge, et aussi avec les signes de son infirmité. C'est ainsi qu'il apparaît sur des bas-reliefs d'urnes étrusques publiés par Gori, *Mus. Guarnacci*, tab. vii, p. 48-50; sur des pierres gravées, dans Winckelmann, *Monum. ined.* 118, 119, et entre autres sur celle de Boethus, dans Choiseul-Gouffier, *Voyage pittoresque de la Grèce*, III, pl. xvi, p. 155; enfin sur un beau miroir étrusque, publié par M. Inghirami, *Monum. etrusch.* ser. II, tav. xxxix, p. 408-416, avec une explication qui ne laisse rien à desirer. Je ne cite point le bas-relief Albani publié par Raffei, *Dissertaz.* iv, p. 73-78, parce que l'explication de ce savant, bien qu'admise avec quelques doutes par Zoëga, *Bassirilievi*, 1, liv, 258 sqq., est rejetée avec toute raison par Morcelli, *Indicaz. antiq. per la villa Albani*, n. 539, et par Visconti, *Mus. P. Clement.* IV, tav. xvi, p. 31, note a, et t. V, tav. xvi. On pourrait aussi élever d'assez graves difficultés sur la justesse de l'attribution de quelques autres monumens, où M. Schorn a cru reconnaître Philoctète, *Homer nach Antiken*, vii, iv, 41-45; conf. Welcker, *ad Philostrat. jun. Imag.* xvii, 674. J'aurai occasion de parler ailleurs, avec quelques détails, des monumens relatifs à Philoctète.

(4) Gori, *Mus. Florent.* Gemm. t. I, tab. xxv, 3, p. 62. Cette pierre est reproduite dans la *Galerie de Florence*, xxxiii, 1, et expliquée par le nouvel interprète de cette galerie, M. Mongez, de la même manière que par Gori. J'en ai fait placer le *trait* sur le piédestal de la statue Ludovisi, afin qu'on pût mieux juger, par le rapprochement des deux figures, de l'identité du sujet qu'elles représentent, d'après la conformité presque absolue de l'attitude et de l'expression qu'elles offrent l'une et l'autre.

(5) Beger, *de Bell. et excid. Troj. in ant. tab. iliac.* p. 31.

(6) Voyez le dénombrement des pierres gravées relatives à Achille, donné par Millin, *Monum. ined.* t. I, p. 57-58; et le *Catalogue* de Tassie, n°° 9198 à 9355.

(7) Millin, *Galer. mytholog.* cxlvi, 566.

(8) Cette pierre est ainsi décrite dans le *Catalogue* de Tassie, sous le n° 9223, d'après un soufre de Stosch : « Achille assis « devant un arbre contre lequel est appuyé son bouclier; il re-« tourne la tête, et semble suivre des yeux la belle Briséis « qu'Agamemnon lui avait enlevée... Des deux mains il tient « son genou droit; ce qui a persuadé Lippert de voir ici Phi-« loctète à Lemnos. »

(9) Maffei, *Gemm. antich. figur.* II, 25.

jointes, femme prise d'abord pour *Agrippine*, puis pour *Ilithyie*[1], et reconnue enfin pour *Électre*, assise au tombeau d'Agamemnon, et plongée dans la réflexion et la douleur[2]. C'est en effet sous cette même attitude qu'*Électre* est représentée, dans la même situation, sur un des plus beaux vases du musée de Naples[3]; et, à cette occasion, je ne puis m'empêcher de faire remarquer le rapport frappant qui existe entre la composition de cette figure, et l'attitude de Chalciopé décrite par Apollonius de Rhodes; en sorte que l'auteur des Argonautiques semble avoir eu sous les yeux une figure semblable, et que l'œuvre de l'artiste devient réellement ici le commentaire de celle du poète. Cette attitude était tellement un type commun, servant à représenter toute personne affligée, qu'on la retrouve, dans toute circonstance semblable, et notamment dans ce même sujet des enfans d'Agamemnon au tombeau de leur père, sujet fréquemment reproduit sur des vases grecs, de fabrique athénienne[4]. Ainsi, un de ces vases déjà publié par M. Maisonneuve[5], mais avec quelques inexactitudes, nous montre un jeune héros assis sur les degrés d'un tombeau, et s'entretenant avec un autre personnage, debout devant lui; groupe où l'on ne peut méconnaître Oreste et Pylade occupés de leurs projets de vengeance; et sur ce vase, le fils d'Agamemnon, le cœur plein de sa douleur, est précisément dans l'attitude donnée à Électre sur le vase cité en premier lieu, c'est-à-dire, pressant son genou de ses deux mains. Sur le célèbre bouclier, ou, pour parler plus juste, disque d'argent du cabinet du Roi, où l'on s'accorde généralement à voir *Briséis rendue à Achille en présence des principaux chefs de l'armée grecque*, le vieux *Phénix*, celui de tous les assistans qui doit prendre la part la plus vive à l'affliction de son élève, est aussi celui qui a été reconnu, à cette même attitude significative, par Millin[6], dont l'opinion, embrassée expressément par Heyne[7], et tacitement par les derniers éditeurs de Winckelmann[8], a été depuis encore fortifiée de nouvelles raisons par MM. Lange et Welcker[9]. Mais voici un rapprochement des plus curieux, et qui prouve invinciblement à quel point l'art procédait chez les anciens, d'après des données fixes, d'après des conventions établies, qui ne laissaient, dans les compositions des artistes, rien de vague ni d'arbitraire. Sur un vase inédit du musée de Naples[10], qui représente une des scènes les plus remarquables de l'Iliade, celle de l'ambassade envoyée par Agamemnon à Achille pour calmer le ressentiment de ce héros[11], on reconnaît pareillement, dans un des personnages assis vis-à-vis d'Achille, et tenant son genou gauche élevé et serré de ses deux mains, le vieux *Phénix*, gémissant de l'inflexible opiniâtreté de son élève; et c'est sans contredit un des traits de conformité les plus frappans qu'on puisse trouver, entre des monumens d'une nature et d'une époque si différentes, que cette même attitude donnée, avec la même

(1) La première opinion est celle de Maffei; la seconde a été proposée par M. Boettiger, *Ilithya oder die Hexe*, Weimar, 1798. 8°, et suivie par Millin, *Dictionn. mythol.* au mot *Ilithyie*.

(2) Millin, *Orestéide*, p. 13. Cette conjecture, avancée par Millin avec une sorte d'hésitation, me semble de beaucoup préférable à toutes les autres explications données de la même pierre.

(3) Millingen, *Vases grecs*, xiv; Millin, *Orestéide*, pl. 1 et 2.

(4) Ce sont des vases à *fond blanc*, avec des figures tracées au pinceau, le plus souvent en un trait *rouge*. La forme habituelle de ces vases est celle de *lecythus*, et le sujet qui s'y trouve le plus communément représenté, est un groupe de deux ou trois personnages, disposés, avec des attitudes légèrement variées, autour d'une *stèle* funéraire.

(5) Maisonneuve, *Introduct. à l'étude des vases grecs*, pl. xviii. Le dessin de ce vase, qui n'a pas été terminé, offre quelque négligence; mais cette négligence ne va pas au point de donner au personnage que je prends pour *Oreste* un sein de femme, comme on le lui voit sur la planche de M. Maisonneuve. Ce vase, qui fait partie de la riche collection de M. le comte de Pourtalès-Gorgier, à Paris, sera publié dans mon *Orestéide*.

(6) Millin, *Monum. ined.* t. I, p. 69 et suiv.

(7) Heyne, *Goetting. Anzeig.* 1801, p. 133.

(8) Winckelmann's *Werke*, II, 677, VI, 270.

(9) Lange, dans le *Zeitschrift für Geschichte and Aaslegung der alt. Kunst*, p. 490-499, avec les notes de M. Welcker, *ibid.* Je dois ajouter aux témoignages produits jusqu'ici l'assentiment donné par M. Böttiger, *Archaeolog. der Malerei*, p. 356, à l'explication de la figure de Phénix, et à la signification de cette attitude en général.

(10) Voy. notre planche XIII.

(11) Homer. *Iliad.* ix, 185 et sqq.

intention, au même personnage, sur un vase grec d'une antiquité non douteuse, et sur un bas-relief romain du troisième ou quatrième siècle de notre ère.

Je ne veux pas quitter ce sujet, qui pourrait fournir peut-être un moyen d'expliquer certaines représentations restées jusqu'ici sans interprétation satisfaisante[1], je ne veux pas, dis-je, quitter ce sujet, sans indiquer encore un monument où l'attitude en question n'est du moins susceptible d'aucune équivoque. C'est un vase inédit représentant la scène du fatal présent apporté par les enfans de Médée à sa rivale[2]. Le moment choisi par l'artiste est celui où la princesse de Corinthe, déjà renversée de son siége par la violence de la douleur, essaie d'arracher de dessus sa tête le voile infecté de poison : sujet pathétique, traité à-peu-près de même sur un assez grand nombre de sarcophages romains[3]. D'un côté, le vieux roi de Corinthe, et un second personnage, qui paraît être la mère[4], accourent au secours de leur fille ; de l'autre, le *pædagogue*, également représenté sous les traits d'un vieillard, c'est-à-dire, avec le front chauve et des rides au visage, se hâte d'emmener les enfans, innocens auteurs de ce désastre. Au-dessus de cette composition, dont tous les personnages sont réels et historiques, est assise une autre figure d'un ordre surnaturel ; ce qui résulte de sa position même sur un plan plus élevé, c'est à savoir, un *génie ailé*, et probablement un *génie funeste ;* ce que prouve encore, indépendamment de sa présence à cette scène de deuil, l'attitude dans laquelle il est représenté tenant ses genoux serrés de ses deux mains. Ce n'est pas ici le lieu de donner une explication complète de ce vase intéressant, qui sera publié à sa place naturelle dans le cours de ces recherches ; mais j'ai dû, en attendant, signaler, à l'appui des observations faites plus haut, l'attitude si caractéristique de ce *génie*, dont l'intention, de quelque manière qu'on interprète cette figure elle-même[5], ne saurait paraître équivoque, et dont l'exemple devient une preuve de plus, et des plus remarquables à tous égards, du sens affecté à l'attitude en question pour des personnages de nature et de condition très-diverses.

---

(1) De ce nombre est une belle peinture des *Thermes de Titus*, pl. 25, où l'on a cru voir *Pénélope au milieu des prétendans*, mais sans aucune apparence de raison ; voyez *le antiche Camere delle Terme di Tito descritte dall'* abb. Carletti, n. LVIII, p. 83. Le personnage principal, assis sur un siége, avec son genou gauche qu'il presse de ses deux mains, semble indiquer, par cette attitude même, quelque sentiment douloureux qu'il éprouve. De l'autre côté, un jeune homme debout, entre plusieurs de ses compagnons, paraît vouloir, d'après le geste de sa main droite placée sur son cœur, se disculper d'une accusation injuste. Or, il n'est guère possible de méconnaître à ces traits la scène d'*Hippolyte se défendant, devant Thésée, du crime qui lui est imputé ;* d'autant plus que cette composition sert de pendant, dans la même salle, à une peinture de la même dimension, qui représente *Hippolyte résistant aux instances de la nourrice de Phèdre*, et partant pour la chasse, sujet encore mal interprété par Carletti, qui y a vu *Vénus et Adonis*. Je ne sais si l'on ne pourrait pas encore appliquer la même observation au célèbre bas-relief de S. Hawkins, où M. Millingen, *Anc. uned. monum.* II, XII, 21-24, a cru voir *Vénus et Anchise*, et M. Schorn, *Homer nach Antik.* VII, III, avec plus de raison, ce me semble, *Vénus et Pâris*. Sur ce beau monument de l'art grec, *Vénus* apparaît entre *deux génies, deux Amours*, suivant M. Schorn, *Éros et Himéros*, selon M. Millingen ; mais l'un de ces *génies*, qui tient embrassé de sa main son genou droit relevé, pourrait être, à ce signe, interprété pour un *génie funeste*, *Alastor ;* ou bien encore, on pourrait voir dans ces deux Amours, *Éros* et *Antéros ;* interprétation qui rentrerait dans une idée ingénieuse de Goethe, *Kunst und Alterthum*, IV, 1, 34, mais qui serait du moins fondée sur l'autorité des monumens.

(2) Ce vase fait partie de la belle collection de M. le marquis de Santangelo, à Naples, qui m'a permis d'en prendre un calque et de le publier.

(3) On connaît plusieurs répétitions de ce sujet, telles que le grand bas-relief Lancelotti publié par Winckelmann, *Monum. ined.* 90 et 91, et placé actuellement au musée du Vatican ; un bas-relief semblable, de la villa Borghèse, dans Bellori, *Admiranda*, 55 ; et un autre, conservé dans le musée de l'académie de Mantoue ; voy. sur ce dernier, Carli, *Dissertazioni due*, etc. Mantova, 1785, 12°. Zoëga cite un sarcophage offrant la même composition, dans l'une des cours du palais de Latran, *Bassirilievi*, t. I, p. 215, note ; et il en existe un cinquième, encore inédit, dans le palais Guglielmi, à Rome, qui sera publié dans ce recueil, avec plusieurs monumens relatifs à Médée, entre autres avec le vase grec cité dans la note précédente.

(4) Appelée *Méropé*, sur le fameux vase de Canosa, où chacun des personnages est indiqué par son nom ; voy. Millin, *Vases de Canosa*, pl. VII.

(5) On pourrait voir dans la figure dont il s'agit, le *génie de la maison de Créon*, exprimant le *deuil* de cette maison par l'attitude où il est représenté. Mais j'inclinerais plutôt à voir dans ce génie une personnification du *génie vengeur*, Ἀλάστωρ, *Iscriz. triop.* 1, 34, tel qu'il devait figurer sur une pareille scène, et qu'il est désigné par son nom, ΟΙΣΤΡΟΣ, sur le vase de Canosa cité plus

Je ne crois pas qu'après tant de témoignages confirmés par un si grand nombre de monumens, il puisse rester désormais le moindre doute sur le sens de l'attitude donnée à la statue
Ludovisi, non plus que sur l'influence que peut avoir, relativement à la détermination du
sujet qu'elle représente, un trait si éminemment caractéristique. Maintenant, si l'on compare
avec cette figure le personnage reconnu pour Achille sur la pierre gravée de la galerie
de Florence, il sera difficile de n'être pas frappé de l'extrême ressemblance de l'une et de
l'autre, c'est à savoir, de l'entière conformité d'attitude, d'expression et d'attributs qui existe
entre ces deux monumens d'une nature si diverse, au point que la pierre semble copiée de
la statue, mais toutefois avec cette liberté de travail que les anciens artistes se permettaient à
l'égard les uns des autres, dans des détails indifférens. Je serais donc autorisé à conclure de
cette conformité, que la statue Ludovisi, offrant d'ailleurs en elle-même tous les caractères
d'une *statue héroïque*, représente aussi Achille ; et c'est effectivement à cette conclusion que
je m'arrête.

Il ne resterait plus qu'à indiquer, dans l'hypothèse que je viens d'établir, la circonstance
particulière que peut avoir eue en vue l'auteur de notre statue. A cet égard, il ne saurait y
avoir de choix qu'entre deux événemens de la vie d'Achille, qui conviennent presque également à cette figure, et qui ont été le plus souvent traités par les anciens artistes, les deux
événemens qui forment le *nœud* et le *dénouement* de l'Iliade, je veux dire, la douleur que cause
au fils de Pélée *l'enlèvement de Briséis*, et celle où le plonge la *mort de Patrocle*. Dans l'une et
dans l'autre de ces circonstances, Achille se voit pareillement représenté sur les monumens,
assis sur des rochers, au bord de la mer, tantôt pensif et abîmé dans sa douleur[2], tantôt
charmant ses peines au son de sa lyre[3]. Mais, dans cette dernière représentation, on ne peut
voir, conformément au récit d'Homère, que l'amant affligé de Briséis, tandis que, dans la
figure Ludovisi, *l'épée* que tient le héros, et les autres pièces de son armure, indiquent plutôt
l'ami de Patrocle. Une autre circonstance, qui serait encore plus décisive, si elle n'était un
trait commun à la plupart des statues héroïques qui nous sont restées de l'art grec, je veux
dire les *cheveux courts* que porte la figure en question[4], semble du moins appuyer notre

haut. M. Millin s'est certainement trompé, en prenant pour ce
génie *mâle* la femme armée de deux flambeaux et montée sur un
char attelé de deux dragons, laquelle n'est autre que Médée elle-
même, figurée presque toujours de cette manière sur les monumens relatifs à ce sujet.

(1) Je ne nie pas qu'on ne pût voir, à la rigueur, dans le
héros qui nous occupe, *Oreste* méditant sur la vengeance de
son père, à-peu-près comme il est figuré sur le vase grec cité
plus haut, Maisonneuve, *Introduction à l'étude des vases*, XVIII, ou
Méléagre obstiné dans sa funeste résolution de refuser le secours
de son épée à ses concitoyens, comme nous le représente Homère,
Iliade, IX, 523 suiv., dans une situation tout-à-fait analogue
à celle d'Achille. Mais j'avoue que je trouve plus de probabilité
pour Achille que pour tout autre héros grec, et à cause de la
plus grande célébrité du personnage, et d'après ce rapprochement même que j'ai indiqué en dernier lieu, de la colère d'Achille
comparée par Homère à celle de Méléagre, comparaison qu'avait
peut-être en vue l'artiste, auteur de notre statue, en donnant à
son héros quelque chose de la physionomie du Méléagre. Une
observation qui ne paraîtra peut-être pas indifférente, et qu'en
tout cas il m'est agréable d'avoir l'occasion de consigner ici,
c'est que dans l'*Apothéose d'Homère*, exécutée tout récemment par
notre célèbre peintre, M. Ingres, pour un des plafonds du Louvre,

la figure de l'*Iliade* a précisément l'attitude du héros Ludovisi,
sans que l'artiste ait été dirigé, dans le choix de cette attitude
expressive, par un autre motif que cet instinct profond de l'art
qui avait conduit les Grecs dans l'invention et dans l'application
de cette même attitude.

(2) On le voit ainsi, sur une belle pierre gravée, ouvrage de
Teucer, publiée par Winckelmann, *Monum. ined.* 126 ; il a la
tête nue, et porte son casque sur sa main gauche. Sur une autre
pierre gravée, de la collection Poniatowsky, il est assis, la *tête
casquée* et baissée sur la poitrine, la main droite appuyée sur son
genou, devant une *stèle* qui supporte l'urne de Patrocle. Une
troisième pierre, publiée par Caylus, *Recueil d'antiq.* II, XXVIII,
5, offre le même sujet, dans une composition à-peu-près pareille, mais où Caylus lui-même a vu, suivant ses propres expressions, p. 86, *le repos de Mars ou de quelque autre héros*.

(3) Tel qu'apparaît Achille sur la célèbre pierre gravée de
Pamphilus, qui appartient au cabinet du Roi, et dont on connaît
une répétition, avec quelques variantes, ouvrage du même artiste,
Bracci, *Memor. de' incisor.* II, XC et XCI.

(4) Rien ne serait sans doute plus propre que cette particularité, à faire distinguer, dans les images d'Achille, l'époque de
sa vie antérieure ou postérieure à la mort de Patrocle, si les
auteurs de ces monumens se fussent toujours conformés aux

interprétation, plutôt qu'elle ne la contrarie; et, dans tous les cas, ces *cheveux courts* conviennent parfaitement à Achille, après le sacrifice qu'il a fait aux mânes de son ami, de sa chevelure restée intacte jusque-là et dévouée par son père au fleuve Sperchius[1].

Je n'aurais pas satisfait à toutes les conditions du problème que je me suis proposé à résoudre, si je ne rendais compte d'une particularité qui, dans la statue dont je m'occupe, ne forme pas, je dois en convenir, la moindre difficulté de l'explication que j'ai avancée. Il s'agit du petit génie assis aux pieds de cette figure, génie qui, dans l'attribution de Mars donnée au personnage principal, fournit l'interprétation facile d'un Amour jouant avec les armes du dieu de la guerre. Telle est, en effet, l'explication de Maffei[2], qui, toute vulgaire qu'elle est, s'est concilié l'assentiment unanime, et jusqu'à l'approbation de Visconti[3]. Il faut avouer cependant qu'une interprétation de cette espèce s'appliquerait tout au plus à ces représentations de Mars désarmé par Vénus[4], ou de Vénus elle-même se parant des armes de Mars[5], représentations, sinon d'invention, du moins d'époque romaine, et de travail généralement au-dessous du médiocre; mais qu'elle ne saurait convenir à un monument tel que celui qui nous occupe, empreint de toute la sévérité, de toute l'élévation du style grec. On citerait difficilement un seul monument vraiment grec qui offrit le mélange de ces images, tant soit peu puériles, ou, si l'on veut, simplement gracieuses, avec l'idée grave et sévère du dieu de la guerre, sauf

---

traditions homériques; et pour lever la contradiction qui règne, à ce sujet, entre des antiquaires tels que Winckelmann, *Monum. inéd.* II, p. 170, et Visconti, *Mon. scelt. Borghes.* tav. v, il suffirait de cette seule observation, que la *longue chevelure* d'Achille indique la période de sa vie antérieure à la mort de Patrocle, et ses *cheveux courts*, la période qui suivit cet événement. C'est ainsi que Millin a essayé d'accorder les monumens avec le texte d'Homère, *Monum. inéd.* 1, 74-75. Mais on est forcé de convenir que ces monumens se prêtent mal à cette explication, parce que les artistes ne se piquaient pas toujours d'une fidélité scrupuleuse au costume homérique. Si Achille a les *cheveux longs*, comme il devait les avoir, sur la belle peinture d'Herculanum qui représente son éducation, *Pitture*, I, 43, sur le bas-relief de son séjour à Scyros, *Mus. P. Clément.* V, xvii, et sur notre vase, pl. XIII; et si, sur ce fondement, je serais disposé à voir le combat d'*Achille contre Télèphe*, premier fait d'armes qui signala le débarquement des Grecs en Asie, plutôt que le *combat* du même héros *contre Memnon*, un des derniers exploits d'Achille, qu'on a cru y reconnaître, Millingen, *Vases grecs*, xlix, L; en revanche, Achille paraît avec les *cheveux courts*, dans des circonstances où cette particularité est une faute de costume, comme, entre autres exemples que je puis citer, sur le bas-relief capitolin, IV, xvii, sur la pierre gravée de Pamphilus, et sur celle de la galerie de Florence, Gori, *Mus. florent.* II, 25. Il vaut donc mieux reconnaître qu'Achille, dans la statue Ludovisi, porte les *cheveux courts*, et non *crépus*, selon l'expression de Visconti, de la même manière et par la même raison qu'on les voit au *Méléagre*, au *Jason*, au *Héros Borghèse*, c'est à dire, comme un trait du costume héroïque, sans aucun rapport à la tradition homérique.

(1) Homer. *Iliad.* i, 197, xxiii, 143.

(2) Maffei, *Raccolta di statue*, tav. lxvi, lxvii, p. 62-63.

(3) Visconti a plusieurs fois fait mention du *Mars Ludovisi*, rarement, il est vrai, avec assez de détails pour donner lieu de croire qu'il eût fait de cette statue, ou du moins de cette attribution, un examen approfondi. Mais, dans un ouvrage resté long-temps inédit de cet illustre antiquaire, dans son *Esposizione dell' impronte di antiche gemme raccolte per uso di Sua Ecc. il princ. Chigi*, t. II, p. 141 et suiv. de ses *Opere varie*, fasc. v, Milano, 1828, je trouve, relativement à la statue en question, un passage un peu plus développé, et que je transcrirai ici d'autant plus volontiers, que ce passage tout entier manque dans l'édition qui vient d'être publiée à Milan, et n'existe que dans le manuscrit original de Visconti, déposé à la bibliothèque du Roi. Voici ce passage, qui se rapporte sans doute à l'empreinte de la pierre de Teucer, publiée par Winckelmann, *Monum. ined.* 126, et qui doit se placer entre les n.ᵒˢ 125 et 126, p. 197 : « La « simiglianza di carattere che si scorge fra questa robusta figura « giovanile, e il bel Marte della villa Ludovisi, fa riconoscervi il « soggetto medesimo, piuttosto che Achille in atto di ammirar « le armi recategli dalla madre. Le imagini del figliuol di Peleo « non hanno il crine crespo, come lo è nella statua Ludovisiana « distinta per Marte anche dall' Amorino aggrupatovi, ed ugual-« mente nella figura che osserviamo. Coll' elmo nelle mani è « anche effigiato il dio della guerra nell' ara, o puteale capi-« tolino, tom IV, tav. 23. » On voit que Visconti reconnaît Mars, dans la statue Ludovisi, à ces deux caractères, qu'elle a les *cheveux crépus*, et qu'elle est *groupée avec un petit Amour*. Mais comme, encore une fois, ces prétendus cheveux crépus se montrent tels au Jason, au Méléagre, et à presque toutes les statues héroïques, il est évident que ce ne peut être un trait caractéristique de Mars; et quant au petit Amour, indépendamment des raisons que j'ai données pour montrer que c'est une addition postérieure et probablement d'invention romaine, ce n'est également que d'après une manière de voir fausse ou superficielle qu'on a pu faire de cette figure un accessoire obligé de Mars.

(4) Telle est l'intention des groupes de Mars et de Vénus, groupes non-seulement de travail romain, mais encore où l'on reconnaît des portraits de personnages romains, probablement du siècle des Antonins, d'après l'exemple que fournissent les médailles de Faustine, Patin, *Numismat.* p. 248; voy. la *préf.* du *Mus. Chiaramonti*, p. xxvi, éd. de Milan, où l'opinion de M. Quatremère de Quincy, sur le rapport de ces groupes avec la Vénus de Milo, est reproduite, mais sans aucune considération nouvelle.

(5) C'est un des sujets les plus fréquens sur les pierres gravées. Je me borne à citer Hirt, *Bilderbuch*, I, 58, taf. vii, ii, pour ne pas multiplier des citations inutiles. J'aurai d'ailleurs occasion de revenir sur ce sujet.

1.

le seul cas de l'adultère de Mars et Vénus, qui se rapporte à un ordre d'idées tout différent. Chez les Grecs, *Mars entraînait Vénus*[1], et n'était pas asservi et désarmé par elle; ce sont les Romains, et les Romains abâtardis sous les empereurs, qui ont donné cours à ces idées produites par le desir de flatter le premier de leurs Césars. Mais pour en revenir à notre statue, cherchons une explication de cette figure accessoire, qui puisse s'accorder avec l'intention du personnage principal.

J'ai déjà remarqué que, suivant toute apparence, cette petite figure de génie n'avait point fait partie du monument original; et les motifs que j'ai donnés à cet égard se fortifient encore de l'absence de la figure en question, sur la pierre gravée qui nous a offert une copie de notre statue, et sur les autres répétitions que j'ai citées de la même pierre. Du reste, que cette figure ait trouvé place dans la composition primitive, ou qu'elle y ait été ajoutée après coup, il n'est pas impossible d'accorder la présence de ce génie avec l'idée d'Achille affligé de la mort de Patrocle. On pourrait, en effet, dans la supposition qu'Achille est ici représenté au moment où il a reçu d'Antiloque cette accablante nouvelle, supposer que le petit génie assis aux pieds du héros servait à désigner un motif de consolation que les chefs de l'armée avaient voulu procurer à Achille dans la présence d'Antiloque, celui de tous les Grecs qu'il aimait le plus après Patrocle. On aurait, à cet égard, une autorité positive dans l'exemple d'une peinture antique décrite par Philostrate[2], où cette intention, rendue par l'artiste d'une manière qui ne nous est pas connue, est exprimée en termes formels par l'écrivain. On aurait de plus, à l'appui de cette interprétation, la présomption qui résulte de la présence effective d'Antiloque sur tous les monumens qui représentent Achille dans la situation indiquée[3], sans parler de quelques autres considérations, tirées du monument lui-même, qui pourraient se rattacher à cette supposition[4]. Mais en écartant une explication qui répugne à nos idées, quoique nous soyons bien obligés de convenir qu'elle n'était pas étrangère aux mœurs grecques, rien n'empêche

---

(1) Comme il était représenté sur le coffre de Cypsélus, Pausan. v, 18, 1 ; Ἄρης Ἀφροδίτην ἄγων.

(2) Philostrat. *Imag.* ii, 7, 63, ed. Jacobs : Καὶ ἀπαγγέλλει τῷ Ἀχιλλεῖ κεῖσθαι τὸν Πάτροκλον, σοφισμένου τοῦ Μενέλεω παραμυθίας ὁμοῦ τῇ ἀγγελίᾳ, μεταβαλλόμενος Ἀχιλλέως ΕΣ ΤΑ ΙΛΙΑΙΚΑ. Ces derniers mots indiquent clairement quelle était l'intention exprimée par l'artiste, conformément à la tradition admise sur le compte du héros. Je renvoie, pour plus d'éclaircissemens, aux opinions des grammairiens sur l'origine et la nature du nouvel attachement qu'Achille conçut pour Antiloque, opinions recueillies par Jacobs, dans sa note sur ce passage, p. 439-440. Heyne suppose que cette passion d'Achille est de l'invention des tragiques, Schol. *apud* Heyne, VII, 425, bien qu'il soit constant qu'on en trouve la première indication dans Homère lui-même, *Iliad.* xvii, 17, 32, xxii, 604, 766; *Odyss.* iv, 201; conf. Philostrat. *Heroic.* iii, 2, 697; Tzetz. *Posthomeric.* 262, sqq. et dans des poètes presque aussi anciens qu'Homère, et qui avaient comme lui rédigé les traditions primitives, tels qu'Arctinus, Welcker, *ad* Philostrat. 438. Mais il est vrai que cette tradition, vraie ou fausse, reçut du théâtre plus de popularité, à en juger par le titre du drame satirique de Sophocle, Ἀχιλλέως ἐρασταί, Sophocl. *Fragment.* iii, 404, 452, ed. Brunck. *apud* Schol. Pindar. *Nem.* iii, 60, ainsi que d'après le reproche adressé à Eschyle par Platon, *Sympos.* III, 179, pour avoir accrédité de pareilles idées sur le compte d'Achille. Du reste, ces mêmes idées, offertes impunément sur la scène, se reproduisent jusque dans les écrits des sages et des philosophes de l'antiquité; voyez les passages recueillis à ce sujet par Drelincourt, *Achill. Homeric.* § 313-316, p. 114-115,

qui ont fourni au cynisme effronté de Bayle une ample et agréable matière pour son article *Achille*, le plus savant peut-être de son dictionnaire, et peut-être aussi celui qui lui a le moins coûté.

(3) C'est ainsi qu'Antiloque figure à côté d'Achille sur la peinture décrite par Philostrate, *Imag.* ii, 7, 63 : Καὶ θρηνεῖ ἐσχημένου ἐπὶ τῷ πάθει· καὶ συνέχει τὸ χεῖρε·... ὁ δ᾽ αἷμας καὶ ΑΠΤΟΜΕΝΩΙ χαίρει καὶ δακρύοντι. Conformément à cette tradition, Antiloque est celui de tous les héros grecs qui se trouve constamment placé le plus près d'Achille, sur les monumens qui représentent la douleur de celui-ci, tels que le vase du Vatican, dans Winckelmann, *Monum. ined.* 131, la peinture d'Herculanum, *Pittur. d'Ercol.* IV, xliv, 209-210, avec laquelle un bas-relief du Louvre offre beaucoup d'analogie, *Mus. des Antiq.* t. III, supplém. pl. 2, n. 27, et sur-tout le bas-relief Mattei, Winckelmann, *ibid.* 130.

(4) Le savant Ramdohr, *Ueber Malerei*, etc. II, 203, a remarqué à l'épaule gauche de la statue Ludovisi une fracture, d'après laquelle il est disposé à croire que cette statue était primitivement groupée avec une autre figure debout derrière elle; et le dernier commentateur allemand de Winckelmann, M. H. Meyer, a répété cette observation; Winckelmann's *Werke*, IV, 301. Dans cette supposition, ce serait indubitablement Antiloque, appuyé sur Achille, et *charmant la douleur du héros par sa présence et par ses larmes*, qui aurait complété le groupe en question. Toutefois, je n'oserais tirer d'une circonstance aussi peu décisive que la fracture dont il s'agit, une conséquence aussi importante; et je me borne à consigner ici l'observation de Ramdohr, en ajoutant que j'en ai vérifié moi-même l'exactitude sur le marbre original.

de voir, dans ce petit génie, l'image symbolique des consolations d'une autre nature qu'Achille reçut après la mort de Patrocle. C'est en effet Homère lui-même qui nous apprend[1] qu'afin de charmer ou de distraire la douleur de ce héros, Agamemnon lui envoya, outre Briséis, sa maîtresse chérie, *sept* autres belles captives; et la présence de *deux* de ces femmes, sur un des monumens les plus complets qui aient rapport à cette circonstance de la vie d'Achille, sur le bas-relief Mattei[2], ne peut avoir, en effet, d'autre intention que celle de rendre sensibles ces consolations de l'amour, au milieu de cette scène de douleur.

C'est d'ailleurs un fait établi par une foule d'exemples analogues, que les anciens artistes avaient l'habitude de personnifier les affections de l'ame, sur-tout celle de l'amour, et de les rendre sensibles aux yeux par des figures accessoires, telles que celle que nous voyons ici. Il suffira d'indiquer le *petit Amour* placé près de Phèdre, pour indiquer sa passion incestueuse, sur les nombreux bas-reliefs qui représentent cette scène mythologique[3]; un *Amour* pareil, faisant allusion à une passion encore plus monstrueuse, sur un bas-relief relatif à Pasiphaé[4]; l'*Amour*, près de Polyphème, sur un bas-relief Albani[5]; un petit *Amour* pareil au nôtre, et dans une position semblable, aux pieds de Narcisse s'enivrant de sa propre image, sur une peinture d'Herculanum[6]; et enfin un petit *Amour* assis à terre, près de Sthénobée, femme de Prœtus, pour indiquer son amour méprisé, sur un beau vase grec représentant le départ de Bellérophon[7]. Ce dernier monument, de style purement grec, s'applique plus directement, par cela même, au sujet de notre statue; mais, du reste, il s'en faut bien que ce soit le seul exemple d'une représentation semblable sur les monumens grecs, ou que les Grecs n'aient employé que cette seule manière d'exprimer la même idée. Ainsi, l'on trouve fréquemment sur les vases des femmes portant sur leurs bras ou sur leurs genoux une petite figure ailée[8], qui ne peut être qu'une personnification analogue d'une affection amoureuse, reste de ces anciens procédés symboliques de l'art, qui, par l'addition du personnage de *Pitho*, ainsi que nous en avons produit plusieurs exemples, ou par celle de petites figures accessoires placées sur la main de divinités, telles que les *Grâces*, sur la main d'Apollon[9] et d'Hercule[10], ou les *Sirènes*, sur la main de Junon[11], avaient eu pour objet de rendre sensibles, en les personnifiant, certaines affections ou propriétés morales de ces divinités.

Je résume, en finissant, les principaux points que j'ai discutés : I. Les caractères et les attributs du dieu Mars, tels qu'ils nous sont connus, soit d'après les témoignages, soit

---

(1) Homer. *Iliad.* xix, 245.

(2) *Monum. Mattei.* III, xxxiv; Winckelmann, *Mon. ined.* 130.

(3) *Galler. di Firenz.* ser. IV, t. II, tav. 91, 92, p. 163 et sgg. Zoëga qui a publié, *Bassirilievi*, I, xlix, p. 229, un de ces bas-reliefs, en connaissait, de son propre aveu, une *dixaine* de répétitions, y compris la plus célèbre et la plus belle de toutes, celle du fameux sarcophage d'Agrigente, souvent publié, et en dernier lieu, par Gaglio, *Dissertazione sopra un antico sarcofago di marmo*, et par M. Politi, *Illustraz. al sarcofago Agrigentino*, et *Guida agli Avanzi d'Agrigento*, tav. 29-32. Deux de ces bas-reliefs, restés jusqu'ici inédits, l'un au palais Rospigliosi, à Rome, et l'autre dans le dôme de Capoue, seront publiés dans ce recueil.

(4) Winckelmann, *Monum. ined.* 93; Millin, *Galer. mytholog.* cxxxii, 487.

(5) Zoëga, *Bassirilievi*, II, 57.

(6) On trouve dans le recueil des *Peintures d'Herculanum*, V, pl. 28-31, cinq compositions différentes relatives à Narcisse; une sixième, provenant des fouilles récentes de Pompéi, se voit dans le *Real Museo Borbonico*, II, pl. 18. Mais la peinture citée plus haut est encore inédite, à ce que je crois.

(7) Tischbein, *Vases d'Hamilton*, I, 1; Boettiger, *Vasengemaelde*, I, 132.

(8) Millingen, *Vases grecs*, xlii, lx; Gerhard, *Antik. Bildwerke*, Heft II, xxxii, xxxiii.

(9) Tel était l'Apollon de Délos, Pausan. ii, 32, 4, et ix, 35, 1; conf. Plutarch. *de Music.* X, 664, ed. Reiske; voy. sur les deux passages de Pausanias, rétablis l'un par l'autre, la note de Siebelis, II, 118-119, et les observations d'Ott. Müller, *Orchomen.* 177, et *Dor.* I, 353. Une pierre gravée, représentant l'Apollon de Délos, nu, de face, avec son arc dans la main droite, et les trois Grâces sur la main gauche, sera publiée dans ce recueil.

(10) Millin, *Galer. mytholog.* xxxiii, 474.

(11) Pausan. ix, 34, 2; conf. Siebelis, *Excurs.* ii, *ad h. loc.*, t. IV, p. 148.

d'après les monumens antiques, diffèrent totalement de ceux que nous offre la statue Ludovisi. II. Les traits de cette figure, ses formes jeunes et sveltes, son visage imberbe, sa tête nue, ses cheveux courts, sa physionomie mélancolique, conviennent parfaitement à un jeune héros grec. III. L'attitude donnée à cette figure caractérise positivement un personnage dans un état de tristesse et d'affliction. IV. Entre tous les héros grecs, il n'en est point à qui ces divers caractères conviennent mieux qu'à Achille, dans l'instant où il déplore la mort de Patrocle et se dispose à la venger. V. Enfin le petit Amour assis aux pieds du héros indique la nature des consolations employées pour le distraire de sa douleur, dans la supposition peu vraisemblable que cette figure accessoire faisait partie de la composition primitive; et, dans le cas contraire, la présence de cette figure, traitée d'ailleurs avec une excessive négligence, devient tout-à-fait indifférente à l'interprétation proposée.

§ II.

L'histoire d'Achille peut se diviser en trois périodes principales, dont la première comprend sa naissance, son éducation et son séjour à Scyros; la seconde, les événemens qui font la matière de l'Iliade; et la troisième, ses derniers exploits, sa mort, son apothéose, et le sacrifice offert à ses mânes. Chacune de ces trois périodes a fourni un nombre presque égal de monumens de toute espèce, que je puis augmenter encore de quelques représentations nouvelles, appartenant à ces trois grandes époques de la vie d'Achille.

Entre toutes les circonstances de sa jeunesse, celle qui paraît avoir été le plus souvent traitée par les anciens artistes, sans en excepter même son *Éducation*, consacrée par tant de monumens[1], c'est son *Séjour à Scyros*. Cette fable, bien qu'omise par Homère, mais probablement à dessein, avait été célébrée dans une foule de poèmes[2], desquels il ne nous est resté que l'*Achilléide* de Stace, et comprise par Polygnote au nombre des sujets des peintures dont il décora l'édifice placé à gauche de l'entrée des Propylées d'Athènes[3]. Une seconde peinture du même sujet, ouvrage d'Athénion de Maronée, est citée par Pline[4], sans compter le tableau décrit ou imaginé par Philostrate le jeune[5], ni d'autres peintures indiquées par divers auteurs[6]. Il n'est donc pas étonnant de trouver ce sujet répété sur tant de bas-reliefs[7], dont

---

(1) Parmi les monumens relatifs à l'*éducation d'Achille*, je me contenterai de citer, avec la margelle de puits du Capitole, la belle peinture d'Herculanum, *Pitture*, I, viii, dont il existe une répétition sur une pierre gravée antique, *Galer. de Florence*, xxiv, 2, qui prouve que c'est la copie du fameux groupe indiqué par Pline, xxxvi, 5. Presque tous les témoignages antiques, concernant cette éducation d'Achille, ont été recueillis, au sujet de ces deux monumens, par Fabretti, Foggini, et les académiciens d'Herculanum.

(2) Les fragmens de l'*Épithalame d'Achille et de Déidamie*, qui nous sont parvenus parmi les poésies bucoliques de Bion, sont, avec l'*Achilléide* de Stace, les seuls monumens poétiques qui nous restent de cette fable. Entre les compositions dramatiques qui y avaient rapport, Heyne, dans sa dissertation intitulée *Das vermeinte Grabmal Homers*, Leipzig, 1794, comprend avec raison, p. 13, les pièces de Sophocle et d'Euripide qui avaient pour titre, *les Filles de Scyros*, Σκύριαι (et non Σκύριοι). Mais il se trompe, en rapportant au même sujet le drame satirique de Sophocle, Ἀχιλλέως ἐρασταί, qui avait une intention toute différente; voy. plus haut, p. 66, n. 2.

(3) Pausan. i, 22, 6. Heyne, qui cherche à concilier, *dissertat. citée*, p. 14, la tradition populaire avec le silence d'Homère, ne s'est point souvenu de ce passage de Pausanias, qui en donne la véritable explication. Du reste, il paraît qu'Homère a connu le séjour d'Achille parmi les filles de Lycomède, puisqu'il met dans la bouche d'Achille lui-même, *Iliad.* xix, 326, un souvenir de *son fils Néoptolème resté à Scyros*; d'où il suit que, si le poète n'a pas parlé plus explicitement de cette aventure, c'est par la raison indiquée dans Pausanias. La remarque d'Eustathe au sujet de ce silence d'Homère, *Comment. in Iliad.* p. 782, et les inductions qu'en tire Fabretti, relativement à la naissance de Pyrrhus, *ad Tabell. Iliad.* 359, ne paraissent donc pas suffisamment fondées.

(4) Plin. xxxv, 40, 29.

(5) Philostrat. Jun. *Imag.* 1, 111-112, ed. Jacobs.

(6) Achill. Tat. vi, 1; Aristænet. ii, 5.

(7) Heyne, qui range ce sujet parmi les plus rares de l'antiquité, *dissert. cit.* p. 12, *Da dieses auf den bis jetzt erhaltenen alten Werken selten vorkommt*, ne connaissait, outre celui qu'il a publié, d'après le fameux sarcophage de Saint-Pétersbourg, le

quelques-uns sont restés inédits, et dont quelques autres ne me semblent pas avoir encore reçu une explication satisfaisante. Dans le nombre des premiers, est le beau bas-relief encastré dans la façade principale du *Casino* de la villa Panfili, à Rome, que je publie pour la première fois[1].

Douze figures forment cette composition, à chaque extrémité de laquelle ont été rapportées quatre autres figures imitées de l'antique, afin de remplir la place destinée à ce bas-relief dans la décoration du *Casino*[2]. Bien que maltraité par le temps, au point que la plupart des têtes ont dû être restaurées d'une main moderne, on y reconnaît, dans les parties moins endommagées, l'exécution d'un artiste habile, et sur-tout l'imitation d'un bon modèle. On y acquiert enfin une preuve nouvelle de l'inépuisable variété de l'art grec, qui, dans une composition si souvent reproduite d'un même type, a su donner aux mêmes personnages un mouvement, un costume, une expression toujours divers, de manière que, parmi ces nombreuses répétitions, il n'en est pas une qui ressemble véritablement à l'autre.

Achille occupe, au centre de la composition, la place que le poète latin, traducteur des Grecs, lui assigne *au milieu de la famille éperdue de Lycomède*[3]. Il est encore vêtu de la longue *tunique talaire* qui servait à déguiser son sexe, et dont il cherche à se débarrasser de la main droite[4], tandis que de la gauche, qui manque, mais qui devait être élevée, il soutenait

---

prétendu tombeau d'Homère, que le bas-relief de la villa de Belvédère, publié par Winckelmann, *Monum. ined.* prefazione, et un bas-relief de la villa Panfili, dont il ne paraît pas, d'après la manière dont il en parle, p. 26 et 27, avoir eu un dessin sous les yeux. Il cite encore la margelle de puits du Capitole, *Mus. capitol.* IV, 17, et un bas-relief Albani, qui est celui que Winckelmann a publié, *Monum. ined.* 87, comme ayant rapport à l'histoire de Méléagre, mais qui appartient véritablement à la fable d'Achille à Scyros, ainsi que je le dirai plus bas. Depuis l'époque de Heyne, le nombre des monumens relatifs à cette fable s'est accru du beau sarcophage trouvé à Roma Vecchia, et qui fait partie du *Musée Pie-Clémentin*, V, xvii; Millin, *Galer. mytholog.* cxiv, 555; d'un fragment publié dans les *Monumens antiques du Musée Napoléon*, II, lx, 127, sans parler de deux sarcophages représentant le même sujet, placés à l'entrée du palais Nari, à Rome, et de deux fragmens encastrés dans la façade de la villa Giustiniani, et à la villa Carpegna, ces quatre morceaux, inédits jusqu'à ce jour, et décrits par Zoëga, *Bemerkungen über Viscontis Mus. P. Clem.*, dans Welcker, *Zeitschrift*, etc. 424-425. Mais indépendamment de ces bas-reliefs, un fragment publié dans le *Musée des Antiques*, t. III, bas-reliefs, pl. 8, sous ce titre, *Apollon et Muses*, et la façade principale du grand sarcophage d'Alexandre Sévère, du *Musée capitolin*, IV, 1-4, doivent être indubitablement rapportés à cette fable, ainsi que l'avait déjà conjecturé, par rapport à cette dernière composition, Heyne, Homer. *Iliad.* t. I, p. lxiv, et que j'espère le montrer à mon tour. Enfin, un fragment de sarcophage, représentant *Achille parmi les filles de Lycomède*, est cité dans le catalogue du *Museum British*, chambre iv, n. 2; voy. Welcker, *Zeitschrift*, etc. 423-427; ce qui fait en tout *quatorze* compositions de bas-relief plus ou moins variées, plus ou moins intègres, relatives à ce fait mythologique. Je ne cite pas le bas-relief publié par l'acciaudi, *Monum. pelopon.* II, 281, comme ayant rapport aux *Noces d'Achille et de Déidamie*, parce que cette opinion est dénuée de tout fondement.

(1) Voy. notre planche XII.

(2) Ces figures ajoutées ont été séparées, sur notre planche, du bas-relief antique, par des lignes ponctuées. Faute d'avoir pu faire cette distinction d'après un dessin exact, ou d'après le monument même, Heyne, *dissertat. cit.* p. 27, porte à *neuf* le nombre des figures de femmes, qui ne sont réellement que *sept*, et disserte, à cette occasion, sur le nombre des filles de Lycomède. M. Lewezow, *Ueber die Familie des Lycomedes*, p. 13, a répété dans les mêmes termes la fausse énonciation de Heyne, en citant, uniquement d'après lui, le bas-relief dont il s'agit; mais on voit dans la courte description faite par Zoëga de ce bas-relief, Welcker, *Zeitschrift*, 424, que cet habile et soigneux antiquaire avait distingué, comme nous, de la composition antique, les figures ajoutées à droite et à gauche, dont il ne fait aucune mention. Du reste, il me semble qu'il s'est glissé une légère méprise dans l'indication que M. Welcker a donnée de notre bas-relief. Cet antiquaire, d'ailleurs si profondément versé dans l'intelligence des monumens antiques, assure, *Zeitschrift*, etc. p. 427, que le bas-relief Aldobrandini est le même qui est cité dans les dissertations de Heyne et de Lewezow sous le nom de la villa Panfili, *attendu*, ajoute-t-il, que c'est le nom (Aldobrandini) *que portait auparavant cette villa*. Mais Heyne distingue très-bien, p. 26 et 27, le bas-relief de la villa de Belvédère à Frascati, qui est celui que Winckelmann a publié, en tête de la *préface* de ses *Monumens inédits*, du bas-relief Panfili, qu'il décrit seulement d'après ouï-dire, et qui est resté inédit jusqu'à ce jour. En second lieu, la villa Panfili n'a jamais porté le nom d'Aldobrandini, qui est au contraire celui de la villa de Belvédère à Frascati; voy. Visconti, *Mus. P. Clément.* V, xvii, 112, note 3, de l'éd. franç.; et enfin, il suffit de jeter les yeux sur notre dessin du bas-relief Panfili, et sur celui de Winckelmann, pour reconnaître qu'ils représentent deux compositions différentes d'un même sujet.

(3) Stat. *Achilleid.* II, 210.

> Stat *medius* trepidante domo.

(4) C'est ce que le même poète exprime de cette manière, *ibid.* 163:

> Tunc molles gressus, tunc aspernatur *amictus*
> Plus solito;

Et c'est ce qui est encore mieux rendu dans ce passage de Philostrate le jeune, 1, 112: Ἐς δὲ τὴν πανοπλίαν ὁρμήσας, γυμνοῦταί τε τὸ ἐσθῆθεν.

probablement un *bouclier*, comme on le voit sur le sarcophage de Saint-Pétersbourg, sur le bas-relief Albani, et sur celui de la villa de Belvédère, le dernier desquels offre, dans cette figure d'Achille, le plus d'analogie avec le nôtre. Le geste par lequel le héros écarte le vêtement féminin qui l'enveloppe, est, du reste, sur ce bas-relief, une particularité aussi neuve qu'elle est heureuse; et ce vêtement même, qui n'est nulle part exprimé avec des formes plus amples, si ce n'est sur le sarcophage de Saint-Pétersbourg, confirme, par un nouvel exemple, la conjecture, déjà plusieurs fois exprimée, qui reconnaît *Achille déguisé en femme* dans une statue célèbre, le prétendu *Clodius* de la villa Panfili[1]. Le mouvement de cette même figure d'Achille, sur notre bas-relief, est encore une particularité très-remarquable, et qui se retrouve à-peu-près telle sur le bas-relief Aldobrandini. Ce pas immense, ce saut gigantesque, avec lequel le héros s'élance aux combats, au premier son de la trompette guerrière, et se révèle ainsi tout entier, est certainement une donnée grecque puisée à une source originale, et que Stace a rendue d'une manière si pittoresque et si heureuse[2], qu'il semble qu'il ait eu sous les yeux, en écrivant, notre bas-relief ou son modèle.

Déidamie se reconnaît, à la gauche du personnage principal, dans la femme prosternée à ses pieds, et qui, les bras tendus vers lui, s'efforce de l'arrêter par ses prières. Elle a la tête tournée de son côté, tandis que, sur le bas-relief Aldobrandini, elle retourne la tête en arrière, vers les ambassadeurs grecs. Entre *Achille* et *Déidamie* est un petit enfant, nu et agenouillé, qui semble joindre ses efforts à ceux de la fille de Lycomède, pour retenir uni le couple qu'il a formé; car cet enfant est probablement l'*Amour*, comme on le voit figuré, debout et ailé, à la même place, sur le bas-relief Aldobrandini, et voltigeant entre les deux mêmes personnages, sur le bas-relief Pic-Clémentin; à moins que, d'après la position humble de cet enfant, et sur-tout d'après l'absence de ses ailes, on ne reconnaisse en lui *Pyrrhus*, ce fruit de l'union secrète d'Achille et de Déidamie, qui fut laissé à Scyros, comme le dit expressément Homère[3]. L'une des filles de Lycomède, dont toute l'attitude exprime l'étonnement et l'effroi, et les trois héros grecs, c'est à savoir, *Ulysse*, montrant le chemin qu'il faut suivre, *Agyrtès*, embouchant la trompette[4], et *Diomède*, portant la main sur son épée[5], complètent,

---

(1) Entre toutes les opinions dont cette statue a été l'objet, il n'en est pas de plus satisfaisante, à tous égards, que celle qui y reconnaît *Achille* déguisé en femme, au lieu d'*Hercule*, que Visconti croyait y voir, *Mus. P. Clém.* I, 265, éd. franç., et qui figure effectivement, déguisé de cette manière, dans un groupe antique, Gerhard, *Ant. Bildwerke*, II, xxix. Cette conjecture, exprimée par Zoëga, *Bassirilievi*, II, p. 106, not. 8, a été depuis adoptée par M. Lewezow, *Ueber die Familie des Lycomedes*, p. 14-15, qui s'autorise du suffrage de M. Hirt, *ibid.*, et il semble que ce soit aussi l'opinion de M. Welcker, *Zeitschrift*, etc. p. 426. Tout au contraire, il est maintenant bien reconnu que la fameuse collection des statues de Sans-Soucy, où l'on crut voir si long-temps Achille en habits de femme parmi les filles de Lycomède, représente Apollon Musagète avec les Muses; voy. Lewezow, *dissert. citée*, pl. 1-x. Aux monumens cités plus haut, sur lesquels Achille est représenté sous son costume féminin, il faut ajouter la margelle de puits du Capitole, Fabretti, *ad Tabell. Iliad.* 359.

(2) Stat. *Achilleid.* ii, 209, où l'on doit peut-être lire *poscens* :

Immanisque gradu, ceu protinus Hectora poscens.

(3) Homer, *Iliad.* xix, 326; conf. *Odyss.* xi, 508. Fabretti suppose, sans aucune nécessité et contre la foi de tous les témoignages, que ce fils d'Achille, né et élevé à Scyros, fut le

fruit d'une union avec une captive, *ex virgine captivâ, et licentiâ militari pollutâ;* voy. Fabretti, *ad Tabell. Iliad.* 359; conf. Dreline. *Achill. Homer.* § 89 et 304, p. 35 et 109-110. Du reste, il paraîtrait, d'après la description de la peinture de Philostrate le jeune, *Imag.* 1, 112, que le jeune Pyrrhus figurait dans une scène pareille à celle qui est représentée sur notre bas-relief, à moins que la lacune qui existe en cet endroit dans le texte de Philostrate, ne nous ait dérobé le titre d'une seconde peinture.

(4) Stat. *Achill.* ii, 201 :

. . . . *Cum grande tuba, sic jussus, Agyrtes Insonuit.*

Le bras levé du personnage placé derrière Ulysse ne peut convenir qu'à Agyrtès, embouchant la trompette. Ce même personnage se reconnaît, à une attitude semblable, sur le bas-relief Pic-Clémentin, où cependant la tête et peut-être la trompette sont restaurées; mais il figure, en un état de conservation qui ne laisse lieu à aucun doute, sur le sarcophage de Saint-Pétersbourg.

(5) Ce même geste caractérise Diomède sur les bas-reliefs Aldobrandini et Pic-Clémentin, sans doute conformément au modèle antique décrit ainsi par Philostrate le jeune : Ὁ δὲ τῷ Τυδέως ἔμφρων μέν, ἕτοιμος δὲ τὴν γνώμην, καὶ τὸ δραστήριον προτείνων.

par une ordonnance qui se retrouve à-peu-près pareille sur d'autres bas-reliefs, cette même partie de la composition. Du côté opposé, sont groupées cinq autres filles de Lycomède, dont les deux premières, placées plus près d'Achille, le retiennent par le bras, et les trois autres indiquent, par leur attitude, l'occupation au milieu de laquelle les a surprises l'apparition subite des héros qui leur enlèvent Achille. L'une de ces femmes tient encore la *lyre*, dont elle animait la danse de ses compagnes, comme on la voit figurée sur les bas-reliefs Aldobrandini et Pie-Clémentin; une seconde témoigne, par le mouvement de toute sa personne et par son péplus qui voltige au-dessus de sa tête, qu'elle n'a pas achevé sa danse, tandis que la troisième semble déjà fuir; et c'est effectivement, pendant que les filles de Lycomède, Achille au milieu d'elles, se livraient, sous les yeux de leurs hôtes, à ce folâtre exercice[1], que le son imprévu de la trompette contraiguit Achille d'abjurer son déguisement. Toutes les circonstances de l'action sont donc ici représentées d'une manière aussi claire que complète; et du reste, dans aucun des bas-reliefs qui ont rapport au même sujet et qui offrent le même nombre de personnages, les figures ne paraissent aussi bien disposées et l'ordonnance générale aussi bien entendue; en sorte que c'est peut-être ici, de tous les types propres à cette fable, celui de tous qui dérive de la meilleure école. Le seul accessoire qu'ait ajouté l'artiste ou que le temps ait épargné, est un *grand casque*[2] placé aux pieds du héros : nouveau témoignage de l'originalité d'un type appartenant, suivant toute apparence, à cette belle époque de l'antiquité grecque, où l'art, s'exprimant encore par des attitudes symboliques[3], avait moins besoin de recourir aux accessoires qu'il multiplia depuis outre mesure.

Notre bas-relief peut servir encore à déterminer avec toute la certitude possible le sujet de plusieurs représentations antiques qui appartiennent à la même fable. Tel est, en premier lieu, le beau bas-relief Albani que Winckelmann a publié et expliqué par la fable de Méléagre[4]. La méprise de cet illustre antiquaire avait déjà été relevée par Visconti, à l'occasion du bas-relief Pie-Clémentin[5]; et il n'est pas possible aujourd'hui de conserver le moindre doute à cet égard. Outre le sarcophage inédit du palais Nari, qui en est une répétition presque absolument identique et mieux conservée, le rapport qui existe, dans le nombre des *sept* filles de Lycomède et des *trois* héros grecs, entre ces bas-reliefs et celui de la villa Panfili, ne permet pas de méconnaître la source commune d'où ils dérivent. Une erreur plus grave, et non moins facile à rectifier par la seule confrontation des monumens, est celle qui a été commise par l'éditeur du *Musée des Antiques*, au sujet d'un bas-relief où l'on a vu *Apollon et les Muses*[6]. Ce bas-relief, qui n'est qu'un fragment d'une composition plus étendue, représente

---

(1) Stat. *Achilleid.* II, 146 :

           . . . . Scyriades ibant
   Ostentare choros.

Voyez ce que dit Visconti sur cette particularité, commune à plusieurs des bas-reliefs qui représentent ce sujet.

(2) Ce *casque* paraît d'une grandeur démesurée, notamment sur le bas-relief Aldobrandini, où il est décoré de bas-reliefs, dans le genre du beau casque votif en bronze qui se conserve au musée des *Studi* à Naples.

(3) Telle paraît être l'attitude si remarquable d'Achille sur notre bas-relief, rapprochée des expressions de Stace, *immanis gradu*, qui prouvent l'accord intime des traditions poétiques avec les monumens de l'art, à l'époque où fut créé le type reproduit sur notre bas-relief; ou le modèle traduit par Stace.

(4) Winckelmann, *Monum. ined.* 87. C'est probablement ce bas-relief qu'avait en vue Heyne, *dissertat. citée* plus haut, p. 29, qui en fait mention sur la foi du B. de Riesch, *Observat. faites dans un voyage en Italie*, II, 121; et c'est aussi celui dont parle M. Lewezow, dans les mêmes termes que Heyne, *Ueber die Familie des Lycomedes*, p. 15. Néanmoins, il n'est fait aucune mention de ce bas-relief dans l'*Indicazione antiq. della villa Albani* donnée par Morcelli, et reproduite, avec des corrections et additions, par C. Fea, Roma, 1803.

(5) Visconti, *Mus. P. Clément.* V, p. 116, édit. franç. de Milan. Voy. aussi Welcker, *Zeitschrift*, etc. p. 427, qui rejette pareillement l'explication de Winckelmann.

(6) *Mus. des Antiq.* III, bas-reliefs, pl. 8. Voici dans quels termes ce bas-relief est décrit, p. 11 : « Le dieu de l'harmonie, « tenant en main sa lyre, est assis, au milieu de trois Muses, « sur ce bas-relief d'un travail barbare, et qui indique les der- « niers temps de la décadence de l'art. » On ne lit, dans la

un jeune héros, la partie supérieure du corps nue, assis sur un siége élevé, avec une lyre qu'il tient de la main gauche, la tête tournée vers une femme debout à ses côtés; deux autres figures, malheureusement assez endommagées, dont l'une tient aussi une *lyre*, et la seconde a la tête couverte d'un *casque*, sont placées de l'autre côté du héros, et forment une composition où ni l'attitude, ni le costume, ni l'expression des personnages, n'offrent le moindre rapport avec *Apollon et les Muses*. Mais un cinquième personnage, dont il semble qu'on n'ait tenu aucun compte, puisqu'on n'en a fait aucune mention, caractérise si clairement le sujet, qu'il y a lieu de s'étonner qu'on ait pu s'y méprendre. C'est un soldat, la tête casquée, les joues enflées, embouchant de toutes ses forces une *trompette*; c'est, en un mot, le personnage d'Agyrtès absolument tel qu'il se voit figuré, dans la même attitude de porter l'une de ses mains au derrière de son *casque*, en soutenant la *trompette* de l'autre main, sur le sarcophage de Saint-Pétersbourg. Un autre trait de ressemblance entre ce dernier monument et notre bas-relief du Louvre, qui prouve qu'ils proviennent l'un et l'autre d'un même original, c'est que, sur un des petits côtés du sarcophage en question[1], Achille apparaît, en habits de femme, les cheveux longs et flottans, assis et touchant la lyre, entre deux des filles de Lycomède, debout, qui l'écoutent, l'une d'elles, Déidamie sans doute, appuyée sur son épaule. Notre bas-relief et celui de ce sarcophage sont donc, de toutes les compositions antiques concernant Achille à Scyros, les seules où ce héros se montre assis, et jouant de la lyre au milieu des filles de Lycomède, comme nous le représente le poète latin; et, sous ce rapport, il semble qu'une représentation si rare d'un sujet si remarquable méritait d'être tirée de l'obscurité où elle était réléguée, sous la fausse interprétation dont elle était l'objet[2].

C'est maintenant le lieu de comparer, avec tous les monumens décrits ou exposés jusqu'ici, une composition des plus célèbres, et sur laquelle il ne me paraît pas douteux qu'il ne faille reconnaître aussi le même sujet d'Achille à Scyros. Je veux parler de la face principale de l'urne dite d'Alexandre Sévère, du musée du Capitole[3], dont il existe une répétition presque identique parmi les marbres Borghèses, publiée par Winckelmann[4]. On sait de combien d'opinions diverses et contradictoires ce monument a été l'objet, sans compter celles qui, produites sous l'influence des idées romaines, sont depuis long-temps abandonnées. Mais l'explication de Venuti[5], admise et confirmée par Winckelmann[6] et par l'interprète du musée du Capitole[7], semblait avoir obtenu un assentiment à-peu-près général, bien que

---

Description du Mus. des Antiq., sous le n° 656, p. 251, que la simple indication que voici : « Au-dessus, on voit un bas-relief sur « lequel on a sculpté Apollon, en compagnie de trois Muses. » Du reste, il n'est donné aucun renseignement sur la provenance de ce bas-relief, qui n'est pas, quoi qu'on en dise, d'un travail barbare, et qui, d'après sa dimension, a dû faire partie d'un de ces grands sarcophages, de la fin du second siècle de notre ère, dont il paraît que les Aventures d'Achille et les Travaux d'Hercule formèrent le type le plus habituel. Voyez notre planche XXII, 2.

(1) Tab. iv. Heyne a déjà fait remarquer le rapport de cette composition avec les vers de Stace, *Achilléid.* 1, 566-572. Je ferai observer à mon tour combien les cheveux longs et bouclés que l'artiste a donnés ici à son héros s'accordent, sur ce point, avec la tradition homérique.

(2) Il est clair maintenant que le personnage *casqué*, dont on faisait une *Muse*, sans trop s'embarrasser de concilier ce casque avec le costume habituel des Muses, est *Ulysse*; et l'attitude avec laquelle le rusé roi d'Ithaque montre au héros déguisé le grand *talarus* qu'il vient de déposer à ses pieds, dans le même temps qu'*Agyrtès* se dispose à emboucher la trompette, réunit, d'une manière heureuse et neuve, les principales circonstances du sujet en question. Ce *talarus* même, meuble de femme, et le fond d'architecture servant à indiquer le palais de Lycomède, sont des accessoires tellement propres à ce sujet, et si peu en rapport avec celui qu'on croyait voir sur ce bas-relief, qu'il y a lieu de s'étonner qu'une semblable méprise ait pu s'accréditer et se reproduire.

(3) Souvent publiée, mais toujours avec les restaurations qu'elle a subies, si ce n'est dans la gravure de P. S. Bartoli, *Sepolcri antichi*, tav. 81, qui est antérieure à ces restaurations, et qui, sous ce rapport, mérite plus de considération qu'aucune autre.

(4) Winckelmann, *Monum. ined.* 124.

(5) Venuti, *Spiegazione de' bassirilievi che si osservano nell' urna detta volgarmente d'Alessandro Severo*, Rome, 1756, in-4°.

(6) Winckelmann, *loc. supr. laud.; Mus. des Antiq.* III, Bas-rel. pl. 21, où l'explication de Winckelmann est répétée.

(7) *Mus. capitol.* IV, 1-4, p. 1-8. Conf. Lorenzo Re, *Rifless. antiq. sulle scult. capitol.* tav. XII.

des doutes graves, élevés par des antiquaires du premier ordre[1], témoignassent suffisamment qu'une pareille explication était loin de satisfaire à toutes les conditions du sujet. Il ne sera donc pas hors de propos de soumettre de nouveau cette interprétation à un examen sommaire.

Venuti, et tous ceux qui l'ont suivi[2], voient dans cette composition la *Dispute d'Achille et d'Agamemnon, au sujet de Briséis;* mais rien ne prouve mieux à quel point la préoccupation d'une idée, spécieuse au premier coup-d'œil, peut fasciner les yeux des hommes les plus habiles, que la manière dont on élude ou l'on supprime les difficultés sans nombre, les inconvenances de toute espèce, qui abondent dans une pareille hypothèse. Comment, en effet, voir le conseil des Grecs, *Agamemnon, Nestor, Calchas, Achille,* et les autres chefs, assemblés pour délibérer sur les moyens de faire cesser la contagion, dans une scène où Achille, encore enveloppé en partie d'une longue tunique, entre plusieurs femmes qui s'efforcent de le retenir, témoigne, par tout le mouvement de sa personne, l'impatience qu'il a de voler aux combats; où les personnages secondaires, tenant un cheval par la bride, indiquent un départ prochain; et où enfin deux vieillards, assis à chaque extrémité de la composition, sont si faciles à caractériser dans tout autre sujet que ce prétendu conseil des Grecs? A quel signe, et sur quel fondement, reconnaître *Minerve* et *Junon* retenant Achille furieux, dans ces deux femmes effrayées, sur le marbre Capitolin, et que faire de la troisième, sur le marbre Borghèse, tandis que, dans l'hypothèse d'Achille à Scyros, la présence de ces femmes, leur attitude, leur expression, leur costume, s'accordent si bien avec le mouvement du personnage qu'elles entourent, et quand, d'ailleurs, sur les monumens où la colère d'Achille contre Agamemnon est effectivement représentée, comme sur la *Table iliaque*[3], sur une peinture de Pompéi[4], et ailleurs encore[5], l'action de Minerve retenant Achille, l'absence des femmes, et la réunion des chefs grecs, caractérisent la scène homérique d'une manière si claire et si complétement différente de celle que l'on voit ici? Le vieillard assis à l'une des extrémités de la composition qui nous occupe est évidemment le roi *Lycomède*, témoin naturel d'une pareille scène, et qu'on y voit figurer effectivement, à une place pareille, quoique sur un plan plus éloigné, sur le sarcophage de Saint-Pétersbourg[6]. L'autre vieillard, assis vis-à-vis, et qu'entourent *Ulysse*, reconnaissable à son *pileus,* le jeune *Diomède*, tenant son cheval par la bride, et d'autres Grecs, est probablement *Nestor,* chef de l'ambassade envoyée au roi

---

(1) Heyne a exprimé plusieurs fois cette conjecture, *Homer.* 1, p. lxiv, et *Homer nach Antik.* Heft 1, p. 45, que M. Lange approuve, sans entrer dans aucun détail, Welcker. *Zeitschrift,* p. 499, et que Millin confirme par de courtes et judicieuses explications, *Monum. inéd.* I, 82-83. M. Welcker, qui ne paraît pas adopter cette opinion, a promis d'en faire l'objet d'un examen particulier dans ses observations sur les monumens inédits de Winckelmann, qu'on attend encore, et dont je regrette de n'avoir pu profiter.

(2) Le savant M. Inghirami a soutenu, en dernier lieu, contre quelques objections du professeur Lor. Re, l'opinion de Venuti, qu'il regarde *comme universellement admise;* voy. sa *Galler. omer.* tav. xxii, xxiii; p. 63-66. Sa confiance à cet égard vient peut-être de ce qu'il n'a pas connu les doutes exprimés par Heyne, Millin et Lange; peut-être aussi de ce que, dominé par une opinion approuvée de la plupart des antiquaires, il n'a pas cru devoir la soumettre à un nouvel examen.

(3) Schorn, *Homer nach Antik.* Heft vii, 2, p. 3-7. M. Schorn cite, à l'occasion d'un autre monument homérique, Heft ix, t. 2, n. 2, p. 12, un dessin inédit d'un vase grec, où Achille est retenu par Minerve, comme on le voit figuré sur la *Table iliaque.*

(4) Dans le temple de Vénus, sur le forum de Pompéi. Cette peinture est encore inédite.

(5) Voyez les peintures du manuscrit milanais de l'Iliade d'Homère publié par A. Maï, Milan, 1819, fol. tav. ii, et dans la *Galler. omeric.* tav. xxiv. Un curieux bas-relief trouvé à Capri, et publié par M. Schorn, *Homer nach Antik.* Heft ix, 2, représente Achille, au moment où, réprimé par l'apparition de Minerve, il remet son épée dans le fourreau. Sur tous ces monumens, Achille est vêtu et armé, comme il convient dans une pareille situation, et non pas demi-nu et en tunique longue, comme sur l'urne du Capitole. Voyez aussi Inghirami, *Galler. omer.* tav. xxv, p. 67-68.

(6) *Das vermeinte Grabmal,* etc. taf. II. C'est le vieillard barbu, qui se montre à une porte du palais, et que Heyne a pris, p. 25, pour *Phénix;* en quoi, je pense qu'il s'est trompé.

I.

10

de Scyros, suivant la tradition des poètes cycliques[1], qui était la plus ancienne et la plus populaire. Tout s'explique donc naturellement, et d'une manière conforme à tous les témoignages, dans l'hypothèse d'Achille à Scyros, tandis que, dans celle de la dispute d'Achille et d'Agamemnon au milieu des Grecs assemblés, la présence de ces femmes effrayées, de ces jeunes guerriers avec leurs chevaux, d'Achille demi-nu, encore embarrassé dans une tunique de femme, avec un bouclier qu'il vient de saisir, et de ces deux vieillards assis l'un vis-à-vis de l'autre, ne peut s'expliquer qu'en faisant violence à toutes les convenances du sujet. Que l'on rapproche maintenant de l'interprétation qui vient d'être indiquée les deux faces latérales de l'urne du Capitole, sur l'une desquelles Achille apparaît debout, entre ses compagnons prêts à partir, et sur l'autre, le même Achille, avec son cheval près de lui, prenant congé de Lycomède assis, qu'entourent deux de ses filles[2], il sera impossible de méconnaître le rapport de ces diverses circonstances d'une même action; et si l'on réfléchit enfin à la grande célébrité d'une fable que nous avons vue reproduite sur tant de monumens, on ne pourra, je crois, conserver le moindre doute sur la certitude d'une explication qui reçoit, de la confrontation de ces monumens eux-mêmes, un dernier trait de lumière.

§ III.

La série des monumens appartenant à la seconde période de la vie d'Achille s'ouvre naturellement par ceux qui se rapportent au début même de l'Iliade, à la querelle d'Achille et d'Agamemnon. De ce nombre sont les deux peintures antiques récemment trouvées dans les fouilles de Pompéi, et qui ornaient l'*atrium* d'une maison nommée assez convenablement, à raison de ces peintures mêmes, la *Casa del poeta tragico*, ou mieux encore, la *Casa omerica*[3].

La première de ces peintures représente le *Départ de Chryséis*[4]; et le moment traité par l'artiste est celui où la jeune captive, accompagnée des héros grecs qui doivent la rendre à son père, se dispose à monter dans le navire. La composition respire une simplicité toute homérique, et, pour ainsi dire, cette sorte d'ingénuité du premier âge de la société, qui prouve combien, à une époque de décadence, l'art, sur son ancien théâtre, était encore resté fidèle à ses anciennes habitudes. On ne reconnaît pas moins, dans cette peinture, à l'extrême sobriété des détails et à la simplicité naïve des accessoires, l'excellente tradition d'une école grecque, telle qu'elle s'était conservée, même sous la domination romaine, dans ces petites villes de la Campanie.

La fille de Chrysès, vêtue d'une tunique longue, sans manches, avec un péplus jeté

---

(1) Stace, *Achilleid.* ii, 23, nomme expressément *Diomède*; Quintus de Smyrne, *Posthomer.* vii, 224, *Ulysse* et *Diomède*; Tzetzes, *Antehomer.* 177, *Ulysse, Palamède* et *Nestor.* Mais suivant la tradition des poètes cycliques, *apud* Schol. *Iliad.* xix, 338, l'ambassade était composée de *Nestor, Ulysse* et *Phénix.* Il est probable que les auteurs de nos divers bas-reliefs s'étaient servis de toutes ces traditions, suivant qu'ils avaient besoin d'employer un plus ou moins grand nombre de personnages.

(2) On a vu dans cette dernière composition, tantôt le départ de Chryséis, tantôt son retour auprès de son père; et c'est encore pour la première de ces explications que s'est prononcé, en dernier lieu, M. Inghirami, *Galler. omer.* tav. xxxvi, p. 78-79.

(3) Cette maison, le plus bel édifice privé que Pompéi ait offert jusqu'ici, fut découverte du 10 novembre 1824 à la fin de mars 1825. Voyez la description qu'en a faite l'architecte des fouilles, C. Bonucci, dans son livre intitulé *Pompei descritta*, p. 112-124, 3. ediz. Napoli, 1827. J'ai entrepris de donner, dans un autre ouvrage, les peintures et les détails architectoniques de cette maison, en gravures au trait, coloriées au pinceau, de manière à reproduire l'image fidèle et complète de ce charmant édifice; voy. notre *Choix d'édifices inédits de Pompéi*, première partie, *Maison du poète tragique*, Paris, 1828, folio.

(4) Voy. notre planche XV.

par-dessus cette tunique, qui couvre son bras gauche et se replie au-dessous de sa poitrine, de manière à former une large ceinture, la tête nue, et non voilée, comme elle est représentée à tort sur un monument des siècles de décadence[1], semble arrêtée, au dernier pas qui lui reste à franchir, par l'idée de la discorde qu'elle laisse derrière elle dans le camp des Grecs. D'une main, elle s'appuie sur un personnage que, d'après son costume[2], d'après son attitude humble et presque servile, on ne peut prendre que pour un esclave, qui, un pied déjà posé sur la planche jetée du rivage au navire, aide Chryséis à y monter. De l'autre côté, marche près d'elle, et comme pour lui servir aussi d'appui, un jeune enfant, vêtu de la tunique courte des *Camilles*, et qui rappelle par sa présence la dignité sacerdotale du père de Chryséis, ou l'hécatombe conduite à Chrysès, et dont il va être le ministre[3]. Derrière ce groupe, d'une ordonnance heureuse autant que simple et naturelle, deux guerriers, l'un d'un âge mûr, l'autre plus jeune, tous les deux vêtus d'un simple manteau, et la tête couverte d'un casque, debout et au-dessous d'une porte en bois, surmontée d'une architrave, qui indique l'entrée du camp, assistent au départ de Chryséis. Rien n'empêche qu'on ne voie dans ces deux guerriers, d'un âge différent, *Ulysse* et *Diomède*, nommés à cette occasion par Homère[4], le premier desquels figure incontestablement, dans ce même sujet, sur les représentations qu'on en possède, telles que la *Table iliaque*[5], et les peintures d'un ancien manuscrit de l'Iliade[6]. Mais c'est contre toute vraisemblance, et même contre toute raison, que le premier interprète de notre peinture voit, dans le vieux serviteur qui se courbe pour aider Chryséis à monter sur le navire, Agamemnon lui-même, le roi des rois, et qu'il épuise son imagination à trouver dans l'attitude et l'expression de cet esclave des perfections qui n'y furent jamais[7]. Le navire, dont on ne voit que la poupe terminée par une rosace et ornée d'une palme et d'une couronne, avec une *main* qui se présente ouverte pour recevoir Chryséis[8], était un élément obligé d'un pareil sujet; et c'est aussi, avec la porte du camp, placée vis-à-vis, le seul accessoire qu'on y remarque.

La seconde peinture[9] offre un sujet plus intéressant, une composition plus riche en figures,

---

(1) *Iliad. Fragm. antiquiss. cum pict.* tav. iii; Inghirami, *Galler. omer.* tav. xxvii.

(2) Ce personnage est vêtu d'une tunique courte, à mi-manches, avec un pallium jeté par-dessus; il a la tête nue et rase, du reste sans aucun ornement, sans aucun signe de dignité. Si l'on voulait à toute force lui donner un nom et le relever de la condition servile, on pourrait voir en lui *Épéus*, figuré à titre de serviteur d'Agamemnon, debout, derrière le siége de ce prince, sur un célèbre bas-relief grec, fragment d'une composition plus étendue qui représentait probablement un conseil de chefs grecs, et qui ornait, suivant toute apparence, l'extérieur d'un *puteal*; voy. Schorn, *Homer nach Antik.* ix, 1; et Ott. Müller, *Amalthea*, III, taf. iii, p. 35-40.

(3) Un personnage vêtu de la même tunique courte, propre aux jeunes ministres des sacrifices, figure en effet près de l'hécatombe conduite à Chrysès, sur la *Table iliaque*, 9. Du reste, c'est un usage fréquemment mentionné par Homère, *Iliad.* 1, 462, *Odyss.* iii, 460, et constaté par une foule de monumens grecs, sur-tout de stèles funéraires, que l'assistance des *jeunes gens* aux sacrifices. On ne les trouve pas moins souvent figurant au même titre sur les monumens étrusques et romains qu'il est superflu de citer; mais j'indiquerai cependant, outre la peinture de la Noce Aldobrandine, un beau bas-relief du *Musée Pie-Clém.* V, xxvi.

(4) Homer. *Iliad.* 1, 145. Le défaut du *pileus* ne saurait être une difficulté pour voir Ulysse dans ce personnage barbu. Ulysse ne porte pas toujours ce *bonnet nautique*, et il est d'ailleurs représenté avec le casque en tête, sur la *Table iliaque*, où son nom, ΟΔΥΣΣΕΥΣ, ne permet pas de le méconnaître.

(5) *Mus. capitol.* IV, 68, 9; Schorn, *Homer nach Antiken*, vii, 11, n. 8.

(6) *Iliad. Fragm. antiquiss.* tav. iii; Inghirami, *Galler. omer.* tav. xxvii.

(7) G. Bechi, *Real Mus. Borbon.* II, lvii, 1-3. « Oltre che « l'attitudine dell' Agamennone è *stupenda*, e compone benissimo « in questo gruppo, fù buon senno il pittore a farlo curvato per « nasconder quell' affetto, ch' era difficil cosa esprimergli, etc. » Toutes ces exagérations ultramontaines sont aussi contraires à la vérité des faits qu'à la juste intelligence des monumens La présence d'Agamemnon n'est autorisée ici que par un vers d'Homère, *Iliad.* 1, 307; mais ces peintres de l'antique Pompéi ne se piquaient pas sans doute de suivre à la lettre les traditions homériques. Du reste, la figure du prétendu Agamemnon est aujourd'hui presque entièrement effacée sur la peinture originale; et le dessin, tel qu'il est publié dans l'ouvrage cité plus haut, n'en est pas plus fidèle que l'explication n'en est satisfaisante.

(8) M. Bonucci, *Pompei descritta*, p. 113, voit dans cette main celle d'Ulysse qui s'avance pour recevoir Chryséis. J'avoue qu'il me serait bien difficile de reconnaître à cette seule marque le roi d'Ithaque, ou tout autre personnage en particulier.

(9) Voy. notre planche XIX. Elle a été déjà publiée au simple

10*

et plus remarquable à tous égards, mais malheureusement aussi fort endommagée : c'est la scène homérique qui suit immédiatement celle dont il vient d'être question, c'est-à-dire, *Briséis enlevée de la tente d'Achille par les hérauts d'Agamemnon.* La composition, telle que nous la présente cette peinture, diffère des autres représentations connues du même sujet[1]. Achille est assis, à l'entrée de sa tente, sur un siége richement orné d'ivoire[2]. Il a la partie supérieure du corps nue, et le reste enveloppé dans un pallium de couleur rouge[3]. Il porte le parazonium suspendu sur sa poitrine, et tient en main le sceptre, sans doute le même sceptre que, dans sa colère, il a jeté à terre dans le conseil des Grecs, et sur lequel il a prononcé le redoutable serment de forcer au repentir le prince ingrat qui l'a offensé[4]; de l'autre main, étendue d'un air d'autorité vers les deux hérauts, il donne à Briséis l'ordre de les suivre. A la gauche du héros, un de ses compagnons, qui ne peut être que Patrocle, vu par le dos, conduit par la main la jeune captive, qui, la tête légèrement inclinée et appuyée sur sa main droite, semble suivre à regret l'ordre qu'elle écoute et la main qui l'entraîne. Briséis est vêtue d'une tunique longue, par-dessus laquelle est jeté un long péplus, d'une étoffe fine et transparente, terminée en franges, dont elle se couvre la tête. Son attitude, son ajustement, l'expression de son visage où se peignent la surprise, le regret et la pudeur, composent une figure pleine de grâce et de naturel. Du côté opposé se reconnaissent, au caducée d'or qu'ils portent à la main[5], les deux hérauts d'Agamemnon, Eurybate et Thaltybius, l'un desquels détourne la tête, sans doute afin de témoigner la confusion ou la pitié qu'il éprouve. Derrière le siége d'Achille, un vieillard[6], probablement Phénix, le menton appuyé sur sa main, l'œil fixé sur son élève, ne se montre occupé que des chagrins qu'il pénètre et des malheurs qu'il prévoit; et sur un plan plus éloigné, apparaissent cinq Myrmidons,

---

trait, mais avec peu d'exactitude dans l'ensemble et dans les détails, *Real-Mus. Borbon.* II, LVIII, 1-3, et coloriée, mais d'une manière presque entièrement arbitraire, sous le double rapport du dessin et de la couleur, dans le recueil souvent cité de M. Inghirami, *Galler. omer.* tav. XXXII, p. 75-76.

(1) Celle de ces représentations qui offre le plus de rapports avec notre peinture, et qui paraît dérivée d'un original commun, est la peinture de l'ancien manuscrit de l'Iliade, tav. VI, et *Galler. omer.* tav. XXX et XXXIII, où l'artiste a divisé en deux scènes différentes l'*Arrivée des hérauts* et l'*Enlèvement de Briséis,* qui font ici le sujet d'une seule et même composition. On a vu le même sujet dans un fragment de bas-relief, *Mus. des Antiq.* t. III, supplément, pl. 2, n. 27, qui représente plus probablement, comme je le montrerai ailleurs, Achille, au milieu de ses compagnons, résistant aux instances des députés d'Agamemnon. M. Inghirami a cru trouver pareillement ce sujet sur un célèbre camée qu'il a reproduit, *Galler. omer.* XXXI, et qui a certainement rapport à une autre circonstance de la vie d'Achille, à celle où la nouvelle de la mort de Patrocle lui est apportée par Antiloque; c'est ainsi du moins que tous les antiquaires ont interprété cette pierre, dont Visconti, *Esposizione di gemm. antiche,* p. 273, regarde l'explication, telle qu'elle a été donnée par Winckelmann, comme certaine et indubitable, *certissima ed indubitata interpretazione,* et j'avoue que je suis tout-à-fait, à cet égard, de l'avis de Visconti.

(2) Je crois que les parties peintes en blanc sur les bras de ce siége doivent être présumées d'*ivoire,* de même que beaucoup de meubles ou d'instrumens, également peints en blanc, qui se reproduisent si souvent sur les vases grecs. Tels sont ces petits modèles de *temples portatifs,* qu'on fabriquait aussi en argent, *Vases de Lamberg,* I, p. 7 et 64; tels sont ces *coffres,* ces *bâtons,*

et autres meubles, probablement d'un usage sacré ou symbolique, qu'on voit aux mains de personnages mystiques. On sait d'ailleurs quel fréquent usage les anciens faisaient de l'ivoire pour la décoration de leurs meubles et même de leurs maisons, Pausan. 1, 12, 4. C'était sur-tout pour les siéges, κλίναι, que cet emploi de l'ivoire avait lieu le plus habituellement; aussi le même écrivain remarque-t-il un *siége d'ivoire,* θρόνος ἐλέφαντος, dans une peinture de Nicias, Pausan. VII, 22, 4. De nombreux fragmens de cette matière, provenant de meubles antiques, ont été publiés par Caylus, *Recueil d'antiq.* IV, LXX; V, LXXXIV, 1-3; VI, LXXII, 1-3.

(3) La couleur de *pourpre* paraît avoir été affectée principalement à la chlamyde des héros, d'après les nombreux témoignages qu'on trouve à cet égard dans Homère, *Odyss.* IV, 115, et ailleurs. Aussi le personnage peint par Nicias, dans son propre tombeau, et en costume héroïque, portait-il une chlamyde couleur de pourpre, χλαμύδα φοινικῆν, Pausan. VII, 22, 4.

(4) Homer. *Iliad.* I, 240-245.

(5) La forme de ce caducée, où le *double nœud* qui, suivant toute apparence, a donné naissance aux *deux serpens,* est très-bien indiqué, comme il se montre aussi sur les peintures de l'ancien manuscrit milanais, pourrait servir à confirmer l'opinion, d'ailleurs très-ingénieuse et très-plausible, de M. Boettiger, sur l'origine et sur la forme primitive du caducée; voy. les nouvelles observations de ce savant, dans l'*Amalthea,* I, 104-116.

(6) La position de ce personnage, sa tête nue, ses cheveux gris, l'air d'attention et d'intérêt avec lequel il considère Achille, ne peuvent convenir qu'au vieux *Phénix,* qui semble devoir être un des témoins obligés d'une pareille scène. L'interprète napolitain ne fait du reste aucune mention de ce personnage, quel qu'il soit.

debout, appuyés sur leur lance et presque entièrement cachés sous leur large bouclier thessalien[1]. Le fond du tableau est formé par une porte ouverte, probablement celle qui conduit à l'appartement des captives, et que décore une draperie tendue dans le goût antique.

L'ordonnance de ce tableau est certainement une des plus remarquables entre toutes celles des peintures antiques que nous possédons. La disposition des personnages sur plusieurs plans diffère essentiellement de ce que nous voyons pratiqué sur le plus grand nombre de ces peintures, où les figures sont placées sur un seul plan, presque toujours assez espacées, dans le goût du bas-relief. La figure d'Achille est pleine de fierté; le mouvement en est naturel et vrai, et sa tête est d'un beau caractère. J'ai déjà remarqué la figure de Briséis, comme une des meilleures, sous tous les rapports de l'ajustement, de l'attitude et de l'expression, que nous aient offertes jusqu'ici ces peintures antiques, dans lesquelles on ne peut raisonnablement trouver à louer que l'imitation heureuse d'un bon modèle, mais qui n'en témoignent pas moins, dans la médiocrité même de leur exécution, à quel point la pratique du dessin était familière et perfectionnée chez les anciens, puisque ces peintures, d'un ordre tout-à-fait secondaire, exécutées dans une petite ville de province et à l'usage de simples particuliers, dans un siècle où les arts étaient depuis long-temps déchus, et par la main d'ouvriers habiles, plutôt encore que de véritables artistes; peintures produites d'ailleurs par des procédés très-expéditifs, et, pour ainsi dire, au bout du pinceau, nous présentent néanmoins tant d'intentions pittoresques et de motifs heureux, un goût de dessin généralement si élevé, des formes d'ajustement si nobles, des caractères si bien saisis et rendus avec tant de facilité, de grâce et de naturel. Sans penser à comparer ces peintures antiques avec les beaux ouvrages de l'art moderne, qui n'admettent réellement aucun parallèle de cette espèce, il est certain néanmoins qu'on ne saurait, d'après ces peintures mêmes, concevoir une trop haute idée des productions originales de cet art, lorsqu'il était cultivé chez les Grecs par des artistes du premier ordre, avec toutes les ressources d'une longue expérience et d'une pratique perfectionnée, pour les destinations les plus élevées, et sur le plus brillant théâtre, c'est-à-dire, dans les circonstances les plus favorables où l'art se soit jamais trouvé chez aucun peuple. Les peintures exécutées à Rome, pareillement sur mur, et dans un siècle où, de l'aveu de Pline[2], cet art était presque totalement déchu, offrent généralement, même celles de l'ordre le plus vulgaire, telles que les peintures de la petite maison trouvée, à la fin du dernier siècle, dans les jardins de la villa Negroni[3], à plus forte raison celles qui étaient employées dans des édifices plus importans, tels que les thermes de Titus, les salles de ce qu'on appelle le *bain de Livie*, sur le Palatin, et même la chambre sépulcrale de la pyramide de Cestius, sans parler de quelques tableaux, tels que celui de la *Noce Aldobrandine*[4],

---

(1) C'est effectivement ainsi que ce bouclier est figuré sur les médailles de Thessalie.

(2) Plin. xxxv, 11, 5 : *artis morientis*.

(3) Ces peintures, dessinées par le célèbre Raphael Mengs, ont été publiées à Rome, en onze feuilles, par l'architecte Camillo Buti, avec le plan des localités qu'elles décoraient, et qui paraissent avoir été une dépendance d'une grande maison romaine, et suivant l'opinion de M. Mazois, *Ruines de Pompéi*, part. II, pl. 11, fig. 2, un *Venereum*.

(4) Cette peinture, si souvent citée, publiée ou expliquée, était cependant restée, jusqu'à ces dernières années, presque entièrement méconnaissable par suite des restaurations qu'elle avait subies, et dont elle n'a été purgée que tout récemment, par les soins de son dernier propriétaire, Vinc. Nelli, sous les yeux du célèbre Canova; voy. la *Lettera sull' antica pittura delle Nozze Aldobrandine*, de L. Biondi, p. 27-30, Rome, 1815, 8°. L'état dans lequel elle était demeurée si long-temps explique l'imperfection de toutes les estampes qui en ont été données, sans en excepter la copie peinte par notre Poussin, laquelle se voit dans la galerie Doria, à Rome. La dernière gravure qui accompagne la lettre citée plus haut de Biondi, bien que postérieure à ce qu'on peut appeler la seconde découverte de la peinture originale, n'est pas non plus tout-à-fait irréprochable. Mais ce monument a été plus heureux, sous le rapport de l'érudition, qui ne trouve

composition véritablement admirable sous le rapport de l'ordonnance et du style, offrent, dis-je, généralement, comparées aux peintures des maisons de Pompéi, un goût de dessin beaucoup plus pur, des formes plus choisies, une exécution plus soignée; et si telle était encore la peinture, dans un siècle de décadence, sur un sol étranger et dans des emplois subalternes, il est permis de croire que, dans les temps de sa prospérité, dans sa véritable patrie, et lorsqu'elle était appelée à décorer les temples, les portiques ou les tombeaux de la Grèce et de l'Ionie, l'art d'Apelle, de Protogène et de Nicias rivalisait, dans toute l'étendue du terme, avec celui de Phidias, de Praxitèle et de Lysippe[1].

§ IV.

On sait quelles furent les suites de la violence commise par Agamemnon, et que nous avons vue retracée sur notre belle peinture de Pompéi. Achille, retiré dans sa tente et livré tout entier à son ressentiment et à sa douleur, resta sourd à toutes les instances de ses amis, à toutes les soumissions d'Agamemnon, lorsque le danger des Grecs devenait de jour en jour plus pressant, et presque menaçant pour lui-même. Cette obstination d'Achille a fourni le sujet de plusieurs monumens, le plus complet desquels et le plus intéressant, à tous égards, est un vase grec du musée des *Studi*, que je publie pour la première fois[1].

Ce vase représente la scène de *l'Ambassade envoyée par Agamemnon à Achille*, afin d'essayer de fléchir le ressentiment de ce héros. Les principales circonstances du récit homérique sont retracées, sur cette peinture, avec tant d'exactitude, qu'il est évident que l'artiste, en la composant, devait avoir le poète sous les yeux: aussi ne me servirai-je, pour expliquer le vase, que des expressions mêmes d'Homère.

Les trois ambassadeurs, *Phénix*, cher au fils de Pélée, le prudent *Ulysse*, et le vaillant *Ajax*, arrivent sous la tente d'Achille[2]; ils le trouvent *assis*, et charmant ses douleurs aux sons d'une *lyre*, *belle*, *richement décorée*[3], tel qu'il apparaît sur la célèbre pierre gravée de Pamphile[5]. Cependant Achille a suspendu ses chants pour prêter l'oreille aux discours des ambassadeurs. Ulysse, le premier, a vainement tenté de le fléchir par la pompeuse énumération des présens que lui destine Agamemnon[6]; Phénix, dans un discours moins étudié, lui a représenté tout aussi inutilement les tristes effets d'un courroux opiniâtre[7]; enfin Ajax, plus impétueux, s'est emporté en reproches amers contre l'injuste obstination du fils de Pélée[8]. Voilà la scène décrite par Homère, et voici maintenant les personnages qui figurent sur notre vase, avec des traits si parfaitement conformes au récit épique, qu'il semble

plus rien à desirer, après la belle dissertation de M. Boettiger, *Die Aldobrandinische Hochzeit*, 1-206, 4°., Dresden, 1810. La *Noce Aldobrandine*, récemment acquise par le gouvernement pontifical pour la somme considérable de 14,000 écus romains, fait maintenant le principal ornement du nouveau musée Borgia.

(1) Au moment où je termine l'impression de ce paragraphe, je lis dans le *Berliner Kunstblatt*, Heft I, p. 16-18, une notice sur cette peinture, par le D. Foerster, dans laquelle elle est fidèlement décrite et judicieusement appréciée.

(2) Voy. planches XIII et XIV. Le vase, de la forme dite *vaso a calice*, Jorio, *Vasi del Mus. Borbon.* tav. II, n. 21, en figures rouges sur fond noir, provient de Pestum; lieu d'où il n'est sorti que des vases remarquables par la rareté ou par l'intérêt des sujets. Ce vase a été décrit avec exactitude par M. le ch. Jorio, *ouvr. cité*, p. 12-13, et plus récemment par M. Panofka, dont l'ouvrage, *Neapels antike Bildwerke*, t. I, exécuté en commun avec M. Gerhard, Tubingue, 1828, ne m'est parvenu que pendant l'impression de cet article; voy. p. 242-244 de ce volume. Mon interprétation diffère en quelques points de celle de ces deux antiquaires; mais ces légères différences n'affectent en rien le sens général de la représentation, au sujet de laquelle je me félicite de me trouver d'accord avec M. Panofka.

(3) Homer. *Iliad.* IX, 165-185.

(4) *Ibid.* 186-187.

(5) Bracci, *Memor. de' incisori*, II, XC, XCI.

(6) Homer. *ibid.* 225-306.

(7) *Ibid.* 434-601.

(8) *Ibid.* 620-630.

véritablement qu'on assiste à leur entretien, et qu'on entende leurs discours et jusqu'à leur silence. Achille, *les cheveux longs et flottant sur ses épaules*, trait essentiel du costume homérique que l'artiste n'a certainement pas retracé ici sans intention, vêtu d'une manière qui témoigne l'éloignement où il vit des combats et des jeux guerriers, c'est-à-dire, la partie inférieure du corps enveloppée dans un long vêtement en désordre, est assis, soutenant d'une main sa lyre sur ses genoux; de l'autre main, il tient le *plectrum*, dont il a cessé de faire usage, pour écouter les ambassadeurs. Directement en face de lui, l'ingénieux Ulysse, appuyé sur sa double lance, et le regard attaché sur le sien, semble méditer quelque nouveau discours propre à vaincre enfin sa résistance. Plus loin, un personnage assis, et *tenant son genou gauche élevé et serré de ses deux mains*[1], absolument dans l'attitude donnée à Phénix sur le disque d'argent du cabinet du Roi[2], ne peut être que Phénix lui-même, gémissant de l'inflexible opiniâtreté de son élève. Derrière Achille, le bouillant Ajax[3] se reconnaît au geste expressif qui indique, comme dans le discours que lui prête Homère, le reproche mêlé à la prière. Ainsi, les trois ambassadeurs ont chacun ici une attitude propre et caractéristique, indépendamment de leur costume, varié de même suivant leur âge et leur caractère. Les deux hérauts, Hodius et Eurybate, désignés par Agamemnon pour accompagner les ambassadeurs[4], ne se reconnaissent pas, à des signes moins certains, parmi les personnages qui suivent, c'est-à-dire, au manteau riche et ample qui les enveloppe, à la double lance en repos, à l'immobilité de toute leur attitude, qui témoigne la nature grave et pacifique de leur intervention. Les deux chevaux *en repos, pourvus de la bride et du mors*, sont sans doute l'indication abrégée et symbolique des *douze coursiers* promis à Achille[5], comme le présent le plus propre à désarmer sa colère[6]; et le jeune héros vêtu d'un long pallium qui semble s'empresser d'exécuter un ordre, ne peut être que Patrocle, à qui Achille a commandé de préparer, dans l'intérieur de sa tente, une couche pour le vieux Phénix[7].

Je dois dire quelques mots de la peinture tracée dans le champ inférieur du vase, bien que le sujet n'en ait, à ce qu'il semble, aucun rapport direct avec celui qu'on vient de voir. Cette peinture offre deux groupes, composés chacun de trois personnages. Dans le premier, une femme, vêtue d'une *tunique talaire*, avec une *nébride* attachée par-dessus, tient de la main droite un instrument assez difficile à déterminer[8], mais qui ressemble à un *joug*, et qui, dans

---

(1) Voy. plus haut, p. 61-62, les observations dont cette attitude remarquable a été l'objet. J'ajouterai ici que, dans la description de ce vase, M. Panofka, *Neapels antike Bildwerke*, 243, reconnaît le vieux *Phénix*, dans cette même figure et à cette même attitude caractéristique : « Waehrend naemlich der « bejahrte Phoenix, ihm gegenueber sitzt, den linken Fuss von « beiden Haenden umschlungen, zur Andeutung der Trauer und « des Nachsinnens. »

(2) Millin, *Monum. ined.* I, viii, 86. Je remarque ici que c'est à tort que l'attitude dont il s'agit a été jugée indécente par M. Boettiger, *Ilithya*, 42 et suiv.; et que c'est avec encore moins de fondement que Millin a cité, à l'appui de cette observation, un verre antique de Buonarotti, *Vetri antichi*, tav. xxvi, n. 1, qui n'offre rien de pareil.

(3) M. Panofka, à l'endroit cité plus haut, p. 243, reconnaît au contraire *Ajax idlamonien*, dans le personnage placé vis-à-vis d'Achille, et *Ulysse*, dans celui qui est derrière son siége. Il me semble que les attitudes de ces deux personnages, tels que je les désigne, sont plus conformes à leur caractère et à leur costume. M. Jorio me parait s'éloigner encore davantage de la

vérité, en prenant pour *Ulysse* le personnage assis, et pour *Phénix*, celui qui harangue.

(4) Homer. *Iliad.* ix, 170.

(5) *Ibid.* 123-124, 265-266.

(6) M. Jorio voit, dans ces chevaux, les *coursiers* d'Achille lui-même. Je ne vois pas trop ce que ces coursiers auraient à faire dans une scène semblable, et je crois mon explication plus conforme au génie de l'antiquité. M. Panofka se contente de faire mention des deux chevaux, sans énoncer aucune conjecture à leur sujet.

(7) Homer. *ibid.* 616-617.

(8) Millin, *Vases peints*, I, xxvi, 54, désigne cet instrument comme un *joug*, dont il offre effectivement la forme, sans basarder du reste aucune explication sur le personnage qui le porte. M. Schorn, dans sa nouvelle et docte explication du même vase, *Homer nach Antiken*, Heft ix, v, vi, 33-34, laisse indécis l'objet en question, en affirmant seulement que ce n'est pas un *joug*; et, sur ce point, je ne puis être aussi affirmatif que lui, d'autant plus que M. Boettiger, dans les observations qu'il a publiées sur ce vase, *Archaeologie der Malerei*, 341, semble avoir été frappé,

tous les cas, paraît être le même que celui que tient une femme troyenne, sur le fameux vase de Vivenzio, et qui a si fort embarrassé tous les interprètes de ce beau monument, sans qu'on en ait donné jusqu'ici une explication satisfaisante. Cette femme a la tête tournée vers une seconde femme, qui semble lui adresser la parole, en courant après elle; celle-ci est vêtue d'une tunique courte lacédémonienne, et tient une *hache bipenne*. Un jeune homme, vêtu à la manière des éphèbes, tels qu'on les voit figurés sur beaucoup de vases, et tenant de même un *bâton*, s'efforce d'atteindre à la course les deux femmes, en retournant la tête de l'autre côté. Le second groupe, mis en rapport avec le précédent, au moyen de l'attitude donnée à cet éphèbe, se compose pareillement de deux femmes qui courent l'une derrière l'autre, la première, en tunique longue, avec un péplus, portant un *candélabre*, la seconde, en tunique courte sans manches, tenant le même instrument décrit plus haut, et d'un jeune homme qui semble les poursuivre, et tient en main une *double lance*. Il est probable que ces deux groupes représentent une de ces *danses armées*[1] qui se célébraient dans les solennités religieuses. L'opposition de l'ample et riche costume ionien, avec le costume simple et sévère des Doriens, telle qu'elle se produit ici, probablement avec intention, entre ces femmes si différemment vêtues, peut être considérée comme un trait de vérité locale, attendu que le vase qui nous la présente, provient de Pestum, où les races achéenne et dorienne s'étaient mélangées sans se confondre[2]. Quoi qu'il en soit, la *danse* figurée sur ce vase était sans doute du genre de celles qui se célébraient à l'occasion des initiations[3]; et sous ce rapport elle se rattache, sinon au sujet principal représenté sur notre vase, du moins à la destination même de ce vase, qui ne peut avoir été que religieuse et mystique.

Avant de quitter ce sujet, je dois indiquer quelques monumens où la même circonstance de la vie d'Achille est figurée, quoiqu'on ne l'y ait pas reconnue jusqu'à présent. Tel est un fragment de bas-relief du Musée du Louvre, où l'on a vu *Achille à qui les hérauts d'Agamemnon viennent enlever Briséis*[4]. L'absence de ce dernier personnage suffirait seule pour prouver l'inexactitude de cette explication, tandis que, dans notre hypothèse, l'attitude et le costume

comme moi, de la ressemblance de l'instrument dont il s'agit avec un *joug*. Du reste, que cet instrument, quel qu'il soit, eût une signification propre et déterminée, et qu'il ne figurât pas ici comme le premier objet tombé aux mains d'une femme désespérée, *irâ arma ministrat*, c'est ce qui résulte évidemment de notre vase, où le même objet a, dans un sujet mystique, une intention très-difficile à déterminer, mais qui n'en est pas moins très-réelle et très-positive. M. Panofka décrit cet instrument comme étant formé de *deux fers de lance placés l'un contre l'autre:* j'avoue que je ne comprends pas trop ce que pourrait être un instrument de cette sorte, et l'auteur lui-même ne s'explique pas sur son usage.

(1) Sur la *danse armée*, dont l'usage remontait aux siècles héroïques, Homer. *Odyss.* IX, 383, 502; Apollon. Rhod. *Argon.* I, 1134, on peut consulter Lucien, *de Saltat.* V, 120-174, et Athénée, qui nomme et décrit, *Deipnosoph.* IX, 26-38, un grand nombre de ces sortes de divertissemens. Le mélange des hommes et des femmes avait lieu dans plusieurs espèces de *danses armées*, usitées principalement chez les Spartiates, Athénée, XIV, 30, entre autres dans celle qui se nommait *hormos*, et dont la description, telle qu'elle se lit dans Lucien, *ibid.* 131, semble assez convenir à notre peinture. Une autre espèce de *danse armée*, figurée sur le célèbre vase de la galerie de Florence, Visconti, *Mus. P. Clem.* II, pl. ajout. B 11, paraît être celle que Lucien appelle *caryatique*, et dont l'usage était propre aux Lacédémoniens. Dans la plupart de ces danses, notamment dans la *pyrrhique dionysiaque*, genre de danse auquel appartient certainement celle de notre vase, d'après la *nébride* que porte un des personnages, on courait en *portant des flambeaux;* et rien n'est en effet plus fréquent, sur les peintures des vases grecs, que la représentation de ces *lampadophories*. Mais le *candélabre* qui se voit figuré sur notre vase, à-peu-près comme sur un vase de Tischbein, II, 25; ajout. Maisonneuve, *Introduct. à l'étude des vases*, liv. 2, doit avoir eu une intention particulière, et se rapporte sans doute à la danse nommée σίμμαλεσ par Athénée, XIV, 27, et dont Lucien fait aussi mention, *loc. cit.*, 144. Mais en fait de représentations de *danses armées*, il n'en est point de plus remarquable que celle que nous offre un beau vase de Tischbein, I, 50, où deux hommes exécutent la *pyrrhique*, et une femme, cette espèce de saut périlleux appelé κυβίστησις, dont l'usage mentionné par Homère, *Odyss.* IV, 18-13, paraît avoir été de tout temps si familier aux Grecs, Pacciaudi, *Commentar. de Athletar.* ΚΥΒΙΣΤΗΣΕΙ, Rom. 1756, 4.°, et où cette double représentation a rapport à des *jeux funèbres*, ce qu'indiquent la *stèle* et les autres accessoires de cette peinture, et non pas à des *jeux mimiques*, comme l'a pensé Italinsky, p. 81-83.

(2) Voy. mon *Histoire des Colon. grecq.* III, 244-246.

(3) Lucian. *de Saltatione*, V, 132, ed. Bipont. : Ἐῶ λέγειν ὅτι ΤΕΛΕΤΗΝ ἀρχαίαν εὐδαίμων ἐστὶν εὑρεῖν, ἄνευ ΟΡΧΗΣΕΩΣ.

(4) *Mus. des Antiq.* III, supplém. 2, 27.

d'Achille, assis entre trois personnages, dont deux *casqués*, le troisième vieux et barbu, debout, qui semblent chercher à le fléchir, et la présence de Patrocle affligé de l'obstination de son ami, s'expliquent de la manière la plus naturelle. Un autre fragment d'un plus beau style et d'une meilleure exécution, mais dont il ne subsiste que trois figures, c'est à savoir, *Achille*, assis, comme on l'a vu figuré jusqu'ici, et de plus avec ses armes suspendues à côté de son siége, *Patrocle*, et *Automédon*[1], faisait probablement partie d'une composition relative au même sujet, quoiqu'on puisse l'interpréter par le départ de Patrocle qu'Achille envoie combattre les Troyens. Mais c'est certainement le sujet en question qui est représenté sur une belle peinture d'Herculanum, malheureusement très-endommagée[2]. On y voit un jeune héros, nu, d'un caractère de tête absolument semblable à celui de l'Achille de notre peinture de Pompéi, assis, *les pieds nus*, particularité qui a été remarquée comme un trait propre au personnage d'Achille[3], et qui est ici d'autant plus caractéristique, qu'un second personnage, *debout* et s'entretenant avec le premier, a *les pieds chaussés* : à côté de ce groupe est un *cheval* dont on ne voit que la croupe, et que retient un esclave. Or, ce héros nu, assis, avec son épée dans le fourreau dressée contre son siége, est manifestement Achille, obstiné dans son ressentiment; le personnage qui lui parle, s'appuyant sur un bâton, ne peut être qu'un des ambassadeurs d'Agamemnon, Phénix sans doute, cherchant à le dissuader de sa funeste résolution; et le cheval trouverait ici, comme sur notre vase de Pestum, son explication naturelle; à moins qu'on ne préfère de voir ici Patrocle s'efforçant d'obtenir de son ami la permission de combattre à sa place. Dans tous les cas, cette peinture est certainement relative à Achille, et non à un *Entretien d'Étéocle et de Polynice*, comme l'ont supposé les académiciens d'Herculanum, d'après ce seul motif, que le bras du siége pose sur un *sphinx;* ce qui serait un bien faible appui pour une pareille explication, et ce qui produirait d'assez grands désordres dans tout le domaine de l'antiquité, s'il fallait toujours voir dans le *sphinx*, ornement si souvent employé sur les monumens, une allusion même indirecte aux fables thébaines.

§ V.

La mort de Patrocle triompha de tous les ressentimens d'Achille. Une passion plus forte remplit désormais tout son cœur; il n'aspire qu'aux combats, il ne demande que des armes, il ne jouit que de la vengeance qu'il médite; et c'est alors véritablement que, suivant l'expression d'un poète, *il provoque déjà Hector*[4].

Le moment où Thétis apporte à son fils les armes fabriquées par Vulcain[5], est une des

---

(1) *Mus. des Antiq.* III, bas-rel. 23, 1.

(2) *Pittur. d'Ercolan.* IV, xxiv, 209-210. Du reste, cette peinture est indiquée sous le nom d'*Achille*, dans la *Description de quelques peintures antiques du musée Bourbon*, n. xxxii, p. 52.

(3) Philostrat. *Epist.* xxii; conf. Voss, *Mytholog. Brief.* xx, 137, xxi, 142.

(4) Stat. *Achilleid.* ii, 209 :

       .... Ceu protinus Hectora poscens.

(5) Vulcain, fabriquant, à la requête de Thétis, des armes pour Achille, était un des sujets représentés sur le coffre de Cypsélus, Pausan. v, 19, 2; d'où l'on peut inférer que c'était un des sujets, directement puisés d'ailleurs dans les traditions homériques, qui avaient le plus anciennement exercé le talent des artistes. Le même sujet est figuré sur la *Table iliaque*, avec l'inscription : ΟΠΛΟΠΟΙΑ, n. 41, 43, 44; sur deux pierres de Stosch, Winckelmann, *Description*, etc. n. 251, 252, p. 375, et mieux encore, sur un célèbre bas-relief du *Musée du Capitole*, IV, p. 67 et 365. Il faut observer cependant qu'une composition analogue, sur quelques autres pierres, *Mus. Worsley.* iv, 2, Millin, *Pierr. grav.* xlix, 118-119, a rapport à la fabrication des armes d'Énée; et que, sur un plus grand nombre de monumens, entre autres sur des médailles, telles qu'un médaillon de Commode, *Médaillons du Roi*, xv, 14, Millin, *Galer. mytholog.* lxxxii, 338**, et un grand médaillon d'Antonin, *Mus. de Camps*, p. 23, c'est *Minerve*, et non *Thétis*, qui fait fabriquer ou réparer les armes auxquelles travaille Vulcain. Cette distinction a souvent été négligée ou méconnue.

circonstances de la vie d'Achille, qui ont été le plus fréquemment figurées sur les monumens antiques, entre autres sur les pierres gravées et sur les vases. J'ai déjà cité, parmi ces derniers, ceux qui offrent ce sujet de la manière la plus caractéristique[1]; et j'ajoute ici l'indication d'un vase qui présente des particularités assez remarquables[2]. Les pierres gravées offrent moins de variété dans la manière dont ce trait historique y est représenté; Achille y paraît debout, ou seul, ou en face de sa mère, qui lui présente diverses pièces de son armure divine. Tel il se montre sur un célèbre scarabée étrusque, seul, entièrement nu, déjà couvert de son large bouclier, et s'attachant la cnémide de la jambe gauche, avec son nom écrit sous une forme étrusque, mais en caractères originairement grecs : ACHILE[3]. Quelquefois, en présence de sa mère[4], mais le plus souvent seul, près d'une *stèle*, il revêt ses armes, en commençant par les cnémides; et son attitude paraît avoir fourni le premier modèle de la célèbre statue de Jason[5].

---

(1) Voy. plus haut, p. 42.

(2) C'est un vase publié par Dempster, *Etrur. reg.* I, LXVI : on y voit un jeune héros, nu, *les cheveux tombant en tresses sur ses épaules*, assis sur un rocher, et tenant une lance, tandis qu'une nymphe, absolument nue, debout devant lui, lui présente un casque et un bouclier rond, sur lequel est tracé un *serpent*, emblème de la naissance d'Achille. D'autres personnages, dont un assis derrière le héros, un second, debout, tenant le parazonium à la main, et un troisième, barbu et appuyé sur sa lance, lequel paraît être *Phénix*, complètent cette représentation, où la présence et la nudité de la *Néréide* s'éloignent des traditions suivies sur tous les autres monumens.

(3) Ce scarabée, publié d'abord, mais d'après un dessin inexact, par Gori, *Mus. etrusc.* II, CXCVIII, 4, puis par Caylus, à qui il avait appartenu, *Recueil d'Antiq.* I, XXX, 3, et qui en fit présent au comte de Thoms, dans le cabinet duquel il n'est cependant point gravé, a été décrit par Winckelmann, *Pierres de Stosch*, n. 265, p. 376. Tous ces auteurs s'accordent à en regarder la gravure comme un ouvrage étrusque, ce qui me paraît indubitable, d'après la forme du nom ACHILE, mais non d'après celle des caractères, qui sont grecs, de la plus ancienne forme. Le *chi* figuré de cette manière, ↓, dans l'alphabet étrusque, est en effet un caractère primitivement grec, avec cette même valeur, ainsi que l'a démontré en dernier lieu la belle médaille autonome de Métaponte, avec l'inscription : AↆΕΛΟΙΟ[N] ΑΘΛΟΝ, Millingen, *Anc. uned. monum.* part. I, p. viij, introduction. Du reste, ce même nom d'Achille, sous la forme étrusque ACHLE ou ACHELE, se retrouve sur d'autres monumens étrusques, tels que la célèbre patère de Jenkins, Winckelmann, *Mon. ined.* 153; Lanzi, *Saggio*, etc. tav. VIII, 4, et une pierre gravée qui servit de cachet au savant Maffei, *Mus. veron.* p. 10-11, et qui a été publiée par Gori, *Mus. etrusc.* II, CXCVIII, 4. Ce dernier monument n'a pas encore été complétement expliqué, à ce qu'il me semble. On y voit *Achille*, revêtu de ses armes, debout, devant un personnage assis, demi-vêtu, dont le nom est écrit : VLVTE, qui ne peut être que le nom VLYSSES, sous sa vraie forme étrusque; et ce seraient ainsi le héros de l'Iliade et celui de l'Odyssée, opposés l'un à l'autre, dans une attitude qui semble conforme à leur caractère différent. Rien n'est d'ailleurs mieux constaté que l'usage des Étrusques, de terminer en E les noms grecs dont la finale est en ΟΣ, ΗΣ ou ΕΥΣ; on connaît les exemples PELE, PARTHENOPAE, HERCLE, ATHRASTE, AMPHIARE, TVTE, et autres encore, qu'il est inutile de citer, mais à l'appui desquels il ne serait peut-être pas impossible de produire des exemples analogues, fournis par les monumens grecs, entre autres les noms ΠΡΙΑΜΕ, pour ΠΡΙΑΜΟΣ, tracé sur un vase de forme de *lecythus* et de fabrique sicilienne, Laborde, *Vases de Lamberg*, vignette n. 11, t. II, p. 12, et TVPTAE, pour ΤΥΡΤΑΟΣ,

sur une pierre gravée d'ancien style, si toutefois l'inscription en est bien authentique, Visconti, *Iconogr. grecq.* pl. III, n. 1, t. I, p. 65-66. Quoi qu'il en soit, je profiterai de cette occasion pour expliquer une inscription curieuse, gravée sur un miroir mystique, que Lanzi a laissée sans interprétation, *Saggio*, etc. tav. VIII, 5, t. II, 185-186. On y lit, en caractères parfaitement tracés : EVRE VMAILE, ECHSE VMAILE, deux mots bien distincts, dans le premier desquels Passeri lisait ECHLE, pour en former le nom d'*Hercule*, et dans le second, ALCESTE; lecture tout-à-fait arbitraire, au jugement de Lanzi lui-même, et qui ne s'accorde pas plus avec la forme des lettres qu'avec le sujet gravé sur le miroir. Je lis, sans aucun autre changement que l'addition d'une seule lettre omise par l'ancien graveur, ou peut-être inaperçue par le dessinateur moderne : [E]VHSE VMAILE, pour ΕΠΗΣΕ ΕΥΜΗΛΟΣ, c'est-à-dire, *Eumélus a fait.* Le mot ἔπηξε est celui dont se servent habituellement les anciens poëtes grecs, particulièrement quand il s'agit de travaux métalliques; et, à ce titre, il est naturel de trouver ce mot employé sur un monument étrusque du genre de celui-ci; mais j'en puis produire une nouvelle preuve tout-à-fait décisive, dans une autre inscription étrusque jusqu'ici mal interprétée. C'est l'inscription ΓΕCΧΕ MEOLARↆ, PECSE SETHLANS, qui accompagne la célèbre représentation de *Vulcain travaillant au cheval de Troie.* Lanzi, qui a publié ce miroir, mais sans en avoir vu l'original, et d'après un cuivre de Gori, *Saggio*, etc. tav. XII, 3, II, 177, a lu le premier mot ΓΕCΧΕ, AECSE, pour AECΘΥS, interprétation que je ne crains point de qualifier l'une des moins heureuses de cet habile critique, et qui a été néanmoins admise par Millin, *Galer. mytholog.* CXXXVII bis, 604*, sur la foi de la gravure de Lanzi, qu'il s'est borné à reproduire. Cependant, il eût suffi à Millin de jeter les yeux sur le miroir même dont il s'agit, et qui se trouve au cabinet du Roi, pour y lire le mot PECSE, [E]HESE, en toutes lettres parfaitement tracées, et qui, joint au nom étrusque de Vulcain, SETHLANS, compose la légende indubitable, PECSE SETHLANS, *Vulcain a fait, a fabriqué*, d'accord avec la représentation même, où *Vulcain, armé de son marteau, vient d'achever le cheval de bois.*

(4) De semblables pierres sont décrites ou publiées dans plusieurs recueils; voy. entre autres, Winckelmann, *Pierr. de Stosch*, n. 257; *Catalog. de Tassie*, 9241-9242. Une des plus curieuses a été publiée par Ficoroni, dans ses *Vestigia di Roma antica*, p. 183, qui y a vu *Cincinnatus s'armant en présence de sa femme.*

(5) Caylus, *Recueil d'antiq.* II, XXVII, 3; Winckelmann, *Pierr. de Stosch*, 258, 259. L'attitude donnée à *Achille* sur ces monumens, notamment sur un beau scarabée du Musée britannique, *Catalog. de Tassie*, pl. LII, n. 9277, est semblable à celle de la célèbre statue de *Jason*; et d'après cette identité, ainsi que sur la foi des caractères étrusques, ACHLES, gravés sur cette pierre,

C'est cette dernière action qui est aussi représentée sur le beau vase que je publie[1]. Achille, nu, à la réserve d'une chlamyde que le vent agite sur ses épaules, la tête couverte d'un casque orné d'un riche cimier et de deux aigrettes latérales[2], la cnémide déjà fixée à la jambe droite, a le pied gauche levé et posé sur un cippe afin d'attacher l'autre cnémide sur cette jambe. On remarque ici plus distinctement que sur aucun autre monument les *cercles d'argent*, nommés *épisphyria*, qui servaient à fixer cette partie de l'armure, et dont un docte antiquaire de nos jours a prétendu[3], contre la foi des témoignages les plus positifs et contre l'autorité la plus irrécusable de toutes, celle d'Homère[4], que l'usage était réservé exclusivement à la toilette des femmes. Vis-à-vis d'Achille, une femme, Thétis elle-même[5], vêtue d'une longue tunique à manches ouvertes retenues avec des boutons[6], et son péplus déployé autour d'elle et passé sur le bras gauche[7], tient de cette main la *lance*, non celle de Pélée, qu'Achille seul pouvait manier, et que Patrocle n'avait point emportée[8], mais sans doute une lance nouvelle fabriquée par Vulcain avec le reste de l'armure; et, de l'autre main, elle présente au héros un glaive dans le fourreau. Dans une région supérieure à ce groupe, est assis un personnage d'une nature mystique, une femme, vêtue d'une tunique sans manches, avec des ailes ouvertes, tenant dans ses deux mains une bandelette richement brodée, qu'elle déploie au-dessus de la tête d'Achille et de Thétis. Cette femme ne peut être que la *Victoire*, qu'on voit si souvent représentée sur les vases grecs, mais rarement dans la position qu'elle

Raspe propose de changer l'attribution de cette statue, qu'il appelle *Cincinnatus*. Mais il n'y a rien à réformer à cet égard. L'attitude dont il s'agit, employée d'abord pour Achille dans la circonstance indiquée, put fort bien être donnée ensuite à Jason rattachant sa sandale : la même attitude se retrouve d'ailleurs sur des vases grecs, Millin, *Vases peints*, II, lxix; Laborde, *Vases de Lamberg*, I, xlvi, donnée à de jeunes héros, et appliquée à un personnage incertain, sur les bas-reliefs de la frise du Parthénon, Stuart, *Antiq. of Athens*, II, ch. 1, pl. x; et cette dernière similitude, remarquée par Visconti, *Sculpt. d'Elgin*, p. 44, est un nouvel exemple à ajouter à ceux que j'ai cités plus haut, p. 31-32, afin de prouver l'emploi commun qui a été fait d'une même attitude pour des personnages divers, dans une situation analogue.

(1) Voy. pl. XVI. Ce vase, qui appartenait au sieur Michel Fortunato, à Naples, est tiré du *Recueil de dessins inédits de vases grecs* appartenant à la bibliothèque du Roi, dont il a déjà été question plusieurs fois.

(2) De semblables *aigrettes* se voient assez souvent aux casques figurés sur les vases; voy. entre autres, Millin, *Vases grecs*, I, xiii; II, xix. Ce serait sans doute trop hasarder que d'établir quelques rapports d'origine et d'intention entre cet appendice des casques grecs, et un ornement à-peu-près pareil, consistant en deux plumes fixées de chaque côté de la tête des prêtres égyptiens, tel qu'on le voit représenté sur le célèbre bas-relief Mattei de la Pompe isiaque, aujourd'hui au *Mus. Chiaramonti*, II, conformément à des témoignages antiques, Diodor. Sic. 1, 88; Clem. Alex. *Stromat.* vi, 4, y. Toutefois, il est difficile qu'il n'y ait pas au fond quelque analogie entre ces objets, sur-tout quand on les rapproche de ce *diadème à aigrettes*, si fréquent sur les vases grecs, et qui paraît bien avoir eu une intention mystique.

(3) Welcker, *Kunstmuseum zu Bonn*, 33-34 : « Noch endlich « kommt ein Episphyrion oder Knochelband einem Helden zu, « da es vielmehr zum weiblichen Putz gehoerte. » Cette assertion si positive d'un homme aussi instruit que M. Welcker, n'est pas moins extraordinaire que l'erreur qu'il reproche à Winckelmann et à Zoëga d'avoir commise au sujet de la *périscélis*, et que les

exemples tirés des vases grecs à sujets bachiques ou mystiques, dont il cherche à appuyer son sentiment touchant l'usage exclusif de l'*épisphyrion* dans la toilette des femmes ou des personnages efféminés. Voy. la note suivante.

(4) Homer. *Iliad.* xix, 369-370 :

Κνημῖδας μὲν πρῶτα περὶ κνήμησιν ἔθηκε
Καλὰς, ἀργυρέοισιν ΕΠΙΣΦΥΡΙΟΙΣ ἀραρυίας.

Homère répète à toute occasion les mêmes expressions, *Iliad.* iii, 331, xi, 18, xvi, 132; et la manière dont tous ses commentateurs, Eustathe, aussi bien que les scholiastes de Leipzig et de Venise, interprètent cette expression, Ἐπισφύρια, ἃ καλύπτουσι τὰ σφύρα; Ἐπισφύρια, τὰ τῶν σφύρων σφαιρώματα, ne laisse lieu à la moindre incertitude, ni sur la forme de cette pièce d'armure, ni sur la place qu'elle servait à couvrir. Ces divers témoignages ont été déjà produits par Visconti, à l'appui de son explication du *cercle* placé au-dessus de la cheville d'une des jambes de la statue Borghèse, dans ses *Monum. scelti Borghesiani*, I, v.

(5) La présence de Thétis est déterminée par l'inscription de la *Table iliaque*, n. 45.

(6) J'ai déjà remarqué que cette tunique, donnée, sur les monumens grecs, à la plupart des figures de divinités du premier ordre, comme, sur ceux d'époque romaine, à presque toutes les statues de Junon, des Muses et des Impératrices, était l'ancien vêtement des matrones grecques; à l'appui de quoi je crois devoir rapporter ici les propres paroles d'Ælien, *Hist. var.* i, 18. Τὰς δὲ χλαίνας αἱ περὶ τοὺς ὤμους ἄχρι τῶν χειρῶν οὐ συνέῤῥαπτον, ἀλλὰ ΠΕΡΟΝΑΙΣ χρυσαῖς καὶ ἀργυραῖς συνέχοντες κατελάμβανον.

(7) La même observation s'applique ici au *péplus* de Thétis, que je regarde comme un trait de costume propre à cette divinité; voyez plus haut, p. 9 et 29. De là, une preuve, selon moi, positive, que sur le beau bas-relief du Musée du Louvre, représentant *Jupiter* assis entre *Junon* et une seconde déesse demi-nue, *Monum. ant. du Mus. Napol.* I, iv, 19, cette seconde déesse ne peut être que *Vénus*, et non *Thétis*, comme l'a pensé en dernier lieu M. Inghirami, *Galler. omeric.* xxxix, 81-82.

(8) Homer. *Iliad.* xix, 390.

a sur celui-ci[1]; et la bandelette qu'elle déploie est plutôt un symbole d'initiation, que la *tænia* qui servait à ceindre le front des athlètes vainqueurs[2].

Un sujet analogue à celui que je viens de décrire se rencontre assez fréquemment sur les vases, et doit sans doute être interprété de la même manière. Tel est, entre autres, un vase du Musée Charles X[3], où Achille, en tunique courte attachée par une ceinture, debout, la main appuyée sur son bouclier, s'apprête à recevoir de la main de Thétis la *lance* et l'*épée*. Le même groupe se trouve répété sur un vase du plus beau style et de la plus belle conservation, qui fait partie de la collection de M. le comte de Pourtalès-Gorgier[4]. Je citerai encore un vase publié par Millin, qui offre la même représentation, avec des détails différens[5]. Achille, en tunique courte, mais ceinte en deux endroits, est dans l'attitude de s'attacher la cuirasse par-dessus cette tunique, tandis que Thétis, debout devant lui, la tête inclinée et couverte d'une mitre, l'air pensif et affligé, lui présente un *casque* et un *bouclier*. L'habile antiquaire qui a fait connaître ce vase, n'ose pas en déterminer le sujet; toutefois il incline à y voir Hector et Andromaque, uniquement d'après cette mitre, espèce de coiffure qui n'est cependant pas, comme il le pense, exclusivement propre aux femmes phrygiennes. Mais sans attacher plus d'importance qu'il ne convient à d'autres détails de cette peinture, tels que l'*ample péplus* et les *pieds blancs*[6], deux traits de la figure en question qui rappellent deux épithètes homériques constamment ajoutées au nom de Thétis, et la forme ronde du *bouclier argolique* ou *thessalien*, tel qu'est toujours représenté celui des héros grecs et d'Achille en particulier, la seule confrontation des monumens prouve que c'est ici le sujet; bien autrement familier aux arts de la Grèce, d'Achille recevant de sa mère elle-même les diverses pièces de son armure.

Je ne citerai plus qu'un vase qui se rapporte à la même circonstance, mais dans un ordre

(1) On la voit cependant *assise* et déployant de même une *bandelette*, au-dessus de Thésée domptant le taureau de Marathon, sur un vase grec, Millingen, *Vases*, pl. XI. Elle est *assise* sur une base carrée, et tenant une patère, sur un autre vase, *ibid.* XLVII, XLVIII. On connaît les belles médailles de Térina, où la Victoire est *assise*, tantôt sur une *base*, tantôt sur un *vase de prix*, et tenant ou une couronne, ou une palme, ou tout autre attribut symbolique.

(2) La *tænia* dont les athlètes se ceignaient le front, Pausan. V, II, 2, ne semble pas avoir été si large ni si ornée que l'est la bandelette que déploie ici la *Victoire*. Nous savons par l'exemple du *Diadumène* de Polyclète, Lucian. *Philopsend.* 18, dont il nous reste plus d'une copie antique, de Cavalleriis, n. 79; Winckelmann's *Werke*, VI, Taf. 2, A; voy. plus haut, p. 48; nous savons, dis-je, quelle était la forme de la *tænia* des athlètes : or, la bandelette que tient ici la *Victoire* semble être d'une autre espèce; c'est, si je ne me trompe, la même bandelette qu'on voit attachée autour de chaque bras d'un athlète vainqueur, sur un vase de Tischbein, I, 57, et, d'une manière encore plus caractéristique, autour du bras droit d'un *héros*, debout en face de la *Victoire ailée* qui lui présente une *patère*, sur un autre vase grec, Millingen, *Vases grecs*, XLVII. La même bandelette se voit pareillement attachée autour du bras gauche d'*Hercule, Dieu Sauveur*, ΗΡΑΚΛΕΟΥΣ ΣΩΤΗΡΟΣ, sur de nombreux tétradrachmes de Thasos : d'où il résulte invinciblement que c'est un signe d'initiation et d'apothéose. Si l'on rapproche ces monumens de la peinture d'un hypogée étrusque que j'ai décrit, *Journal des savans*, janvier 1828, p. 18, où une *bandelette* semblable se voit attachée autour du bras d'un personnage à qui une autre figure présente un *dauphin* et un *bâton*, que

j'ai cru pouvoir regarder comme des symboles d'*immortalité*, on verra que toutes ces représentations s'expliquent et se confirment les unes par les autres; et il en résultera, de plus, par un nouvel exemple, que le même fond d'idées et de symboles était commun aux Grecs et aux Étrusques.

(3) Mus. Charles X, n. 15, ancien fond.

(4) Ce vase sera publié, dans un choix des principaux monumens de cette belle collection, avec des observations que M. le comte de Pourtalès-Gorgier m'a permis d'y joindre; ce qui me dispense d'entrer actuellement dans de plus grands détails sur ce vase et sur quelques autres qui seront cités plus bas.

(5) Millin, *Vases peints*, I, XXXIX, 80. C'est un vase mystique, d'après la couronne de *myrte*, propre aux initiés, que porte ici le héros, et qui, dans aucun cas, ne saurait convenir à Hector. Millin n'a pas fait cette observation, que je crois décisive contre son interprétation. Je remarque encore que la cuirasse et le *bouclier* sont peints en *blanc* sur ce vase, aussi bien que sur celui du Vatican qui représente le même sujet; particularité déjà relevée par Winckelmann, *Monum. ined.* 131, qui a rappelé à cette occasion les épithètes λευκοθώρακες, λευκάσπιδες, fréquemment employées par les poètes, Æschyl. *Sept. contr. Theb.* 89; Sophocl. *Antig.* 107; Euripid. *Phœniss.* 1106, mais sans soupçonner l'intention symbolique qu'elle a certainement sur les vases.

(6) Les épithètes τανύπεπλος, ἀργυρόπεζα, sont, comme on sait, les épithètes dont Homère se sert habituellement pour désigner Thétis, *Iliad.* 1, 538, et ailleurs; et il n'y aurait rien d'invraisemblable à supposer que l'ancien artiste aurait voulu faire allusion à cette particularité homérique, en peignant ici en *blanc* les pieds de la déesse marine.

d'idées tout différent. On y voit un Satyre, parfaitement caractérisé par sa longue queue de cheval, et par tous les traits de sa physionomie, la tête couverte d'un *casque*, dans l'attitude de s'attacher la *cnémide*[1], attitude si évidemment conforme à celle du vase que je publie, et si caractéristique d'Achille, que je n'hésite pas à reconnaître sur le vase en question le même sujet, mais en style burlesque, tel qu'il convenait aux représentations *satyriques*. Je conjecture qu'un vase inédit du Musée Charles X[2], qui offre pareillement une représentation satyrique, a rapport au même sujet d'*Achille travesti*. Effectivement, Achille avait, comme la plupart des dieux et des héros de la Grèce, fourni le sujet de plusieurs drames satyriques; Ovide en a fait la remarque[3]; et dans le catalogue des drames d'Eschyle et de Sophocle[4], il s'en trouve, de chacun de ces poètes, un de cette nature. Les vases nous ont offert jusqu'ici quelques sujets qui appartiennent indubitablement au même genre de représentations[5], et dont le rapport avec les sujets religieux ou héroïques qui décorent le plus grand nombre de ces vases, n'est sans doute pas le trait le moins remarquable de tous ceux qui se rattachent à une interprétation complète de ces curieux monumens. Je publierai quelques-uns de ces sujets satyriques jusqu'à présent inédits, et j'essaierai de répandre quelque lumière sur un point d'archéologie si neuf encore et si important à éclaircir.

§ VI.

La vengeance exercée sur le corps d'Hector était une des circonstances de la vie d'Achille qui avait été le plus fréquemment traitée par les anciens artistes. Nous la voyons représentée sur des bas-reliefs qui servaient à l'enseignement dans les écoles des Romains, tels que la *Table iliaque* et la *Table ronde* du Capitole[6], aussi bien que sur des lampes et des pierres gravées,

---

(1) Ce vase, de la collection de M. le comte de Pourtalès-Gorgier, sera publié dans une planche de supplément.

(2) Ce vase représente un Satyre, vêtu d'une tunique longue, serrée, jouant de la double flûte; un autre Satyre, nu, dansant devant le premier, dans une posture indécente, et derrière celui-ci, une nymphe nue, qui porte un *casque* et un *bouclier*. Il semble que ce soit une parodie du sujet de *Thétis portant les armes d'Achille*.

(3) Ovid. *Trist.* II, 409.

(4) J'ai déjà cité ailleurs, voy. plus haut, p. 66, n. 2, le drame satyrique de Sophocle, Ἀχιλλέως ἐρασταί; les *Myrmidons* d'Eschyle paraissent avoir été un drame du même genre, ainsi que l'a conjecturé en dernier lieu M. Welcker, *Nachtrag zu der Schrift über die Æschylische Trilogie*, p. 168 et 333, qui cependant ne cite pas le passage décisif de Platon, *Sympos.* X, 181, ed. Bipont.: Αἰσχύλος δὲ ΦΛΥΑΡΕΙ φάσκων Ἀχιλλέα Πατρόκλου ἐρᾶν, κ. τ. λ.

(5) On connaît le vase où Jupiter, accompagné de Mercure, l'un et l'autre dans l'accoutrement le plus grotesque, se disposent à monter par une échelle à l'appartement d'Alcmène. Winckelmann, *Monum. ined.* 190; d'Hancarville, *Vases d'Hamilton*, IV, 105. Il en existe une répétition, avec des variantes, dans le cabinet de M. le comte de Pourtalès-Gorgier, laquelle sera prochainement publiée. M. Millin a cité, à l'occasion d'une caricature d'*Hercule combattant les Pygmées*, *Vases peints*, I, LXIII, 115, quelques autres exemples analogues que fournissent les vases grecs. Mais la plus remarquable peut-être de ces caricatures antiques, est celle que présente un vase du musée de Biscari, à Catania, et qui, publiée plusieurs fois, d'abord, par d'Hancarville, *Vases d'Hamilton*, III, 88, puis, en vignette dans le *Voyage pittoresque* de Saint-Non, t. II, p. 243, est cependant restée jusqu'ici sans explication. C'est, en style burlesque, la fable d'*Hercule Mélampyge*, telle qu'elle a été récemment reconnue sur un des métopes d'un temple de Sélinonte, Pisani, *Memor. sulle opere di scultura in Selinunte*, tav. VIII, Palermo, 1823, et qu'elle est reproduite, en style sévère, sur un vase inédit, de fabrique sicilienne, appartenant à M. le duc de Serradifalco, à Palerme. Ce dernier vase et celui de Catania seront publiés dans ce recueil.

(6) La margelle de puits du Capitole n'a pas servi, comme la Table iliaque, à l'enseignement des écoles; mais, suivant toute apparence, elle dérive d'un monument qui avait eu cette destination. Il existe à Rome un autre bas-relief où l'on a cru voir jusqu'ici *Hector traîné au char d'Achille*; c'est le bas-relief supérieur du côté droit de l'autel Casali, Bellori, *Admiranda*, 4. On y voit un homme vêtu d'une tunique, renversé en arrière d'un char attelé de quatre chevaux, que guide un cocher vêtu de la même manière; et devant ce char, vole un second quadrige, guidé par un jeune héros, dont la chlamyde voltige sur ses épaules. Il est évident, par cette seule description, que tous les interprètes, et notamment Orlandi, *Ragionamento*, etc. p. 51-59, se sont trompés, en voyant sur ce bas-relief le sujet en question, au lieu de la course de *Pélops et d'Œnomaüs*, qui s'y trouve représentée de manière à ne pouvoir s'y méprendre. Ces deux chars, pareillement attelés de quatre chevaux, qui courent l'un devant l'autre, et semblent se disputer l'avantage; cet homme vêtu et renversé, tandis que le cocher, resté debout, continue de guider les chevaux; cet autre personnage absolument sans armes, avec la chlamyde flottante, conviennent au sujet de Pélops et d'Œnomaüs, autant qu'ils s'accordent peu avec celui d'Achille et d'Hector; et le groupe de femmes placé

qui nous ont conservé tant de réminiscences de monumens antiques[1] : d'où nous pouvons inférer qu'il exista dans l'antiquité grecque plus d'un type célèbre de ce sujet homérique.

Cependant on ne connaissait jusqu'à nos jours qu'un seul monument proprement grec où cette action fût représentée ; c'est un vase de la collection de M. Hope, lequel a été publié, mais jusqu'ici sans aucune explication, par M. Maisonneuve[2]. Il en existe un second, encore inédit, dans le Musée royal Bourbon, à Naples[3] ; et j'en possède un troisième, que j'ai acquis de M. Politi, à Girgenti[4]. Tous les trois sont de la forme de *lecythus* ou de *balsamario*, de fabrique sicilienne et de style primitif, en figures noires sur fond rouge. Le rapprochement qu'on peut faire ici de ces trois monumens, sans doute contemporains, d'une ancienne école grecque, ne sera pas sans intérêt. Je vais les décrire succinctement, en commençant par le vase de M. Politi, qui offre les particularités du sujet en question mieux caractérisées qu'elles ne le sont sur aucun autre.

Achille est debout sur son char, que conduit Automédon, seule circonstance qui ne soit point indiquée dans l'Iliade[5] ; et ce char est celui d'Hector lui-même, dont Achille s'était emparé[6], et qui était effectivement attelé de quatre chevaux, par une exception relevée par Homère lui-même[7] ; en sorte que l'ancien artiste s'est montré ici plus fidèle aux traditions homériques, que Virgile et les Latins ne se sont piqués de l'être dans le récit du même fait[8]. Le héros est *barbu*, ce qui est un trait de costume héroïque, à-peu-près général sur les monumens de l'ancien style grec. Il porte un casque décoré d'un riche cimier, et un bouclier rond, sur lequel est figuré un *scorpion*. Ce n'est pas là sans doute le bouclier décrit par Homère, et dont on ne doit pas s'attendre en effet à trouver la représentation sur un monument tel que celui-ci : mais ce bouclier n'est pas moins remarquable par ce symbole du *scorpion*, dont j'ai déjà indiqué ailleurs la relation avec Mars, et qu'on retrouve figuré au même titre sur les boucliers de héros grecs que nous offrent d'autre vases peints[9].

en avant d'une porte cintrée, s'explique tout aussi bien par la présence d'Hippodamie que par celle d'Andromaque. Enfin, le sujet que je viens de dire n'est pas moins en rapport avec les autres représentations sculptées sur le reste de l'autel, qu'avec toutes les conditions du sujet même. Il correspond au jugement de Pâris, placé en haut du côté gauche de cet autel ; et effectivement, le *Jugement de Pâris*, principe des malheurs de Troie, occupe, dans cette période de l'histoire héroïque, la même place que la *Course de Pélops et d'Œnomaüs*, source de la grandeur des Pélopides. J'aurai occasion de revenir sur ce sujet et d'en mettre l'interprétation à l'abri de toute incertitude, en publiant un sarcophage inédit, récemment trouvé près de l'ancienne porte de Cames, dite *l'Arco felice*, qui représente toute la fable de Pélops.

(1) Lachausse, *Gem* tav. cxix ; *Mus. Flor.* II, tab. xxv, 1 ; Winckelmann, *Pierres de Stosch*, 265-270. Une lampe antique, avec le même sujet, est publiée dans Bellori, *Lacern. fict.* part. iii, t. 9.

(2) Maisonneuve, *Introduction à l'étude des vases*, pl. xlviii. Voy. notre planche XVIII, 2.

(3) Ce vase est décrit par M. le ch. Jorio, *Galler. dei vasi del real Mus. Borbon.* p. 66-67, et par M. Panofka, *Neapels antike Bildwerke*, t. I, 329-330. Voy. notre planche XVII.

(4) Voy. notre planche XVIII, 1. Ce vase a été publié par M. Politi lui-même, parmi les planches ajoutées à son livre intitulé *Guida agli Avanzi d'Agrigento*, tav. xl. Dans le petit nombre d'observations dont ce vase a fourni le sujet à M. Politi, il en est sans doute de très-hasardées, telles que la conjecture sur l'âge de ce monument, qu'il regarde, par un enthousiasme d'artiste plutôt que d'antiquaire, comme *contemporain d'Homère*

lui-même. Mais la circonstance remarquable de l'*égide* (qu'il appelle un *nuage*) qui entoure le corps d'Hector, a été relevée par M. Politi ; et il est d'autant plus juste de lui faire hommage de cette observation, que je dois, pour ma part, lui savoir gré de la complaisance qu'il a eue de me céder ce vase précieux.

(5) Homer. *Iliad.* xxii, 319-22. Winckelmann a déjà remarqué, au sujet d'une pierre où Automédon guide le char d'Achille, cette diversité dans la manière de représenter le fait en question, *Pierres de Stosch*, n. 268, p. 379. Le même sujet, traité de cette manière, se voit sur une pierre de la collection de la Turbie que possède aujourd'hui M. le duc de Blacas ; voy. Visconti, *Catalogue de la Turbie*, n. 112, p. 10.

(6) Homère ne dit pas expressément qu'Achille se servit du char même d'Hector pour y attacher sa victime, et Euripide semble faire entendre le contraire, *Andromach.* 108 : ΕΙλκυσε ΔΙΦΡΕΥΩΝ. Néanmoins la tradition suivie par les anciens artistes me paraît préférable.

(7) Homer. *Iliad.* viii, 185, et alib. Conf. Philostrat. *Heroic.* 682 ; Winckelmann, *Pierres de Stosch*, p. 373. Les médailles des Iliéens représentent fréquemment *Hector porté sur un quadrige*, Eckhel, *Doct. num.* II, 486.

(8) Virgil. *Æneid.* ii, 272 : raptatus *bigis*. La même version paraît avoir été suivie par le reste des Latins, Ovid. *Amor.* ii, *Eleg.* 1, 32 ; Propert. *Eleg.* ii, 7, 24 ; 8, 7, à en juger d'après l'épithète *æmonii* donnée aux *chevaux* qui traînent Hector ; et sur la *Table iliaque*, comme sur la margelle du Capitole, le char qui traîne Hector est pareillement un *bige*.

(9) Tischbein, *Vases*, IV, 51. Voy. plus haut, p. 34, note 2.

Hector est attaché par les pieds et renversé sur le dos, les bras alongés et traînant par terre, comme on le voit sur les bas-reliefs romains; du reste, cette figure d'Hector étant presque toute entière de restauration sur le vase qui m'occupe, je ne dois pas m'arrêter à des détails dont la conservation, sur les deux autres vases, ne laisse rien à desirer. Mais ce qui est ici très-remarquable, et ce qui heureusement n'offre pas moins d'intégrité que d'intérêt, c'est cette espèce de monticule arrondi et peint en *blanc* qui s'élève au-dessus du corps d'Hector. Il n'est pas douteux que l'artiste n'ait eu l'intention de rendre ainsi l'*égide immortelle* indiquée par Homère[1], dont Apollon couvrit les restes d'Hector, pour les préserver de la corruption au milieu des outrages auxquels ce cadavre était en proie. Le même ornement placé un peu différemment, et probablement sans la couleur blanche, qui se détache si aisément de la surface des vases grecs, auxquels elle n'est point adhérente, se trouve sur le vase de M. Hope, avec la même intention qui jusqu'ici n'avait pu être comprise. Au-dessus de cette espèce de monticule qui figure l'*égide*, apparait une petite figure, armée de toutes pièces, et qui, se couvrant en avant de son bouclier, un genou ployé, semble être dans l'attitude de décocher un trait. La même figure se montre pareillement armée, mais de plus avec les ailes éployées, volant d'un vol rapide, et portant une lance et un bouclier, sur le vase de M. Hope et sur celui du Musée Bourbon. C'est, à n'en pas douter, la personnification de *Deimos* ou de *Phobos*, ces deux terribles fils de Mars, suivant la théogonie d'Hésiode[2], le dernier desquels, *Phobos, la Terreur*, figurait avec Ἔρις, *la Discorde*, Ἀλκή, *la Force*, Ἰωκή, *la Poursuite*, sur la formidable égide décrite par Homère[3], et avait été représenté sur un des plus anciens monumens de l'art, sur le coffre de Cypsélus[4], d'une manière qui rappelait les traditions primitives du symbolisme oriental. Une interprétation si plausible en elle-même, et si conforme d'ailleurs aux plus purs et aux plus antiques monumens du génie grec, ne s'accorde pas moins bien avec le mouvement des deux figures de guerriers armés représentées sur notre vase, un desquels semble se précipiter par l'effet de la *peur* au devant même du char d'Achille, et le second, légèrement incliné en avant, les jambes affaissées sous lui, et laissant presque échapper son bouclier, sur lequel est peint un *lièvre*, témoigne par toute son attitude et par ce dernier symbole la *terreur* dont il est saisi.

Le sujet, tel qu'il est figuré sur le vase de M. Hope, s'éloigne peu de celui qui vient d'être décrit. Achille est seul sur son char qu'il guide, sans armes et sans bouclier. Il est vêtu d'une tunique longue et serrée. Hector est *barbu;* ce qui n'est pas seulement une particularité du costume général, mais un trait propre au personnage d'Hector, lequel était toujours représenté barbu sur les monumens de l'art[5]. Le génie de la *Terreur* vole au devant

---

(1) Homer. *Iliad.* xxiv, 18 :

      τοῖο δ᾽ Ἀπόλλων
Πᾶσαν ἀεικείην ἄπεχε χροῒ φῶτ᾽ ἐλεαίρων
Καὶ τεθνηότα περ· περὶ δ᾽ ΑΙΓΙΔΙ πάντα κάλυπτε
Χρυσείη, ἵνα μή μιν ἀποδρύφοι ἑλκυστάζων.

A la vérité, ce chant de l'Iliade était regardé, dans l'antiquité même, comme une addition postérieure faite par les rhapsodes; voyez à ce sujet une savante et curieuse note de M. Boetüger, *Vasengemaelde*, II, 113. Mais cette addition, de quelque main qu'elle fût, n'en était pas moins d'une époque très-reculée; et la fabrique de notre vase, très-ancienne elle-même, s'accorde avec cette supposition.

(2) Hesiod. *Theog.* 933; Panofka, *Neapels Bildwerke*, I, 330.

(3) Homer. *Iliad.* v, 739-741.

(4) Pausan. v, 19, 1. *La Terreur*, Φόβος, était figurée sur le bouclier d'Agamemnon avec une *tête de lion*, et avec cette inscription : Οὗτος μὲν ΦΟΒΟΣ ἐστι βροτῶν, ὁδ᾽ ἔχων Ἀγαμέμνων.

(5) Hector était de *stature gigantesque*, μέγας, *Iliad.* vi, 263, πελώριος, *Iliad.* xi, 819, et c'est ainsi qu'il paraît figuré sur les vases que je publie. Il était *barbu*, suivant Darès de Phrygie, *de Excid. Troj.* xii, ce qui résulte implicitement du témoignage de Pausanias, x, 31. Virgile le représente de cette manière, dans ce vers si connu, *Æneid.* ii, 277 :

  Squalentem barbam et concretos sanguine crines.

Les monumens enfin sont en général conformes à la tradition. Ainsi Hector est figuré *barbu*, sur une médaille, dans Haym,

du char d'Achille; et les deux guerriers troyens se retrouvent pareillement ici, mais dans des attitudes diverses, c'est à savoir, l'un précipitant sa fuite, et l'autre renversé sous les pas des chevaux. La principale différence que présente le vase qui nous occupe, c'est le *lierre* dont il est orné, et qui témoigne l'usage dionysiaque de ce vase, et probablement aussi la nature satyrique de la représentation même qui s'y voit figurée[1].

Cette particularité est plus sensible encore sur le vase du musée Bourbon; et tout le costume d'Achille, qui consiste en une longue tunique, serrée, à raies verticales et parallèles, semble encore mieux d'accord avec le caractère satyrique que je crois pouvoir attribuer à cette composition[2]. Le génie de la *Terreur* vole derrière le char, au devant duquel fuit épouvanté un seul guerrier troyen. Hector est lié par les pieds aux rayons de la roue; il est *barbu*, comme sur le vase précédent : mais ce qu'il y a de plus remarquable sur celui-ci, et ce qui distingue tout-à-fait cette composition des deux autres, c'est, outre l'absence de l'*égide* tutélaire, la présence de ce *serpent* figuré en l'air au-dessus du corps d'Hector, la gueule ouverte, et le dard dirigé contre la tête du héros. On ne peut guère interpréter ce symbole, autrement que comme un signe de destruction et de mort. On l'a déjà vu figuré, avec cette intention non équivoque, sur une patère représentant les *Compagnons d'Ulysse qui enivrent Polyphème*[3], et sur un autre vase représentant la *Mort de Patrocle*[4]. Une peinture fort curieuse du recueil de d'Hancarville[5] vient encore à l'appui de cette explication. Mais nulle part peut-être cette intention n'est aussi clairement indiquée que sur un vase publié par Caylus[6], où l'on voit un cadavre couché sur un lit funèbre, avec une femme éplorée, les bras étendus en signe de désolation, et au revers, un *grand serpent marin* et une *chouette*. Cependant, quoique la signification de ce symbole, telle que je viens de l'établir, semble justifiée par les monumens, et qu'à ce titre elle ait été admise sans contestation, j'avoue qu'il ne me parait pas moins difficile de concilier le sens funeste qu'elle attribue ici au *serpent*[7], avec la généralité des monumens où ce même symbole a certainement une intention différente. En effet, si le *serpent* devint l'attribut de Pluton, et plus tard de Sérapis[8], ce fut en leur qualité de *dieux bons*, de *dieux conservateurs*, de *dieux bienfaiteurs des ames;* et le *serpent*, figuré sur tant de monumens funéraires, grecs et romains, ne s'y montre le plus souvent qu'en qualité d'*agathodémon*[9]. Je serais donc porté

Tesor. britann. II, p. 66; sur une pierre gravée, dans Montfaucon, *Antiq. expliq.* IV, pl. 37, n. 1, et sur le beau bas-relief Borghèse publié par Winckelmann, *Monum. ined.* 135. Il y a néanmoins, à cet accord entre les textes et les monumens, quelques exceptions qui ont été indiquées par Winckelmann; mais ce que cet illustre antiquaire a négligé d'observer, c'est que la physionomie des anciens héros, et celle d'Hector en particulier, avaient été consacrées et rendues populaires par de nombreux monumens, au point qu'un jeune Spartiate *qui ressemblait à Hector*, périt écrasé par la foule qui se pressait autour de lui pour le contempler; c'est Plutarque qui raconte, *in Arat.* 3, cette anecdote, de laquelle il résulte indubitablement qu'il existait des portraits authentiques, ou réputés tels, des principaux personnages de l'histoire héroïque.

(1) C'est une idée que je me contente d'indiquer ici, et qui recevra ailleurs les preuves et les développemens nécessaires.

(2) La même tunique se voit à un Satyre jouant de la double flûte, sur un vase inédit du musée Charles X.

(3) Ce vase, du plus ancien style, est publié dans la *Raccolta* de Gargiulo, tav. LIX.

(4) Ce vase est cité, ainsi que le précédent, par M. le ch. Jorio, *Galler. dei vasi*, p. 66, à l'appui de l'interprétation qu'il a cru pouvoir donner de ce symbole, interprétation admise en dernier lieu par M. Panofka, *Neapels antike Bildwerke*, I, 329.

(5) *Antiq. grecq.* etc. I, 82.

(6) *Recueil d'antiq.* I, XXXII. Ce vase fait partie du cabinet du Roi, et la gravure de Caylus est exacte.

(7) Un trait de l'ancienne histoire romaine semblerait venir à l'appui de cette intention superstitieuse; c'est celui des *deux serpens* trouvés dans la maison de T. Gracchus, et au sujet desquels les haruspices consultés déclarèrent que, selon que l'un de ces deux serpens, mâle ou femelle, serait tué ou relâché, il en résulterait la *mort* pour T. Gracchus ou pour sa femme. Voy. Cicer. *de Divinat.* I, 18, II, 29; Plutarch. *in Gracch.* I, IV, 610, ed. Reiske; Valer. Max. IV, 6, 1; Plin. VII, 36.

(8) Plutarch. *de Is. et Osir.* VII, 428, ed. Reiske.

(9) La signification salutaire du *serpent*, comme attribut des *dieux bons*, δαίμονες ἀγαθοὶ, est établie par le passage d'Eusèbe, *Præparat. evang.* III, 11, p. 112. Voy. aussi, sur les *serpens agathodémons*, le témoignage précis d'Hérodote, II, 74; conf. Creuzer, *Dionys.* 221. De là le *serpent* employé si fréquemment, comme symbole d'immortalité, sur les monumens funéraires, entre autres sur une *stèle* publiée par Caylus, *Recueil d'antiq.* VI, LV, 1, et sur un bas-relief représentant un *repas funèbre*, dans

à croire que le symbole en question, avec le sens funeste qu'il paraît avoir sur les vases que j'ai cités, est dérivé d'une autre source ; que c'est, en un mot, un symbole d'origine orientale, aussi bien que la *Sirène, oiseau de mort*[1], qui figure effectivement à ce titre sur un assez grand nombre de vases grecs, et qui me paraît, sous sa forme primitive, un symbole purement égyptien, ainsi que l'ont conjecturé récemment de savans antiquaires[2].

§ VII.

Peu d'événemens semblent avoir été plus fréquemment traités par les anciens artistes, que ceux qui forment le dénouement du magnifique drame de l'Iliade, les *Funérailles de Patrocle* et la *Rançon d'Hector*. Ce dernier sujet sur-tout, l'un des plus favorables qui pussent se présenter à l'art, devait avoir été consacré par une foule de monumens, à en juger d'après le grand nombre de ceux qui nous en restent[3]. Mais, à l'exception de la *Table iliaque*[4], nous ne possédions aucune représentation figurée des *Jeux funèbres* célébrés en l'honneur de Patrocle, et sur-tout du *Sacrifice humain* offert à ses mânes, ce trait si remarquable d'une civilisation barbare, qu'on voudrait pouvoir retrancher du poème d'Homère, et qui n'est malheureusement que trop confirmé par d'autres exemples d'une inhumanité semblable, dont les mœurs grecques eurent bien de la peine à se purger[5]. Quoi qu'il en soit, c'est du moins sous le rapport archéologique un assez rare avantage, que de pouvoir produire quelques monumens

Maffei, *Mus. veron.* cxlix, 6. Sur un cippe sépulcral, *Monum. Mattei.* III, lxxi, 3, un *serpent* est sculpté entre les deux colonnes d'un tombeau *distyle ;* et le même symbole se reproduit fréquemment sur d'autres monumens d'une nature funéraire, qui seront successivement indiqués dans le cours de ces recherches.

(1) Voy. sur l'origine égyptienne des *Sirènes*, et sur la signification funéraire de ce symbole, M. Creuzer, *Ægyptiaca*, p. 346-352. La justesse de cette opinion est établie par une foule de monumens, entre autres par le vase de la *mort de Procris*, Millingen, *Anc. uned. monum.* part. I, pl. xiv, à l'appui duquel je citerai un vase de la collection Bartholdy décrit par M. Panofka, *Mus. Bartoldian.* 81-82, et un autre vase, de celle de Coghill, Millingen, xxxvi. Je produirai moi-même de nouveaux exemples du même symbole employé avec la même intention.

(2) Entre autres, M. Schorn, qui a soutenu avec toute raison, *Kunstblatt*, 1824, n. 103, et 1825, n. 19, 128, contre la critique passionnée de Voss, l'opinion déjà exprimée par M. Creuzer, dans une note de l'*Homer nach Antiken*, Heft viii, 2, 21-28. M. Panofka s'est rangé à cette opinion, *Mus. Bartold.* 81-82, vainement contredite, à ce qu'il me semble, par M. Ingbirami, *Monum. etrusch.* ser. V, p. 367.

(3) La *Rançon d'Hector*, Λύτρα Ἕκτορος, était le sujet d'un grand nombre de compositions antiques connues sous ce titre, qui est celui d'une des *Fables* d'Hygin, *Hectoris lytra*, fabul. cvi. On voit en effet ce sujet représenté sur un beau bas-relief Borghèse, et, d'une manière encore plus complète, sur un autre bas-relief de la même collection, publiés l'un et l'autre par Winckelmann, *Monum. ined.* 134, 135, ainsi qu'un superbe fragment relatif à la même scène de l'Iliade, et qui se voit à *Grotta-Ferrata*, ibid. 136. Le plus remarquable de tous ces monumens serait sans contredit le grand bas-relief placé sur une des portes d'Éphèse, et représentant les trois principales circonstances de ce fait homérique, c'est à savoir, *Hector traîné autour des murs de Troie, sa rançon*, et *ses funérailles*, si ce bas-relief était mieux conservé, ou si nous en possédions des dessins plus exacts ; voy. Choiseul-Gouffier, *Voyage pittoresque de la Grèce*, vignette du *Discours*

préliminaire ; Chandler's *Travels*, c. 38 ; Wood, *Essai sur Homère*. Ce sujet se voit encore sculpté, mais d'une manière grossière, sur la face postérieure de la grande urne dite d'Alexandre-Sévère, Bellori, *Sepolcri ant.* tav. lxxxii, et enfin sur la *Table iliaque*, n.os 72-76, sans compter les pierres gravées, Winckelmann, *Pierres de Stosch*, n. 271. Un fragment d'une *Table iliaque*, provenant d'une collection particulière de Rome, et qui fait aujourd'hui partie du cabinet du Roi, représente le même sujet ; voy. vignette n. 2. On y voit *Achille*, ΑΧΙΛΛΕΥΣ, assis à l'entrée de sa tente ; devant lui est *Priam*, ΠΡΙΑΜΟΣ, agenouillé et tendant des mains suppliantes ; entre ces deux personnages, *Mercure*, ΕΡΜΗΣ, debout, semble inviter le héros à la compassion. Derrière le vieux roi de Pergame, sont deux serviteurs qui portent les présens, une *cuirasse* et un *vase*, destinés à la *rançon* d'Hector, [ΑΥΤ]ΡΑ. Achille paraît avoir déjà cédé aux prières de Priam ; car deux de ses compagnons portent le corps d'Hector qui va remplacer sur le char les présens qu'on en retire. Sur un plan plus éloigné est figurée une *ville*, avec des murailles garnies de tours et de créneaux, et cette ville est [ΙΛΙ]ΟΝ. Au dessous de ce bas-relief est tracée une ligne de mots grecs :

ΑΝΕΚΡΟΥΚΑΙΠΕΡΑΣΕΣΤΙΝΤΑΦΟΣΕΚΤΟΡΟΣΙΠΠ

qui ne peuvent se lire et se suppléer que de cette manière :

[Λύτρ]Α ΝΕΚΡΟΥ ΚΑΙ ΠΕΡΑΣ ΕΣΤΙΝ ΤΑΦΟΣ ΕΚΤΟΡΟΣ ΙΠΠ[οδάμοιο] c'est-à-dire : [Ici est la rançon] d *Hector mort*, et enfin le tombeau de ce héros dompteur de chevaux.

(4) *Tab. iliac.* 68-71.

(5) M. Boëttiger a recherché, avec l'érudition profonde et la sagacité ingénieuse qui le distinguent, les traces des sacrifices humains dans les pays occupés ou explorés par les Grecs, sacrifices qu'il regarde avec beaucoup de vraisemblance comme un effet et comme un témoignage de l'occupation antérieure des Phéniciens ; voy. ses *Ideen zur Kunst-Mythologie*, p. 355-425. Il est certain que, dans la Grèce elle-même, et aux époques d'une civilisation déjà avancée, on trouve beaucoup plus de preuves qu'on ne l'imagine communément de cette coutume barbare. Le même usage est établi, quant aux Étrusques, par des

relatifs à cette scène de l'Iliade, et appartenant à l'art grec, aussi bien qu'à l'art étrusque, dont le rapport sert de plus en plus à confirmer l'intime et antique relation, si vainement contestée par des écrivains systématiques, qui existait entre les arts, les croyances et les institutions de ces deux peuples.

Le premier de ces monumens, et le plus remarquable peut-être de tous ceux du même genre qui sont connus, est une *ciste mystique*, de bronze, récemment découverte aux environs de Palestrine, l'antique Préneste[1]. Trouvée dans un état presque complet d'intégrité, avec son *couvercle*, elle renfermait de plus un de ces instrumens vulgairement nommés *patères*, qui doivent être indubitablement reconnus pour des *miroirs mystiques*. Les sujets représentés sur la ciste même et sur son couvercle étant relatifs à Achille, il en résulte, à l'égard de celui qui est gravé sur le miroir, une présomption semblable; et c'est aussi l'opinion que j'aurai bientôt occasion d'établir.

La composition gravée sur le couvercle de la ciste présente *trois Néréides*, montées chacune sur divers monstres marins, et portant, l'une, une *épée* dans le fourreau, les deux autres, deux *cnémides*, indication suffisante de l'armure complète fabriquée par Vulcain[2]. J'ai dit *trois Néréides*, et non *Thétis* elle-même avec *deux* de ses sœurs, parce que le costume des trois nymphes, lequel ne diffère que par des particularités indifférentes, empêche de reconnaître dans aucune d'elles une divinité-mère, telle que *Thétis*, et que, d'ailleurs, l'état à-peu-près complet de nudité où elles se montrent, ne convient pas à Thétis, dont le *vaste péplus* était, ainsi que je l'ai montré par le témoignage même des monumens, le costume proprement homérique, et n'aurait pu, à ce titre, être supprimé sur un monument de la nature de celui-ci, que nous trouverons si parfaitement conforme dans tout le reste aux traditions homériques. Les trois Néréides portent le *collier*[3], qui paraît avoir été particulièrement à l'usage des Étrusques, à en juger par le grand nombre des monumens de ce style qui nous

témoignages non moins dignes de foi; voy. Creuzer, *Symbolik und Mythologie*, II, 861, 936; et de toutes les hypothèses propres à expliquer ce phénomène, dans les îles de l'Archipel, en Sicile, sur les côtes de l'Italie, de l'Asie mineure, et du Pont, c'est-à-dire, dans tous les lieux qui furent le siége de colonies phéniciennes, il n'en est certainement pas qui répondent mieux à toutes les difficultés de la question, que le système de M. Boettiger.

(1) Voy. notre planche XX, 1 et 2. Cette ciste, acquise à Rome, au moment de sa découverte, en 1826, a passé des mains de M. Durand dans le cabinet de M. Réville, à Paris; et c'est sur le monument même qu'a été fait le dessin que je publie, le seul qui soit exact et conforme à l'original. La circonstance indiquée plus haut, que ce monument a été trouvé dans les environs de Palestrine, est d'autant plus digne de remarque, que c'est dans le même territoire qu'ont été découvertes les autres cistes mystiques connues jusqu'à ce jour, ou du moins quatre sur cinq, c'est à savoir, les deux du musée Kircher et du cabinet Borgia; une troisième, acquise par J. Byres, et mentionnée par Visconti, *Monum. Gabini*, p. 50, et une quatrième, appartenant au prélat Casali, et publiée par Guattani, *Monum. ined. per l'anno* 1787, marzo, tav. III, p. xxv-xxxii. Une cinquième, trouvée en 1795, et possédée à Rome par le comte della Rovere, est décrite par Visconti, *Monum. Gabini*, p. 50, qui n'indique pas le lieu de sa découverte; mais il est permis de présumer qu'elle provenait, comme toutes les autres, du sol de Palestrine. Or, il n'est guère probable que tant de monumens du même genre aient été découverts dans un même lieu, où existta ce fameux temple de la Fortune de Préneste, si célèbre

dans toute l'antiquité, sans qu'on n'en doive inférer qu'ils avaient été ainsi rassemblés par le même motif religieux, et qu'ils avaient fait partie des ustensiles sacrés dédiés à cette divinité ou employés à son culte. La ciste Borgia renfermait, au témoignage de Guattani, *endroit cité plus haut*, p. xxix, *deux patères*, c'est-à-dire, *deux miroirs*, un *style*, un *strigile*, un *petit chevreau*, animal consacré à Bacchus, *Pittur. d'Ercolan.* III, xxxiv, p. 168, n. 7, une *panthère*, et un morceau de métal façonné en prisme, le tout contenu dans une seconde ciste plus petite. La nôtre ne renfermait qu'un seul *miroir*, dont le dessin, très-négligé, ne semble pas appartenir à la même époque; ce qui n'empêche pas qu'il n'ait pu faire partie du même dépôt.

(2) La circonstance, si souvent indiquée par Homère, que la *cnémide* était la première partie de l'armure dont on se revêtait, circonstance confirmée par tant de monumens de l'art, peut avoir contribué à rendre cette même pièce d'armure plus caractéristique qu'aucune autre, et, en quelque sorte, *symbolique*. Telle on la voit figurée, notamment sur le beau vase du Vatican publié par Winckelmann, *Monum. ined.* 131, où j'ai déjà remarqué que Millin, trompé par son dessinateur, a cru voir, en place de la *cnémide* que tient Achille prêt à s'armer, une petite *idole de Minerve*, dont il ne sait, du reste, quelle explication donner; voy. ses *Vases peints*, I, xiv-xv.

(3) Ce collier consiste en un cercle auquel est supendu un corps ovoïde, qui semble, à sa dimension, avoir dû être creux et propre à renfermer des amulettes: *inclusis intra eam remediis*, Macrob. *Saturn.* 1, 6. De cet ornement porté avec cette intention, est certainement dérivée la *bulla* des Romains, qui servait à un

offrent un ornement pareil. Une de ces nymphes a les *pieds chaussés*, particularité qui se remarque sur beaucoup de vases grecs, de signification mystique[1] : elles ont toutes trois un simple bracelet autour du poignet, et la tête nue; encore une fois, rien qui distingue parmi elles la déesse, mère d'Achille. Quoi qu'il en soit, l'objet de la représentation elle-même n'est du moins susceptible d'aucune difficulté. C'est le prélude de la vengeance exercée par Achille, vengeance que nous allons voir accomplie, dans son plus cruel excès, sur la composition qui orne l'extérieur de la *ciste* elle-même.

Cette seconde composition, qui consiste en quatorze figures, nous montre le sanglant sacrifice offert par Achille aux mânes de Patrocle et sur le bûcher de son ami, sacrifice qu'Homère lui-même n'indique qu'en peu de mots, et comme à regret[2]. Mais si le génie du grand poète avait reculé devant des images qui n'étaient cependant offertes qu'à l'esprit, l'ancien artiste, qui devait les produire aux yeux, a su cependant se conformer à la même intention, par la manière dont il a traité ce sujet, par l'ordonnance même, et sur-tout par le style de la composition, qui est aussi pur, aussi noble, aussi élevé, que le motif en est barbare. On voit en même temps à quel point cet artiste s'était pénétré des idées homériques et animé en quelque sorte de l'esprit d'Homère, par l'exactitude scrupuleuse avec laquelle il a rendu toutes les circonstances de cette scène de l'Iliade. La figure principale est Achille, non moins reconnaissable à son action, que par la manière, absolument conforme aux données épiques, dont il est ici figuré. Le poète raconte, en effet, que, dans l'impatience d'accomplir son horrible vengeance, Achille ne prit point, comme ses compagnons d'armes, le temps de quitter son armure et de se purifier par l'ablution après le combat, mais qu'il immola douze captifs troyens, dans l'état même où il se trouvait au sortir de la mêlée, couvert de sang, de sueur et de poussière. Homère ajoute que, par le sacrifice d'une partie de lui-même, par celui de sa blonde et longue chevelure qu'il avait laissée croître, conformément au vœu de son père Pélée, pour la consacrer, à son retour, au fleuve Sperchius, Achille voulut préluder à cet acte sanguinaire[3]. Or, c'est ainsi que nous le montre la composition que nous avons sous les yeux. Achille, au milieu de ses compagnons, nus pour la plupart[4] et déjà purifiés par le bain, est encore couvert de sa cuirasse, attachée par-dessus sa tunique courte; il ne fait que de déposer son bouclier, debout à ses pieds; et il est le seul, entre tous les témoins de cette scène de deuil, qui ait la *tête absolument rasée*. Il suffirait de ce seul trait pour montrer combien, sur ce monument vraiment grec, l'artiste est resté fidèle aux intentions du poète, tandis que, sur la *Table iliaque*, sculpture d'époque romaine, Achille, *avec le casque en tête*, debout, sans action déterminée, près du bûcher qui va consumer les restes de son ami, n'a conservé presque aucun des traits du personnage homérique.

Achille, debout, en avant du bûcher, saisit d'une main par les cheveux un des captifs; de l'autre main, il lui plonge son épée dans la gorge; le sang qui coule à grands flots de la

---

pareil usage, Scheffer, *de Torquibus*, c. v; Buonarotti, *Medaglioni*, p. 409; et dont l'origine étrusque, inaperçue de Visconti, *Mus. P. Clément.* III, xxi, résulte du témoignage des monumens étrusques, notamment du célèbre miroir de la *naissance de Bacchus*, où le bijou en question se voit au cou des divinités qui assistent Jupiter, et à celui de Bacchus lui-même, Visconti, *Mus. P. Clem.* IV, tav. agg. B, 1.

(1) Voyez entre autres, Tischbein, *Vases d'Hamilton*, 1, 34, 38, 41.

(2) Homer. *Iliad.* xxiii, 175-176 :

$$\text{Δώδεκα δὲ Τρώων μεγαθύμων υἱέας ἐσθλοὺς}$$
$$\text{Χαλκῷ δηΐόων· κακὰ δὲ φρεσὶ μήδετο ἔργα.}$$

(3) Idem, *ibidem*, xxiii, 141-151.

(4) Un seul des *Myrmidons*, le dixième dans l'ordre des personnages, a la cuirasse attachée par-dessus sa tunique courte, et les *cnémides* fixées au-dessus de la cheville, au moyen des *épisphyria*, qui sont ici parfaitement distincts.

12

blessure, les traits, défigurés par la douleur, du malheureux dont les bras sont liés derrière le dos, tout est rendu, dans cette scène d'horreur, avec une précision et une naïveté d'exécution qui caractérisent une assez haute antiquité de l'art grec, mais en même temps avec cette pureté et cette élévation de style qui corrigent par le choix des formes ce que l'objet même a d'odieux, et qui constituent la véritable poésie des arts d'imitation. Le bûcher, composé de troncs d'arbres abattus dans les vallons de l'Ida[1], est construit tout différemment de ce qu'il est sur la *Table iliaque*[2]*;* et cè bûcher est décoré de plus, sur notre ciste, de diverses pièces d'armures, une *cuirasse*, un *casque*, *deux boucliers*, destinés à être consumés avec le cadavre de Patrocle; particularité qui n'est point indiquée dans l'Iliade, mais que l'auteur de ce monument avait sans doute puisée dans quelque tradition particulière, et qui, dans tous les cas, est conforme aux usages de l'antiquité[3]. Parmi les assistans, il en est deux, le second et le onzième dans l'ordre des personnages, qui portent pareillement, l'un, *deux cnémides*, l'autre, un *casque*, sans doute, avec la même intention de les déposer, comme une offrande funéraire, sur le bûcher de Patrocle. Des autres assistans, deux entièrement nus, l'un desquels tourne le dos au spectateur, attitude très-rarement employée par les anciens artistes, peut-être parce qu'elle se rattachait à quelque idée superstitieuse[4], tiennent les courroies par lesquelles sont liés les bras des captifs prêts à être immolés; et un troisième se dispose à égorger un de ces captifs, particularité qui n'est pas non plus rapportée dans l'Iliade, où le seul Achille immole de sa propre main les douze captifs troyens. Ces captifs sont réduits à *six* sur notre ciste; mais ce n'est pas là une variété, encore moins une contradiction, quand il s'agit d'une représentation nécessairement bornée, dans le nombre des figures, par l'espace même qu'elles occupent.

Une particularité plus importante et pareillement neuve que nous offre ce monument, c'est la présence de *Minerve*. La déesse est vêtue d'une tunique longue, à manches courtes,

---

(1) Homer. *Iliad.* xxiii, 114-119.

(2) *Tabul. iliac.* 68. Sur ce monument, le bûcher est disposé par assises en retraite l'une derrière l'autre, de manière à affecter une forme pyramidale. De là peut-être est dérivée la forme donnée à plus d'un tombeau grec, sur les monumens, entre autres sur un vase relatif à l'histoire d'Oreste, que je publierai. Le corps de Patrocle est étendu sur le haut de cette espèce de pyramide tronquée; et au-dessous, on lit : ΚΑΥΣΙΣ ΠΑΤΡΟΚΛΟΥ, *brûlement de Patrocle.*

(3) Il suffit, à cet égard, de rappeler les témoignages de Quintus de Smyrne, relatifs à des circonstances analogues, *Paralipom.* i, 783-785, et sur-tout celui-ci, qui se rapporte aux funérailles d'Achille lui-même, *ibid.* iii, 718;

> . . . . ἀποκταμένων περὶ νεκρῷ
> Ἵππων τ' αἰζηῶν τε, καὶ ἄλλ' ὅσα δακρυχέοντες
> Ὁμβερμον ἀμφὶ νέκυν ΚΕΙΜΗΛΙΑ θῆκαν Ἀχαιοί.

Virgile avait suivi les mêmes traditions dans le récit des funérailles de Pallas, *Æneid.* xi, 78-84; conf. Serv. *ibidem.*

(4) Visconti a déjà remarqué, *Mus. P. Clém.* V, 23-24, éd. de Milan, combien les figures vues par le dos étaient rares sur les monumens de l'antiquité : les vases grecs en offrent cependant quelques exemples, que n'a pas cités ou que n'a pu connaître l'illustre interprète du Musée Pie-Clémentin; voy. entre autres, Maisonneuve, *Introduct. à l'étude des vases*, xxiii, 1; mais son observation n'en reste pas moins fondée. La *Minerve* du candélabre Barberini est sculptée de bas-relief dans cette attitude remarquable. Pline fait mention d'un tableau d'Apelle, qui représentait Hercule vu de cette manière, *Herculam aversum*, Plin. xxxv, 36, 16, et qu'il cite lui-même comme une singularité. Nous trouvons un Hercule ainsi figuré sur une belle pierre gravée publiée par Caylus, *Recueil d'antiq.* II, xviii, 1, que l'on peut croire une imitation du tableau d'Apelle. Quant au motif qui fit éviter en général ou employer dans certains cas la posture en question, il se trouve, à n'en pas douter, dans l'idée superstitieuse attachée à ce mouvement d'une personne qui se détourne. Par-là, il semblait que la divinité repoussât, en s'éloignant, les vœux qu'on lui adressait : c'était donc une attitude de mauvais augure; et le mot employé par Pline au propre, dans l'exemple que j'ai cité, se trouve souvent usité au figuré; avec l'intention que j'ai indiquée, entre autres dans ces vers de Properce, *Élég.* iv, 1, 75-76 :

> *Aversis* Charisin cantas; *aversus* Apollo
> Poscitur.

On pourrait objecter, à la vérité, que cette attitude paraît avoir été, dans certains cas, un des caractères de l'*épiphanie*, Virgil. *Æneid.* i, 406, 409, v, 649; mais dans ces cas-là même, c'était encore en s'éloignant, et conséquemment sous un aspect défavorable, que la divinité se manifestait : ce qui revient toujours à la même idée. Cette observation ne s'applique néanmoins qu'aux figures représentées isolément, telles que l'*Hercule* d'Apelle, ou la *Minerve* du candélabre Barberini; car on conçoit que, dans des groupes tels que celui des trois Grâces, où la figure du milieu se montre toujours dans cette posture, et dans des compositions plus étendues, telles que la nôtre, l'attitude en question avait pu être suggérée uniquement par des motifs de goût.

par-dessus laquelle est jeté un second vêtement plus court, et descendant presque jusqu'aux genoux, qui paraît être l'*hémidiploïdion*, costume propre des vierges athéniennes[1], et qu'on retrouve en effet, à très-peu de différence près, sur les bas-reliefs des pompes panathénaïques[2]. Minerve porte de plus l'*égide* entourée de serpens, et nouée aussi par des serpens, en guise de ceinture, du reste ornée comme à l'ordinaire de la tête de Méduse : tout ce costume de Minerve, qui semble appartenir à une époque de transition, où le vêtement s'éloignait de l'antique mollesse ionienne, sans être encore arrivé au costume proprement attique du siècle de Périclès[3], est indiqué avec une précision telle, qu'on la trouve au même degré sur bien peu de monumens antiques, et que la figure qui le porte mérite de servir de modèle à cet égard. La déesse, qui s'appuie d'une main sur la *haste*, porte de l'autre un glaive dans le fourreau et abaissé vers la terre[4] ; accessoire dont il n'est pas facile de rendre compte, et qui, dans tous les cas, ne semble pas avoir la même signification que les autres armes offertes pour être consumées sur le bûcher de Patrocle. La *chouette*, qui se voit sur une éminence près de Minerve, achève de caractériser la déesse, dont la présence, contraire à toutes les idées reçues[5], à tous les monumens connus, dans une scène de cette nature, n'est sans doute pas le trait le moins remarquable de cette composition, qui nous offre d'ailleurs, sous le rapport de l'art, un des plus rares et des plus parfaits modèles du dessin grec, probablement de l'une des plus belles époques de l'antiquité.

Si de cette représentation, purement grecque, nous passons à celle que nous trouvons, du même sujet, sur une urne étrusque du musée de Volterre[6], nous franchissons un grand intervalle de temps et de lieux, à travers lequel il n'est sans doute pas d'un médiocre intérêt de suivre l'imitation constante d'un même type et l'application continue des mêmes idées, jusqu'aux dernières périodes de la pratique de l'art; car c'est aux époques de la décadence que je rapporte cette urne étrusque, de la matière la plus commune et de l'exécution la plus grossière; monument très-curieux, du reste, et le seul à ma connaissance qui nous offre, en un travail bien certainement étrusque, la répétition de la scène homérique gravée sur notre ciste, telle à-peu-près qu'elle est figurée sur cet ouvrage grec: ce qui prouve que l'un et l'autre dérivent, à un intervalle de plusieurs siècles, d'un seul et même original. Si cette urne, restée jusqu'ici inédite, eût été connue de Buonarotti, elle lui eût fourni, à l'appui de son opinion sur l'usage des sacrifices humains chez les Étrusques[7], l'argument le

---

(1) Les passages relatifs à la forme et à la couleur de cette espèce de vêtement, qui paraît avoir été affectionnée par les vierges athéniennes, se trouvent dans Aristophane, *Ecclesiaz.* 314 sqq., 318, 332, 374. Voy. aussi Pollux, *Onomast.* VII, 49.

(2) Millin, *Monum. inéd.* II, p. 47.

(3) Voy. Ott. Müller, *de Æde Minervæ Poliad.* p. 42.

(4) C'est sans doute en que Virgile, *Æneid.* XI, 93, exprime par les mots, *versis armis*, qui doivent s'entendre de toutes les armes, et non pas seulement du *bouclier*, comme l'a cru Servius.

(5) Servius, *ad Æneid.* XI, 93 : Ne eorum (numinum) simulacra cadaveris polluerentur aspectu. Il cite à ce sujet la coutume des Arcadiens, et le témoignage de Bacchilide dans ses Dithyrambes.

(6) Voy. notre planche XXI, 1.

(7) Cette opinion que Buonarotti n'a fait qu'indiquer dans ses *Observations* sur Dempster, t. II, § XXIV, p. 31-32, et à l'appui de laquelle il s'est contenté d'alléguer une urne étrusque, *ibid.* tav. LXXI, n. 1, où il a cru voir le *Sacrifice d'un vieillard*, est fondée sur tant de témoignages authentiques, qu'il est superflu de s'y arrêter. La plupart des faits relatifs à ce point d'archéologie ont été recueillis par M. Creuzer, *Symbolik*, II, 861, 956, et par M. Boettiger, *Ideen zur Kunst-Mythologie*, p. 388, n. 18, et ailleurs. Mais les monumens dont le témoignage n'est pas moins décisif, ont été plus rarement cités dans cette discussion, et plus rarement encore interprétés d'une manière satisfaisante. Ainsi l'urne étrusque alléguée par Buonarotti ne représente pas le *Sacrifice d'un vieillard*, mais bien le *Meurtre d'Agamemnon*, ainsi qu'il se trouve figuré sur quelques monumens du même genre, un desquels sera publié dans mon *Orestéide*. Un véritable sacrifice humain, reproduit sur une douzaine d'urnes étrusques, est celui d'*Iphigénie*, que Lanzi a reconnu le premier, *Dissertaz. sopra un' urnetta toscanica*, Udine, 1799, 4°, et que M. Micali, en publiant après Dempster, *Etrur. regal.* I, XXXVII, 2, et Gori, *Mus. etrusc.* II, CLXXII, 2, un de ces bas-reliefs, s'obstine encore, contre toute évidence, *Italia avanti il dominio dei Romani*, tav. XIX, à désigner comme un *sacrifice expiatoire*. Je renvoie aux *Observations* de M. Inghirami, p. 31-32, sur ce sujet, que j'aurai bientôt occasion de traiter de nouveau, en publiant à mon tour deux bas-reliefs, l'un grec et l'autre étrusque, où le même sacrifice est

plus solide, et le témoignage le plus décisif, du moins en apparence; car il est clair que ce n'est point un sacrifice ordinaire qui est ici figuré, mais celui-là même qu'Achille offrit aux manes de Patrocle. Le héros de l'Iliade se montre, sur ce bas-relief, la tête rasée et vêtu de la tunique courte, plongeant son glaive dans la gorge d'un captif assis devant lui, absolument dans le même costume et dans la même attitude que nous lui voyons dans un groupe tout-à-fait semblable sur notre ciste mystique. Deux Myrmidons, couverts du casque et de la cuirasse, sans doute afin de mieux indiquer, par cette variété même de costume, le trait homérique dans lequel ils interviennent, conduisent chacun un captif nu, les mains liées derrière le dos : autre trait de mœurs grecques[1], qui se rencontre pareillement sur notre ciste; et comme le défaut d'espace ne permettait pas à l'auteur de ce bas-relief d'étendre sa composition au-delà des trois groupes qu'on y voit représentés, il a indiqué deux autres captifs étendus morts par terre, afin de se rapprocher le plus possible du nombre homérique, ou de rester du moins dans les limites où s'était renfermé le graveur de notre ciste. Quant à la figure placée au second plan, derrière le captif qu'on égorge, debout, dans cette attitude roide des anciens simulacres[2], et tenant de ses deux bras ployés sur la poitrine une *rame élevée*, ce ne peut être qu'un de ces génies funèbres qu'on voit si souvent figurés sur les bas-reliefs et sur les peintures étrusques, avec divers attributs symboliques relatifs au passage des ames dans les enfers, ou aux supplices qu'elles y subissent. La *rame* que tient celui-ci, et qui fait manifestement allusion à la navigation des ames[3], doctrine si familière aux Étrusques, cette même rame se voit pareillement aux mains d'un génie funèbre, avec

---

figuré. C'est également par une erreur facile à reconnaitre, que Buonarotti a vu un *sacrifice*, et, qui pis est, un *sacrifice de guerrier mithriaque*, sur une urne étrusque, dont il'existe dans le seul musée public de Volterre plus d'une vingtaine de répétitions, sans compter toutes celles que j'ai vues ailleurs, ou qui ont été publiées, Dempster, *Etrur. reg.* II, LXXXI, 2 ; Gori, *Mus. etrusc.* II, CLXXIIII, 2, et *Mus. Guarnacci*, tab. IX, 1 ; XVIII; XIX, 2 ; *Mus. veron.* V, 1 ; Micali, tav. XLVIII ; sujet dont je crois pouvoir proposer en temps et lieu une explication certaine. Mais, du reste, il paraît bien que c'est un sacrifice humain qu'il faut voir sur quelques autres urnes étrusques, une desquelles, déjà publiée, a été expliquée par la *Mort d'Elpénor*, Gori, *Mus. etrusc.* II, CXLVI; et le choix de la plupart des sujets qui décorent les monumens funéraires de cette nation, tels que le *combat d'Étéocle et de Polynice*, le *sacrifice d'Astyanax*, la *mort volontaire de Ménécée*, le *meurtre de Clytemnestre*, etc., d'accord avec les scènes précédemment citées, dépose bien hautement à l'appui de l'opinion que j'ai indiquée, et ne laisse guère lieu de douter que l'usage des sacrifices humains, tel qu'on le voit représenté sur notre urne étrusque, n'ait été effectivement très-répandu chez ce peuple. C'est sans doute par allusion à cet antique usage, plutôt encore que par une imitation homérique, que Virgile fait immoler des *captifs* sur le bûcher de Pallas, dans ces vers qui servent pour ainsi dire de commentaire à notre bas-relief, *Æneid.* XI, 81-82 :

> Vinxerat et post terga manus, quos mitteret umbris
> Inferias, cæso sparsuros sanguine flammas.

(1) On voit sur un vase peint, Tischbein, III, 29, des captifs, les mains liées par devant, suivre le vainqueur à cheval; mais l'usage contraire, tel qu'il est indiqué dans les vers de Virgile cités précédemment, et dans celui-ci de Nonnus, *Dionys.* XV, 146:

> Χεῖρας ὀπισθοτόνους ἀλύτῳ σφηκώσατο δεσμῷ,

et que nous le voyons consacré par un grand nombre de bas-reliefs, Visconti, *Mus. P. Clément.* IV, XXII, paraît avoir été plus général.

(2) C'est cette attitude que les Grecs désignaient par l'épithète ὄρθια, donnée à quelques simulacres antiques, tels que celui de Diane taurique, ὈΡΘΙΑΣ Ἀρτέμιδος, Pausan. III, 16, 6 et 7. Rien n'est plus fréquent, sur les vases peints, que ces sortes d'images conçues dans un style primitif. Un second degré de l'imitation, dans la forme de ces simulacres, est sans doute celui qui est indiqué par les mots σκολιὰ ἔργα, employés par Strabon, XIV, 640, et qui ont été jusqu'ici le sujet de tant de controverses, à l'égard desquelles voy. Iacobs, *Amalthea*, II, 237-246, mais dont je crois que la véritable interprétation est celle qu'a donnée Schelling, dans le Wagner's *Bericht über die Æginetischen Bildwerke*, p. 236-240; c'est à savoir, de *sculptures contournées*, telles que ces figures de face avec des jambes de côté, qu'on trouve sur d'anciennes médailles et sur des bas-reliefs primitifs; et dans ce sens, le mot σκολιός serait opposé à ὀρθός, ou εὐθύς, dans la langue de l'art, aussi bien que dans le langage général; voy. Creuzer, *ad Plotin. de Pulchritud.* p. 240. Au reste, je dois observer que le même savant admet encore tout récemment la correction Σκιᾶπα ἔργα, proposée d'abord par Tyrwhitt, et appuyée par Iacobs, mais, il est vrai, sans faire mention de l'interprétation de Schelling, *ad Ciceron. de Divinat.* I, 13, p. 67.

(3) J'ai déjà montré ailleurs, voy. p. 43-44, que les Étrusques partageaient avec les Grecs l'opinion du passage des ames dans les îles fortunées; j'ajoute ici qu'ils connaissaient pareillement le nocher des Enfers sous le même nom de *Charon*, qui remontait aux plus anciennes origines grecques, témoin les vers de la Minyade cités par Pausanias, X, 28, 1 ; bien que ce personnage soit figuré sur une urne étrusque, Micali, tav. XLVII, avec un *marteau*, et non pas avec une *rame*, symbole propre de son office de *Nocher*, Πορθμεύς, qu'on lui voit en effet, à ce titre, sur les sarcophages romains, *Mus. P. Clément.* IV, XXXV.

une intention semblable, sur une urne étrusque de Perugia[1]; et l'on ne saurait nier que la présence de ce génie ne complète, de la manière la plus significative, la scène homérique, si clairement représentée ici dans ses traits principaux et sous son costume propre.

C'est encore un sujet homérique, et lié, si je ne me trompe, aux funérailles de Patrocle, qui se voit sur une autre urne étrusque, pareillement inédite, du musée de Volterre[2]. Le bas-relief dont elle est ornée sur la face principale représente, à n'en point douter, une célébration de jeux funèbres, dont l'usage avait passé des Grecs aux Étrusques; et comme parmi les jeux de cette espèce, souvent indiqués dans l'histoire héroïque ou retracés sur les anciens monumens de l'art[3], il n'en est pas dont le souvenir ait dû laisser plus de traces que ceux qui eurent lieu pour les funérailles de Patrocle[4], je ne crois pas m'éloigner de la vérité en rapportant à ce trait célèbre de l'Iliade la représentation de notre bas-relief. Je ne dois cependant pas dissimuler qu'à l'exception de la *Table iliaque*[5], aucun autre monument, que je sache, n'a rapport à la circonstance en question. On a bien cru voir, sur une belle pierre gravée[6], Achille prenant un vase et l'offrant à Nestor, aux jeux funèbres de Patrocle; mais un sujet analogue reproduit sur d'autres pierres a été interprété d'une manière toute différente par plusieurs antiquaires, entre autres par Winckelmann[7]; et la vraie explication de ces monumens, proposée en dernier lieu par Visconti[8], les rend décidément étrangers à l'histoire d'Achille. Toutefois, la rareté du sujet que je crois représenté sur notre urne étrusque, ne prouve rien contre l'emploi de ce sujet même; et, dans tous les cas, cette image des jeux funèbres, telle qu'elle est ici retracée, et à quelque circonstance qu'elle se rapporte, peut être mise au nombre des monumens les plus curieux qui nous soient restés du génie antique, et, en particulier, de l'art étrusque.

Achille est assis, un genou en terre, au pied de la stèle funéraire qui avait été érigée à la hâte aux mânes de son ami, en attendant le tombeau magnifique qui devait réunir leurs cendres[9]. Il tient de la main gauche le fer avec lequel il vient d'accomplir le cruel sacrifice; et il s'appuie le menton sur son autre main, dans une attitude qui indique habituellement sur les monumens le recueillement et la douleur[10]. Auprès de lui est un de ses compagnons, qui, l'œil fixé sur Achille, paraît s'associer à la douleur de son chef. Deux héros, à cheval, semblent

---

(1) Dempster, *Etrur. reg.* t. I, tab. lxvii, 2. Il faut rapprocher de ce type remarquable une urne fort curieuse publiée par Gori, *Mus. Guarnacci*, tav. xxviii, 1. On y voit debout, à mi-corps, dans une espèce de *coffre*, un génie ailé, tenant d'une main un glaive nu, de l'autre un flambeau allumé; et devant ce coffre, qui vogue sur l'Océan figuré par des ondes, est une urne cinéraire dressée entre deux dauphins. Il est impossible de méconnaître à de pareils traits la navigation des ames sous l'escorte du génie funèbre; et à cette occasion, je ne puis m'empêcher de rappeler une pierre gravée publiée par Bracci, *Memorie de' incis.* II, lxxi, où se voit un génie monté sur un dauphin, avec l'inscription ΕΥΠΛΟ, pour ΕΥΠΛΟΙΑ, laquelle se rapporte manisfestement à la même intention, et non pas à un nom de graveur, *Euplus*, comme l'a cru Bracci.

(2) Voy. notre planche XXI, 2. Cette urne, du même albâtre de Volterre que la précédente, est d'une exécution très-supérieure, bien qu'elle n'atteigne pas encore au degré d'élégance qu'on remarque sur quelques-uns de ces monumens. Mais le travail en est plein de franchise et de facilité, et l'époque ne doit pas s'éloigner de celle où fleurirent les arts étrusques sous l'influence des modèles de la Grèce.

(3) Ainsi les jeux funèbres célébrés à la mort de Pélias étaient sculptés sur le coffre de Cypsélus, Pausan. v, 17, 4; et c'est un sujet analogue qui décore un des plus beaux vases grecs connus, le vase d'Hamilton, d'Hancarville, I, 130, expliqué par Winckelmann, *Geschichte der Kunst*, iii, 4, 36-42; conf. Visconti, *Mus. P. Clem.* II, 7, not. 6, et peut être aussi celui de la collection de Coghill, dans Millingen, 1-11. Je citerai plus bas quelques vases qui se rapportent indubitablement à des jeux funèbres.

(4) Homer. *Iliad.* xxiii, 258 sqq.

(5) *Tabul. iliac.* n. 69, 70, où les *jeux funèbres* sont désignés par les mots ΕΠΙΤΑΦΙΟΣ ΑΓΩΝ, et exprimés par une course de *biges*.

(6) Gori, *Mus. florent.* Gemm. II, tab. xxix, 2, 3; *Galerie de Florence*, xvii, 4, Wicar.

(7) Winckelmann, *Pierres grav. de Stosch*, p. 167-168.

(8) *Mus. P. Clément.* V, 219, not. 3, éd. franç.

(9) Homer. *Iliad.* xxiii, 245-248.

(10) C'est encore ici une de ces attitudes caractéristiques qui avaient une signification déterminée sur les monumens de l'art grec, et dont j'aurai occasion de publier plus d'une application remarquable.

attendre ses ordres pour les courses funèbres qui vont s'ouvrir. Le costume de ces guerriers, pareil à celui d'Achille, c'est-à-dire, la tunique courte et la chlamyde, est proprement le costume héroïque, tel qu'on le voit sur les monumens grecs de la belle époque de l'art, et n'a rien conséquemment du costume étrusque. Ces guerriers sont à cheval, ce qui pourrait sembler en opposition avec le témoignage du poète, et avec l'usage général des siècles postérieurs, qui n'admit point la course à cheval dans les jeux publics de la Grèce. Aussi n'est-ce point ici une représentation fidèle et complète de ces jeux, mais plutôt une image abrégée et symbolique, telle que la comportait la nature même de monumens du genre de celui-ci, où le *cheval* figure si souvent avec une intention funéraire[1], et conforme d'ailleurs

(1) Cette intention est établie par un si grand nombre de monumens grecs, étrusques et romains, qu'il y a lieu de s'étonner que Zoëga n'ait vu sur quelques-uns de ces monumens qu'il a publiés, *Bassirilievi*, I, xi, 42-43, et xxxvi, 166, que des sujets domestiques, avec la représentation du cheval favori de son maître. Sans s'arrêter aux témoignages recueillis dans la dissertation de Passeri, *de Animar. transvectione*, *Gemm. astrifer.* t. III, dissert. iii, p. 113-136, ni aux monumens produits, *ibidem*, à l'appui de ces témoignages, il est certain qu'un grand nombre d'urnes étrusques, de vases peints et de stèles grecques, restés inconnus ou négligés de Zoëga, déposent unanimement à l'appui de l'opinion contraire. Je citerai ici les plus remarquables de ces monumens, c'est à savoir, un vase de la collection de Lamberg, I, lix, où se voit un *cheval* en repos entre deux initiés, dont l'un le tient par la bride et l'autre le caresse, composition remarquable, dont le sens est le même que celui de plusieurs urnes étrusques, *Mus. Guarnacci*, tab. xi, 1 ; xiii, 1; et xxi, 2, où le *cheval* est pareillement figuré dans un *adieu funèbre*. Mais en fait de monumens étrusques, il n'en est aucun où ce symbole se produise d'une manière plus significative, que l'urne publiée par M. Inghirami, *Monum. etruschi*, ser. I, tav. xxxvii. Quant aux monumens grecs, je pourrais me contenter de citer une stèle funéraire, dans Caylus, *Recueil d'antiq.* VI, lvi, 1, qui nous montre un jeune héros, debout, près d'un *cheval*, prenant congé d'une femme assise devant lui; type reproduit, avec de légères variantes, sur plusieurs monumens funéraires, notamment sur le célèbre bas-relief Ruspoli, aujourd'hui au musée du Vatican, appartement Borgia, où Winckelmann, *Monum. ined.* 72, avait cru voir *Téléphe reconnu par Augé*, mais qui ne représente en effet qu'un *congé funèbre*, d'après l'explication qu'en a donnée Visconti, *Mus. P. Clément.* V, 133-135, explication suivie en dernier lieu par M. Inghirami, *Monum. etruschi*, ser. I, p. 203, 302. Une autre stèle grecque publiée aussi par Caylus, *Recueil*, etc. VI, lxiii, 1, offre deux personnages qui se donnent la main en signe de séparation, et derrière l'un d'eux, *la partie antérieure d'un cheval*. Cette représentation abrégée et symbolique a certainement ici le même sens que la *tête de cheval* figurée à une espèce de fenêtre, sur un bas-relief Albani, au sujet duquel symbole Winckelmann, *Monum. ined.* 20, et Zoëga, *Bassirilievi*, I, xxxvi, se sont perdus dans des allusions tout-à-fait étrangères à l'intention réelle de ce monument, qui n'est autre chose qu'un *repas funèbre*. Mais nulle part la signification symbolique du *cheval* n'est plus clairement indiquée que sur une stèle funéraire souvent publiée, et entre autres par Maffei, *Mus. veron.* xlvii, 3, où sont représentés deux jeunes héros, ayant chacun à son côté un *cheval* équipé pour le dernier départ, et un arbre entouré d'un serpent, avec l'inscription : ΠΑΝΦΙΛΟΣ ΑΛΕΞΑΝΔΡΟΣ ΧΑΙΡΕΤΕ. Cet arbre, pareillement symbolique, et figurant le jardin des Hespérides, se retrouve sur d'autres stèles sépulcrales, dont une, dans Passeri, *disserta. citée* plus haut, p. xxxvi, représente un jeune héros à *cheval*, avec un autel allumé devant lui;

et le même sujet, avec les mêmes accessoires, décore une stèle grecque du musée de Vérone, xlix, 8, qui porte cette épigraphe: ΛΟΜΟΥΡΔΙΟΣ ΗΡΑΚΛΗΣ ΕΤΩΝ Κ ΠΡΩΣ. Il résulte invinciblement de l'accord de tous ces monumens, que la présence du *cheval* caractérisait le *départ suprême*, conformément à l'opinion très-accréditée chez les anciens, qui faisait transporter l'ame des héros aux Champs élysées par leur *cheval* favori, et comme on en a un exemple dans les chevaux mêmes d'Achille qui portèrent son fils Néoptolème Μαχόραν ἐπὶ γαῖαν, Quint. Smyrn. iii, 759. On ne doit donc plus être surpris de trouver, sur tant de vases grecs, un *héros* debout près d'un *cheval*, sous un édicule funéraire, Passeri, *Pictur. Etrusc. in vase.* II, cxc; Millin, *Vases de Canosa*, pl. viii, ou bien le même *héros* couronné et pareillement debout près d'un *cheval*, Millin, *Vases peints*, II, xxx, ou bien enfin, le *héros* tenant par la bride un *cheval* qui recule effrayé à l'apparition d'un génie funèbre, comme on le voit sur un vase curieux du recueil de M. Maisonneuve, xxiv, 6 : ce sont toutes représentations à-peu-près équivalentes de l'homme élevé à sa mort au rang des héros, et parvenu au terme du repos éternel. Sur les vases que j'ai cités en dernier lieu, et sur le plus grand nombre des répétitions qu'on en connaît et qu'il est superflu d'indiquer, le *cheval* est peint en *blanc*; ce qui offre encore une intention symbolique. Ainsi la couleur *blanche* est opposée à la *noire*, dans les ailes de l'*Aurore*, Euripid. *Troad.* 848-855, dans celles de *Phosporus*, Ion *apud* Schol. Aristophan. *Pac.* 834, par rapport à celles de la *Nuit*, Euripid. *Orest.* 178, et d'*Hesperus*, Stat. *Thebaid.* viii, 159; ainsi la même opposition se retrouve entre les bandelettes, alternativement *blanches* et *noires*, qui ceignent des stèles funéraires, sur quelques vases peints, d'Hancarville, I, 55; *Vases de Lamberg*, I, xiii; et cette opposition, dont le rapport symbolique avec la vie et la mort a été remarqué par M. Creuzer, *Symbolik*, IV, 116, n'est nulle part plus frappante que dans les *chevaux* des Dioscures, tels qu'ils sont figurés sur un vase inédit de la collection de M. le comte de Pourtalès-Gorgier, dont l'un est *blanc* et l'autre est *rouge*, sans doute afin d'indiquer cette succession alternative de vie et de mort qui distinguait ces deux frères, tandis que, dans le plus grand nombre des monumens où ils figuraient tous les deux déifiés, ils étaient représentés l'un et l'autre sur un *cheval blanc*, Λευκίπποι, Euripid. *Helen.* 646, symbole de leur apothéose. Je ne puis m'empêcher de rappeler à cette occasion les deux génies représentés, l'un sur un cheval *rouge*, l'autre sur un cheval *noir*, dans les peintures d'un hypogée étrusque de Corneto, et que j'ai cru pouvoir qualifier génies de la *vie* et de la *mort*. Je n'avais cité, à l'appui de cette interprétation, que la personnification si remarquable d'*Hypnos* et de *Thanatos*, représentés, l'un *blanc* et l'autre *noir*, sur le coffre de Cypsélus, Pausan. v, 17, 4. Mais une représentation qui se rapporte bien plus directement à notre peinture étrusque, c'est le bas-relief qui décorait la stèle funéraire du monument érigé en commun aux Athéniens morts pour leur pays. Ce bas-relief consistait en *deux chevaux* qui se combattaient, et qui avaient reçu les noms de Μελάνιππος et de

à l'usage suivi sur une foule de monumens grecs, et en particulier sur les vases peints, où le vainqueur dans les jeux publics se montre à cheval, accompagné ou couronné par la Victoire[1]. Quant à la figure debout à l'extrémité de la composition, dont le costume annonce un personnage d'un ordre subalterne, et qui semble porter quelque fardeau, je ne saurais l'expliquer autrement qu'en supposant que c'est un des compagnons d'Achille, chargé d'apporter les prix destinés aux vainqueurs[2].

Mais la particularité la plus curieuse du monument qui nous occupe, et qui suffit à elle seule pour en constater l'intention funéraire, c'est la *stèle* consistant en un massif quadrangulaire surmonté d'une espèce de toit ou d'abaque, sur lequel posent trois pyramides tronquées. L'analogie frappante que cette *stèle* ainsi figurée offre avec le célèbre tombeau, présumé des *Curiaces*, à Albano[3], ainsi qu'avec ces anciennes sépultures de la Sardaigne appelées *Nouraghes*[4]; et le rapport non moins évident qui existe entre cette forme de tombeau, originairement asiatique[5], et les principaux traits du mausolée de Porsenna, tel qu'il est décrit par Pline[6], devient une preuve de plus, et la plus forte de toutes, à l'appui de l'explication qu'ont donnée récemment de ce monument problématique M. Quatremère de Quincy[7] et un savant italien, M. Orioli[8], l'un et l'autre presque dans le même temps, et par des argumens à-peu-près semblables, mais sans avoir pu profiter du travail l'un de l'autre, et sans avoir eu non plus connaissance du monument qui fournit, si je ne me trompe, à leur opinion, le fondement le plus solide, en même temps qu'il nous procure le type le plus authentique d'une sépulture étrusque de la plus ancienne époque.

Μαχόπρωπος, Pausan. I, 29, 5 ; noms qui semblent se rapporter à la doctrine allégorique des *deux chevaux*, l'un *bon* et l'autre *mauvais*, développée dans le *Phædre* de Platon, X, 320, Bipont., et dont, en tout cas, le rapport si singulièrement frappant avec la couleur *noire* et *rouge* des chevaux qui portent les *génies de la mort et de la vie*, sur notre peinture étrusque, fournit tout à-la-fois la vraie explication du bas-relief athénien et un exemple décisif à l'appui de notre interprétation de cette peinture.

(1) Trois vases publiés par Tischbein offrent sur-tout ce sujet de la manière la plus caractéristique. Sur l'un de ces vases, I, 52, deux jeunes gens, nus, à *cheval*, se disputent le prix de la course ; et dans le champ, s'élève une stèle d'ordre ionique. Sur un autre, I, 53, le vainqueur est représenté au moment où il descend de *cheval* pour recevoir une couronne des mains de la Victoire ailée, debout devant lui ; et dans le champ, est dressée la même stèle ionique. Le troisième vase, II, 26, nous montre un jeune homme, nu, sur un *cheval* en repos, et devant lui la Victoire ailée, qui lui présente un vase, prix de sa victoire ; un vase semblable, placé sur une stèle, indique l'intention funéraire de cette représentation, de la même manière que l'ordre ionique de la stèle figurée sur les deux vases précédens. Le sens, bien solidement établi, de ces trois monumens, ne permet pas de conserver le moindre doute sur la signification de deux autres vases, Tischbein, III, 147, et Millin, I, XIII, où le vainqueur se montre sur un *cheval blanc*, et portant une lance où est attachée une chlamyde, prix de sa victoire. Mais de tous les vases relatifs au même genre de représentations, il n'en est point qui offre réunis d'une manière plus significative les divers symboles propres au sujet en question, qu'un vase inédit du musée Charles X, n. 261. On y voit un guerrier armé, portant le casque et la cuirasse, et tenant, d'une main, par la bride, un *cheval* en repos, tandis que, de l'autre main, il reçoit dans une coupe sans anse et peinte en *noir* la libation funéraire que lui verse une femme debout devant lui ; et au-dessous, dans le champ, sont une

stèle et un *autel* sur lequel sont placés des *œufs*. Ces deux derniers symboles, dont la signification mystique et funéraire est établie par tant d'autres monumens, rapprochés ainsi l'un de l'autre, dans un pareil sujet, présentent une particularité des plus remarquables, et dont j'aurai lieu de proposer bientôt une application neuve et curieuse.

(2) Homer. *Iliad*, XXIII, 259. J'avoue cependant que cette explication ne me satisfait pas, et je crois qu'on en peut trouver, sur des monumens du même genre, une autre qui réponde mieux à l'intention exprimée ici par l'artiste. Ainsi un bas-relief sépulcral, *Galler. Giustinian.* II, 69, nous offre, dans une scène d'*adieu funèbre*, un esclave portant sur ses épaules le *bagage* du héros dont le *cheval* est tenu par un autre serviteur. Cette image, empruntée sans doute aux mœurs héroïques, et souvent reproduite sur les urnes étrusques, Inghirami, *Mon. etr.* scr. I, tav. VII, et scr. VI, tav. B 2, n. 1, s'adaptait bien à une représentation de jeux funèbres, telle qu'elle est ici figurée.

(3) Bellori, *Sepolcri antichi*, tav. I et II.

(4) Voy. la description curieuse qu'a donnée M. Petit-Radel de ces *Nouraghes*, dont quelques-unes offrent un plan absolument pareil à celui du prétendu tombeau des Curiaces, *Notice sur les Nouraghes de Sardaigne*, etc. avec quatre planches lithographiées. Paris, 1826, 8°.

(5) D'après l'exemple du tombeau d'Alyatte, décrit par Hérodote, I, 93.

(6) Plin. XXXVI, 13, 19.

(7) Quatremère de Quincy, *Restitution du tombeau de Porsenna*, p. 1-36, avec une planche, Paris, 1827, fol.

(8) Orioli, *dei Sepolcrali Edifizj dell' Etruria media*, con tav. XII, p. 22-26. Un savant architecte florentin, M. G. del Rosso, a publié récemment, à l'occasion d'une fouille ouverte près de Fiesole, et à l'appui des idées de M. Orioli, des *Congetture sopra due monumenti etrusco-fiesolani, e per incidenza su quello di Porsenna*, Pisa, 1826, 8°.

Ce n'est pas non plus à cette seule notion, toute curieuse qu'elle me semble, que se borne l'intérêt archéologique de notre urne étrusque. Cette même forme de tombeau étrusque qu'on eût pu déjà remarquer, quoique moins positivement indiquée, sur d'autres monumens du même peuple et de la même nature, notamment sur un cippe sépulcral qui existe à Viterbe, dans le palais de la commune[1], peut servir à nous révéler la véritable intention et l'origine jusqu'ici négligée ou méconnue des principaux objets symboliques employés dans les jeux du cirque, et figurés sur une foule de monumens, presque tous funéraires, qui les représentent. On sait que ces jeux, établis à Rome dès son berceau, et qui furent la dernière passion des Romains, après avoir été le premier élément de leur grandeur, avaient été transportés d'Étrurie dans cette ville naissante, et qu'ils y furent, dès le principe, réglés par des mains et d'après des usages étrusques[2]. Aussi le premier cirque que posséda Rome à peine fondée, et qui resta toujours le *grand Cirque*, le *Cirque par excellence*, *Circus maximus*, fut-il tracé dans cette profonde vallée entre le Palatin et l'Aventin, dans ce même quartier de Rome où fut primitivement le *bourg Toscan*; *vicus Thuscus*[3], et qui paraît avoir été de tout temps l'habitation privilégiée des hommes de cette nation, artisans, prêtres, devins, ainsi que des autres charlatans étrangers du même genre, tels que les astrologues, nommés, dès les temps d'Ennius, comme des *voisins du Cirque*, conjointement avec les haruspices toscans et les interprètes des songes[4]. Il est suffisamment établi par les témoignages de Denys d'Halicarnasse[5] et de Tite-Live[6], que la première institution régulière des jeux du cirque, et la première construction du Cirque même, furent l'ouvrage de Tarquin l'Ancien, prince d'origine étrusque; Tite-Live affirme de plus, en termes formels, que *ce fut de l'Étrurie que furent empruntés la plupart des objets employés à la célébration de ces jeux*[7]; et il n'est pas moins avéré que, chez les Étrusques, aussi bien que dans la Grèce elle-même, de pareils jeux avaient eu primitivement un caractère funèbre. Il est inutile de rappeler l'origine des jeux olympiques, néméens et isthmiques, liée au souvenir des funérailles d'Œnomaüs, d'Archémore et de Mélicerte[8]. La part attribuée par les traditions à Pélops dans la plus ancienne célébration des jeux olympiques, et constatée par quelques beaux monumens de l'art grec[9], ne se trouve pas

(1) Ce cippe est décrit par M. Orioli, dans la dissertation citée, note précédente, p. 25. M. Inghirami a publié, *Monum. etruschi*, ser. I, tav. c, une urne étrusque, sur laquelle est sculpté, dans une scène représentant un *adieu funèbre*, un tombeau figuré à-peu-près comme sur la nôtre, c'est à savoir, composé d'un soubassement sur lequel posent trois obélisques : nouvel et indubitable témoignage à l'appui de cette forme de sépulture essentiellement étrusque.

(2) Sur l'origine *étrusque des jeux du cirque*, voy. les témoignages recueillis par Gori, *Mus. etrusc.* II, 375-378, et par les interprètes du *Musée capitolin*, qui citent une foule de monumens à l'appui de cette tradition, IV, 48, 227, 230.

(3) Voy. Nardini, *Roma antica*, v, 5, t. II, p. 175, ediz. Rom. 1818, 8°.

(4) Ennii, *Fragment.* p. 35 :

Non habeo denique nauci Marsum augurem,
Non vicanos haruspices, non de circo astrologos,
Non isiacos conjectores, non interpretes somnium.

Sur ce fragment d'Ennius, cité par Cicéron, *de Divinat.* 1, 58, voy. la note du dernier éditeur, M. Moser, p. 187, qui ne me paraît cependant pas s'être fait une juste idée des *vicani haruspices*, c'est à savoir, des *haruspices domiciliés dans le vicus Thuscus*.

(5) Dionys. Halicarn. *Hist. rom.* iii, 68.

(6) Tite-Liv. 1, 35.

(7) Tite-Liv. *loc. laud.* : Ludicrum fuit equi pugilesque, *ex Hetruria maximè acciti*. Les courses de chevaux non attelés, δρόμος ἵππων ζευκτῶν τε ἀ ÁZEÝKTΩN, sont aussi mentionnées par Denys d'Halicarnasse, ii, 31, dans le récit des premiers jeux du cirque célébrés par Romulus; et c'est sans doute là la première origine de ces *cavaliers du cirque* figurés sur la plupart des représentations qui nous restent de ces jeux, mais dont il n'est fait mention que dans un texte assez équivoque de S. Jean Chrysostome, *Homel. de Circo*, t. VI Opp. ed. Duce, et dont Visconti semble avoir eu quelque peine à s'expliquer le véritable office, *Mus. P. Clément.* V, 239, éd. de Milan. Du reste, notre urne étrusque, rapprochée des nombreux vases grecs que j'ai cités, et sur-tout d'un vase de la collection de Lamberg, II, vign. vii, prouve surabondamment que la *course à cheval* avait été comprise par les Grecs et par les Étrusques dans la célébration des jeux publics; et c'est certainement de là qu'elle avait passé aux Romains.

(8) Voy. les témoignages recueillis à ce sujet dans les notes de J. Argoli sur Panvini, *de Ludis circensibus*, p. 4, Patav. 1681, fol.

(9) La course de Pélops et d'Œnomaüs était figurée sur le coffre de Cypsélus, Pausan. v, 17, 4; conf. Schol. Pindar. *Olymp.*

moins bien justifiée, et par les témoignages qui font dériver directement des Tyrrhéniens de la Lydie l'origine et le nom même de ces sortes de jeux[1], et par une foule de monumens étrusques, tous de nature funéraire, c'est à savoir, des urnes ornées de bas-reliefs qui représentent ou la victoire de Pélops[2], ou des combats de gladiateurs[3], ou des courses en char et à cheval. Cette origine funéraire des jeux gymniques nous explique à quelle intention des sujets empruntés aux exercices de la palestre ont pu être figurés sur tant de vases grecs[4] et de sarcophages romains[5], et nous montre dans ces représentations d'athlètes, de cavaliers, d'hoplitodromes, dont on n'avait pas saisi le rapport avec la nature funèbre des monumens qu'elles décorent, une image réelle, bien que le plus souvent abrégée et symbolique, des jeux qui rehaussaient, chez les Grecs comme chez les Étrusques, la pompe des funérailles, image destinée sans doute à tenir lieu de ces jeux eux-mêmes pour les personnes d'une fortune médiocre et d'une condition ordinaire.

De cette même source dérivent, si je ne me trompe, la plupart des objets employés dans la célébration des jeux du cirque, les *metæ*, consistant en un massif couronné de *trois pyramides tronquées*, les *phalæ* avec les *sept œufs*, et les *colonnes* avec les *sept dauphins*, tous objets certainement symboliques, dont l'intelligence se liait indubitablement à la première institution de ces jeux, mais dont on n'a donné jusqu'ici aucune explication vraiment satisfaisante. Il peut sembler étrange qu'après les doctes et volumineux traités d'un Panvini[6] et d'un Bulenger[7], dont l'ouvrage récent de Bianconi[8] n'est guère qu'un extrait superficiel; même après les ingénieuses et savantes observations d'un Visconti[9], nous ne possédions encore, sur ces ornemens du cirque, qui en constituaient le principal caractère et la principale décoration, d'autres renseignemens que ceux qu'on s'est contenté de puiser dans les témoignages d'écrivains de peu d'autorité, ou d'une époque trop récente, tels qu'un Tertullien, un Isidore de Séville, ou un Cassiodore. Ainsi l'on a rapporté au culte du soleil *l'obélisque* du Cirque avec le *globe* qui le couronnait, sans réfléchir que le premier obélisque érigé dans un monument

---

1, 114; Apollodor. Rhod. 1, 754; Tzetz. ad Lycophr. 157. Un beau vase du musée Bourbon, à Naples, publié par M. Maisonneuve, *Introduct. à l'étude des vases*, pl. xxx, et par M. Inghirami, *Monum. etrusch. ser.* V, tav. xv, est le plus complet et le plus intéressant de tous les monumens qui ont rapport à cette fable. Je n'oserais en dire autant d'une autre peinture antique, pareillement tracée sur un vase d'ancien style, de fabrique sicilienne, où l'on a vu le même sujet, D. Nicolo Maggiore, *Spiegazione intorno a un vaso greco-siculo del Museo Martiniano*, p. 13, Palermo, 1827, 4°. Sur un troisième vase, resté jusqu'ici inédit, du musée Bourbon, à Naples, se voit représenté, d'une manière indubitable, l'accord de Pélops et de Myrtilus. Ce dernier vase sera publié dans mon recueil.

(1) Tertull. *de Spectacul.* § viii. Sur l'extraction *lydienne* des Tyrrhéniens, à l'appui de laquelle j'ai recueilli les traditions anciennes, *Histoire des colon. grecq.* liv. iv, c. 2, voy. aussi l'ouvrage intitulé *Zusaetze und Erlaeuterungsschriften zur allgem. Welthistorie*, t. III, p. 43 suiv., 73 suiv.

(2) *Mus. Guarnacci*, tabb. vii, xxix, 2; Micali, Tav. *per l'Italia*, etc. xliii, avec les observations de M. Inghirami, 115-117. J'aurai occasion de revenir ailleurs sur ces monumens de l'art étrusque, dont le sujet n'a pas toujours été suffisamment compris ou convenablement expliqué.

(3) Telles sont les urnes, en si grand nombre, la plupart de terre cuite coloriée, sur la face antérieure desquelles sont représentés deux guerriers dans l'attitude de se porter réciproquement le coup mortel, sujet qu'on pourrait interpréter d'une manière plus vraisemblable par le *Combat d'Étéocle et de Polynice*, et qu'on retrouve aussi figuré à-peu-près de même sur des vases grecs d'ancien style. Mais c'est certainement un *combat de gladiateurs* qu'on voit représenté sur une urne étrusque, Inghirami, *Monum. etr. ser.* I, tav. xcviii, où l'intention funèbre de cette représentation est positivement déterminée par le vase cinéraire sculpté entre le groupe de combattans. On connaît, du reste, ces petites figures de bronze, représentant, suivant toute apparence, des *gladiateurs étrusques*, *Mus. etrusc.* I, tabb. 106-119, et qu'on doit regarder comme des monumens des jeux funèbres célébrés chez ce peuple à l'occasion des funérailles, Boettiger, *Andeutangen*, etc. p. 29.

(4) Tischbein, *Vases d'Hamilton*, I, 54, 55, 56; II, 61, 62; Millingen, *Vases de Coghill*, xv, xxvii; *Vases de Lamberg*, I, lxxiii, lxxiv.

(5) *Mus. P. Clement.* V, xxxvi, xxxvii; Guattani, *Monum. ined. per l'anno* 1785, luglio, tav. ii.

(6) Panvini, *de Ludis circensibus*, cum *Nott.* J. Argoli, et *Additamenti.* N. Pinelli, Patav. 1681, fol.

(7) Bulenger, *de Circo romano*, etc. dans le *Thes. Græv. Antiqq. romann.* IX, 576-823.

(8) *Descrizione de' Circhi, particolarmente di quello di Caracalla*, op. post. di G. L. Bianconi, pubbl. con note dall' A. C. Fea, Roma, 1789, folio.

(9) *Mus. P. Clement.* V, xxxviii, xxxix, xl, xli, xlii, xliii.

pareil, avec cette intention plus ou moins certaine, y avait été placé par Auguste, et conséquemment qu'il était étranger à la décoration primitive de ces édifices. La forme pyramidale des *metæ*, surmontées aussi d'un globe, a été tout aussi légèrement rapportée au même culte, tandis qu'il est prouvé, par la description du tombeau de Porsenna, et par l'observation de quelques monumens étrusques[1], que cette même forme de pyramide surmontée d'un globe était propre aux tombeaux de ce peuple[2]. La disposition de ces trois pyramides tronquées, telles qu'on les voit figurées sur un si grand nombre de médailles et de bas-reliefs antiques, offre d'ailleurs, avec celles de la stèle représentée sur notre urne étrusque, une analogie qu'il est impossible de ne pas reconnaître, et qui témoigne l'origine commune et conséquemment aussi l'intention funéraire des unes et des autres.

Il en est de même des *phalæ* et des *sept œufs* qui les couronnaient. On s'est contenté de répéter, sur la foi de Tertullien[3] et d'Isidore[4] qui le copie, que ces sept œufs, au moyen desquels on marquait les sept courses du cirque, avaient rapport à Castor et Pollux, sans se donner la peine de rechercher jusqu'à quel point cette allusion, de fraîche date, pouvait se trouver d'accord avec la primitive institution des jeux du cirque; car la première érection des sept œufs, que Dion Cassius croyait appartenir à Agrippa[5], était bien plus ancienne, au témoignage de Tite-Live[6], et remontait probablement à l'origine même des jeux du cirque, tels qu'ils avaient été établis par Tarquin l'Ancien, conséquemment à une époque où le culte des Dioscures n'avait pas encore acquis l'éclat et l'importance qu'il obtint plus tard à Rome.

(1) Inghirami, *Monum. etrusch.* ser. I, tav. c; ser. VI, tav. P 5, n. 3. La même forme de stèle surmontée d'un globe se rencontre jusque sur des monumens funéraires grecs, où il n'est pas possible de trouver la moindre allusion à ce prétendu culte du soleil, Caylus, *Recueil d'antiq.* II, lxxv.

(2) A l'appui de cette intention primitivement funéraire des *metæ* du cirque, je puis citer un monument fort curieux; c'est un sarcophage inédit du musée du Vatican, sur la face duquel est sculptée la *Meta Sudans*, dont on sait qu'il existe encore des restes informes entre l'amphithéâtre Flavien et l'arc de Constantin, dont une fouille récente vient de mettre à découvert le bassin inférieur et les conduits aboutissans, et dont il sera désormais facile de compléter la restauration à l'aide du bas-relief en question. On y voit, au-dessus d'un massif circulaire, élevé sur quatre degrés, et percé de niches arrondies, la *meta* composée de quatre assises en retraite, de manière à affecter une forme obéliscale, et terminée par un corps ovoïde, absolument dans la même forme que les *metæ* du cirque. Au moyen de cette disposition des assises en retraite, rendue si sensible sur ce bas-relief, on comprend mieux le véritable appareil de ces *metæ*, qui semblent, sur un si grand nombre de médailles impériales et de sarcophages relatifs aux *ludi circenses*, entourées, à diverses hauteurs, de cercles concentriques et parallèles, qui ne figurent réellement que les trois ou quatre assises en retraite de l'obélisque. On voit enfin sur ce bas-relief, dont le rapport avec des idées funéraires est indubitable, puisqu'il est sculpté sur un sarcophage, un type authentique de ces constructions sépulcrales, consistant en un massif circulaire surmonté d'une pyramide ou d'un obélisque, tel qu'on croit, avec beaucoup de raison, que fut le tombeau de Cecilia Metella dans son état primitif, et dont on peut présumer que Pirro Ligorio, qui en a représenté un si grand nombre sur son plan de l'ancienne Rome, n'avait pas pris le modèle uniquement dans son imagination. Ce bas-relief sera publié dans une des planches de supplément de ce recueil. Mais le monument le plus décisif, entre tous ceux qui offrent la disposition dont il s'agit, est la pierre sépulcrale érigée à une femme étrusque nommée *Ælia Cnea, fille de Larthalis,* et consistant en un *obélisque* surmonté d'un corps ovoïde, et dressé sur une *base circulaire,* ornée, sur tout son pourtour, d'un bas-relief représentant des cérémonies funèbres. Ce monument capital, qui existe à Perugia, a été publié par Gori, et en dernier lieu par M. Inghirami, *Monum. etr.* ser. VI, tav. Z 2.

(3) Tertullien, *de Spectaculis : Ova honori Castoris et Pollacis adscribunt.*

(4) Isidor. *de Origin.* xviii. Bulenger, *de Circo romano,* 1, 19, a rapporté bien minutieusement une foule de passages relatifs à l'œuf des Dioscures, mais sans en alléguer un seul, outre celui de Tertullien, qui prouve que le symbole employé dans le Cirque eût effectivement rapport aux Dioscures.

(5) Dion. Cass. *Histor.* xlix, 43.

(6) Tite-Liv. xli, 32. L'époque indiquée dans ce passage de Tite-Live, est de l'an de Rome 578, tandis que l'édilité d'Agrippa est de l'an 721. Je ne puis m'empêcher de remarquer ici que le doute exprimé par Visconti, *Mus. P. Clément.* V, 243, note 1, sur la manière dont on se servait de ces œufs et de ces dauphins pour indiquer les courses du cirque, soit en les retirant, soit en les élevant un à un, à mesure que chaque course s'accomplissait, que ce doute, dis-je, produit par une expression équivoque de Varron, ne paraît pas fondé. Voici la phrase de Varron, *de Re rust.* I, 2 : *Nam non modo non ovum illad sublatum est, quod ludis circensibus* novissimi curriculi *finem facit quadrigis.* L'incertitude provient de ce mot *sublatum,* qui signifie en général *élevé* aussi bien que *retiré.* Mais dans ce cas-ci, il n'y a, ce me semble, aucune difficulté, puisque Varron parle d'un *seul œuf, ovum illad,* comme indice de *la dernière course, novissimi curriculi.* On ôtait donc les œufs, à mesure que les courses s'exécutaient : ce qui était en effet plus commode, plus propre à prévenir toute incertitude; et la preuve qu'ici le mot *sublatum* ne peut avoir un autre sens, c'est que Suétone, dans une occasion à-peu-près semblable, se sert du même mot, avec la même acception, *Cæsar.* xxxix : *Nam quò latius dimicaretur, sublatæ metæ, inque earum locum bina castra ex adverso constituta sunt.*

Or, l'*œuf* était un symbole de purification, un objet essentiellement mystique et funéraire,
figuré, à cette intention, sur un très-grand nombre de vases grecs[1]; et sous ce rapport, la
signification de ce symbole, qu'il fut facile de rattacher par la suite au culte des Dioscures,
devenus les Grands Dieux Lares de Rome[2], ne se liait pas moins intimement à celle des
sept dauphins érigés pour le même objet que les sept œufs. On n'a vu, en effet, dans le choix
de cet animal marin consacré à Neptune, d'autre raison que celle de l'extrême vélocité attribuée au dauphin par les anciens naturalistes[3]. Mais sa signification funéraire, comme servant
au transport des ames dans les Iles fortunées, est établie par tant de monumens grecs et
étrusques[4], qu'il est superflu de chercher ailleurs l'interprétation d'un symbole si parfaitement
approprié au caractère funèbre des jeux du cirque. Le nom même de l'espèce de construction temporaire en bois qui portait ces œufs et ces dauphins, construction appelée *phalæ*, est
manifestement puisé aux mêmes sources; c'est un mot étrusque[5], dont la racine se retrouve
aussi dans le grec, et n'est pas étrangère à la formation du mot *phallus*[6], non plus qu'aux
idées mystiques qui se rattachaient à ce dernier symbole, dans les opinions les plus anciennes
et sur des monumens primitifs.

Je m'écarterais trop de mon sujet, si je me laissais entraîner à l'interprétation des autres
objets symboliques employés dans les jeux du cirque, qui tous néanmoins, ou presque
tous, peuvent être ramenés sans peine à une signification funéraire, en rapport avec la nature

(1) L'*œuf* mystique, l'*œuf* lustral, ὠὸν ἐκ καθαρσίου, Lucien. *Dialog. mort.* 1, dont l'usage, dans les sacrifices et dans les mystères des anciens, est attesté par un si grand nombre de témoignages, Varron. *de Re rust.* 1, 2; Apul. *Metam.* xi, 5; Ovid. *Art. amat.* ii, 329; Juven. *Sat.* vi, v. 517, est figuré sur une foule de monumens purement grecs, et en particulier sur les vases peints, où il se voit tantôt à la main du génie des mystères ou de l'initié, tantôt placé sur l'*autel*, ou sur le *plat mystique*, *patella*, ou sur le *vase de bain*, *labrum*, autre symbole de purification; voyez des exemples de ces divers emplois de l'*œuf lustral*, *Vases de Lamberg*, 1, xii, xiii, et vignette n. vii, auxquels j'ajouterai ceux de quelques autres vases antérieurement publiés par Caylus, *Recueil d'antiq.* IV, xi, 1; et XLI, 1; VI, xxxv, 4 et 5, et par Millin, *Vases peints*, II, viii, dans lesquels ce symbole n'avait pas été reconnu, faute d'un examen assez attentif. Que l'on rapproche maintenant des monumens qui viennent d'être cités, le vase du Musée Charles X, que j'ai décrit plus haut, p. 97, note 1, et sur lequel on voit un vainqueur dans des jeux funèbres, tenant son cheval par la bride et recevant la libation funéraire, devant une *stèle* et un *autel* où sont placés des *œufs*, il sera impossible de méconnaître l'étroite relation de ces divers symboles, ainsi que leur signification funéraire, en rapport avec la première origine et avec l'institution primitive des jeux du cirque.

(2) Les témoignages et les monumens relatifs au culte que les Dioscures recevaient à Rome, en qualité de *Dieux Pénates*, ont été presque tous indiqués par les interprètes du *Musée Chiaramonti*, p. 96-97, éd. de Milan, excepté cependant le plus précis de tous, celui de Denys d'Halicarnasse, *Hist. rom.* vi, 13.

(3) Plin. viii, 9.

(4) J'ai déjà cité plusieurs monumens relatifs à cette croyance, voy. p. 43-44. Je profiterai de cette occasion pour expliquer une pierre gravée de la galerie de Florence, qui ne me semble pas avoir été bien interprétée. On y voit, *Galler. di Firenze*, ser. V, tav. xxx, n. 31, un *dauphin*, un *papillon*, et le mot ΕΥΤΥΧΙ, pour ΕΥΤΥΧΕΙ; deux symboles de la *félicité des ames*, si bien d'accord avec l'inscription qui les accompagne, qu'ils ne peuvent

avoir rapport qu'à la croyance dont il s'agit, et non point à un *présent amoureux*, comme l'ont cru Gori, et M. Zannoni, dernier interprète de ce monument, p. 189.

(5) Les *phalæ*, dont la première mention se trouve dans un vers d'Ennius, fragm. libr. xv:

Malos diffundunt, fiunt tabulata *phalæque*;

et qui sont citées par Juvénal, *Sat.* vi, 589 :

Consulit ante *phalas* delphinorumque columnas,

étaient, au témoignage de Nonius, c. 2, n. 351, conf. Serv. ad Æneid. ix, 705, des tours en bois: Phalæ *turres sunt ligneæ*. On les voit figurées, sur les bas-reliefs des jeux du cirque, sous la forme de deux colonnes jointes par une architrave qui supporte les sept œufs; c'est cette espèce de construction amovible et temporaire que Dion Cassius, xlix, 43, appelle : Τὰ ὠειδῆ δημιουργήματα. Or, le mot *phalas* était proprement étrusque, suivant Festus, *hâc voce*, et signifiait le *ciel*; d'où venait la qualification de *Falacer*, dieu suprême des Étrusques, que Varron désigne, *Ling. lat.* iv, 21, 80, par les mots *divam patrem*, et qui répondait ainsi, dans le système de la théogonie étrusque, à l'*Ouranos* des Grecs, bien que Gori, *Mus. etrusc.* t. I, p. 67, l'ait déclaré un dieu inconnu. Une déesse *Phalacra* est nommée dans une inscription de Muratori, c, 6.

(6) Hesychius, v. φάλαξ· ἱρὴ, κτεμαι. Car c'est ainsi que ce passage doit être lu, suivant la restitution qui en a été proposée par les interprètes de ce lexicographe. La même racine, avec la même signification, se retrouve dans d'autres mots simples ou composés, tels que φαλός, synonyme de λόφος, *crista*, d'où φάλαρα, φαλάρεια, et dans des noms propres de lieux, montagnes ou promontoires, tels que, Φαλάκραι, τόπος τῆς Ἴδης; Φαλάκρας, ἄκρας τῆς Εὐβοίας; Φάλακρον, ἀκρωτήριον Ἴδης. Le mot *phalès* ou *phallus* a la même étymologie, et se rapporte à la même idée primitive, Hesychius, vv. Φαλκείς et Φαλλός. Cette étymologie s'accorde avec les idées symboliques originairement attachées au *Phallus*, ainsi que j'aurai occasion de le montrer, en publiant quelques sujets relatifs aux *Phallephories* et représentés sur les vases peints.

originairement funèbre de ces jeux[1]. Mais je dois me contenter d'avoir indiqué brièvement ici quelques-uns des faits principaux qui doivent conduire à une explication complète de ce sujet curieux, et sur-tout d'avoir signalé, avec tout l'intérêt qu'elle mérite et avec toutes les conséquences qui en résultent, la particularité si neuve et si remarquable que nous offre l'image des jeux funèbres représentée sur notre urne étrusque.

§ VIII.

Parmi les derniers exploits d'Achille[2], son combat contre Memnon, et la victoire qu'il remporta sur Penthésilée, sont ceux qui paraissent avoir le plus souvent exercé le talent des anciens artistes, à en juger par les nombreuses représentations qui nous restent de ces deux faits héroïques. Le premier se rencontre particulièrement sur les vases peints[3]; le second figure sur un assez grand nombre de sarcophages romains[4]; tel est celui du palais Rospigliosi, à Rome, plus d'une fois cité, entre autres par Winckelmann[5], mais demeuré jusqu'ici inédit, et dont je présente un dessin fidèle[6].

Sur la plupart de ces bas-reliefs, dont la composition presque entièrement identique atteste qu'ils dérivent d'un original commun, probablement de la célèbre peinture de Panænus[7], le groupe principal d'*Achille soutenant Penthésilée mourante* est absolument conçu de la même manière, et tel que le décrit Pausanias d'après la peinture que je viens de citer[8]. Cette

---

(1) La *bêche*, figurée sur les bas-reliefs Pie-Clémentin, V, xxxviii et xl, pour indiquer le *sillon*, *scamma*, tracé autour des *carceres*, ainsi que les *vases*, sur la matière et la destination desquels les antiquaires ne sont pas encore d'accord, paraissent être des symboles primitivement funéraires. Les dieux dont les autels et les simulacres décoraient la *Spina*, c'est à savoir, *Cérès*, *Liber* et *Libera*, Dionys. Halic. vi, 94, et *Cybèle*, enfin, à laquelle la *Spina* toute entière était spécialement consacrée, sous son nom latin de consiva, Festus, v. *Opima*, étaient des divinités *chthoniennes* et infernales. Il n'y a pas jusqu'à l'*autel souterrain de* Consvs, dieu mystérieux assimilé à tort avec *Neptune*, suivant Denys d'Halicarnasse, ii, 31, attendu qu'il était proprement le *génie des conseils secrets*, δαίμονι ἀῤῥήτῳ τινὶ βουλευμάτων κρυφίων ἠγεμόνι καὶ φύλακι, et qu'il correspondait ainsi, dans la théologie étrusque, au *Bacchus* Εὔβουλεύς, ou Εὔβυλος, conf. Creuzer, *Dionys.* p. 305; Welcker, *Nachtrag*, etc. 194, il n'y a pas, dis-je, jusqu'à cet *autel souterrain* qui ne puisse être rapporté à la même intention funéraire. Le *serpent à deux têtes*, placé sur deux stèles, et le *corbeau*, en acrotère, sont encore des symboles funèbres dérivés de la même source et qui tiennent au même ordre d'idées.

(2) On a cru voir Achille poursuivant Lycaon, sur un vase grec, *Vases de Lamberg*, I, xviii, 22-23, qui n'offre cependant aucune des particularités de cet épisode homérique, *Iliad.* xxi, 34 suiv.; c'est un sujet héroïque encore incertain, et qui a cela de remarquable, que l'un des deux guerriers est à *cheval*, contre l'opinion commune, mais, il est vrai, facile à réfuter par les monumens, qui interdit cette manière de combattre aux siècles homériques.

(3) Le fameux vase du Stathouder, publié d'abord, mais d'une manière incomplète, par Passeri, *Pictur. Etrusc.* in vasc. III, cclxii, cclxiii, puis avec élégance et fidélité par Millin, qui l'avait sous les yeux, *Vases peints*, I, xix-xxii. Le même sujet s'est trouvé sur un vase de Lamberg, II, xiii, où cependant l'interprète a vu le *Combat d'Achille contre Hector*, en se fondant sur un autre vase

publié par M. Millingen, *Anc. uned. Monum.* part. I, t. iv, qui porte par erreur le nom ΕΚΤΩΡ, au lieu de celui de ΜΕΜΝΩΝ.

(4) Le sarcophage de la vigne du pape Jules III, publié par Winckelmann, *Mon. ined.* 139, et reproduit par Visconti dans le *Mus. P. Clém.* V, xxi; il en existait deux autres à la villa Pinciana, aujourd'hui à Paris; un quatrième est gravé dans Houel, *Voyage pittoresque de la Sicile*, t. I, pl. xiv; et Winckelmann fait mention d'un sarcophage entier, avec le même sujet, qui existait de son temps à Rome, chez le sculpteur Penna.

(5) Winckelmann, à l'endroit cité, p. 187.

(6) Voy. notre planche XXIV.

(7) C'était une des peintures qui décoraient le trône du Jupiter d'Olympie, Pausan. v, ii, 2. La conjecture exprimée plus haut se fonde non-seulement sur la célébrité de cette peinture, mais encore sur la composition même de nos bas-reliefs, où les figures sont disposées sur deux étages, d'une manière qui rappelle l'ordonnance de la plupart des peintures des vases grecs.

(8) Pausan. *loc. laud.* : Πενθεσίλειά τε ἀφιεῖσα τὴν ψυχὴν, καὶ Ἀχιλλεὺς ἀνέχων ἐστὶν αὐτήν. Un groupe absolument pareil se retrouve sur des pierres gravées, *Mus. Florent.* II, xxxviii, 2 et 3; Winckelmann, *Pierres de Stosch*, p. 379, et sur deux lampes antiques, Bellori, *Lucern. fict.* part. III, t. vii et viii, la dernière desquelles offre la répétition exacte du groupe figuré sur un vase de Tischbein, II, 5; d'où résulte de plus en plus la preuve que ce groupe dérive en effet d'un original très-célèbre, et, suivant toute apparence, de la peinture d'Olympie. On a cru reconnaître le sujet en question sur un beau miroir mystique qui appartint au prélat Casali, voy. Visconti, *Mus. P. Clém.* V, p. 146, not. 1, éd. de Milan, mais où il est plus probable, d'après la différence de la composition, qu'il faut voir le sujet de Thésée et d'une Amazone, à-peu-près comme sur la célèbre pierre Farnèse, Winckelmann, *Monum. ined.* 97. Enfin, parmi les nombreuses hypothèses dont le prétendu gladiateur Borghèse a été l'objet, il en est une qui rapporte l'action et le mouvement de cette figure au combat d'*Achille contre Penthésilée* : cette interprétation

similitude est d'autant plus remarquable, que l'attitude du héros, au lieu d'exprimer l'admiration que lui cause la beauté de l'amazone, motif consacré par des traditions anciennes[1], annonce au contraire, par le mouvement de sa tête tournée d'un autre côté, l'indignation qu'il éprouve en entendant les railleries de Thersite, mouvement qu'il serait impossible de comprendre, attendu l'absence de ce dernier personnage, si la circonstance en question ne nous avait été conservée par un ancien scholiaste[2]. Le même groupe, isolé de tout autre personnage, et avec une expression toute semblable, s'est pareillement rencontré sur un beau vase grec[3], directement produit sous l'influence des modèles de la Grèce; en sorte qu'il n'est pas douteux qu'en représentant ainsi Achille, au moment où, attendri par la beauté de Penthésilée, il est rappelé à des sentimens plus dignes de lui par les imprudentes railleries de Thersite, sans cependant faire intervenir ce personnage ignoble et odieux, l'artiste n'ait voulu montrer son héros sous l'aspect le plus favorable, et en même temps le mieux approprié aux motifs qui firent choisir ce sujet pour type de monumens funéraires.

Cette intention, qui semble avoir échappé à Visconti, est sur-tout rendue sensible par cette circonstance remarquable, que sur tous ces bas-reliefs Achille et Penthésilée sont représentés sous les traits de personnages romains du second ou du troisième siècle de notre ère[4]. Winckelmann en avait fait le premier la remarque[5], en supposant, avec beaucoup de raison, que c'était la personne même à laquelle était destiné le sarcophage, qui remplissait dans la composition dont il s'agit le personnage d'Achille. Cette observation, confirmée depuis par une foule de monumens du même genre qui ont offert la même particularité[6], est propre à répandre un jour tout nouveau sur une partie considérable du vaste domaine de l'antiquité figurée. Il résulte en effet de cette manière de représenter les morts sous les traits de personnages héroïques et dans le costume idéal, en leur conservant la physionomie propre des défunts, que c'était le moyen employé pour rendre sensible, pour figurer aux yeux la croyance généralement admise, qui faisait des hommes après leur mort autant de demi-dieux; croyance en vertu de laquelle le nom de *héros* se lisait sculpté, pour suprême honneur, sur

nouvelle proposée par le savant M. Thiersch, *über die Epochen der griech. Kunst, Abhandl.* II, *Anm.* 18, a été judicieusement réfutée par M. Welcker, *Kunstmuseum zu Bonn,* 17. C'est de même sans aucune apparence de raison que M. Panofka, *Neapels ant. Bildwerke,* I, 272, a vu le sujet en question, d'*Achille combattant Penthésilée,* sur un vase du musée Bourbon, où le héros, *barbu,* dans l'attitude de la statue Borghèse, est certainement *Thésée,* et l'amazone vaincue, probablement *Antiope.*

(1) Quint. Smyrn. *Paralipom.* 1, 655-659; Nonn. *Dionys.* XXXV, 38; Philostrat. *Heroic.* 709. Ajoutez ces vers si connus de Properce, *Eleg.* III, 9, 16-17 :

> Aurea cui postquam nudavit cassida frontem,
> Vicit victorem candida forma virum.

Cette tradition, dont on peut voir les autres témoignages recueillis par Drelincourt, *Achill. homer.* § 310, a fait imaginer depuis par ces sophistes qui gâtent tout ce qu'ils touchent, la fable des amours d'Achille et de Penthésilée, dont le fruit fut un fils nommé Caystre : c'est Servius qui raconte cette fable, *ad Æneid.* XI, 661. L'antiquité n'avait connu que Penthésilée mourant entre les bras d'Achille, et produisant, à ce moment suprême, l'impression d'une tendre pitié sur son terrible vainqueur.

(2) Schol. Lycophr. v. 999.

(3) Tischbein, *Vases d'Hamilton,* II, 5.

(4) L'*Achille* de notre bas-relief offre, avec des traits tout-à-fait individuels, cette barbe courte qu'on voit aux portraits romains, à partir des temps d'Héliogabale. La *Penthésilée* a les cheveux arrangés selon la mode du même siècle, ainsi que l'a remarqué Visconti pour l'héroïne du bas-relief Pie-Clémentin. La même particularité se voit aux deux bas-reliefs Borghèses, actuellement au musée du Louvre.

(5) Winckelmann, *Monum. ined.* 139 : « In tutti e tre è effigiato Achille in età virile, e con un poco di barba; sebbene ciò « non consuona con l'età di lui, il quale morì pur giovanetto; « laonde può cavalersi ch' e' vi sia stato figurato in quell' età « nella quale moriron coloro i cui cadaveri erano stati riposti in « queste urne. »

(6) C'est ainsi que la *Proserpine* d'un sarcophage capitolin, IV, 55, et que l'*Ariane,* sur plusieurs monumens du même genre, *Mus. P. Clém.* V, VIII, sont représentées sous les traits de femmes romaines, des IIe et IIIe siècles de notre ère. Le beau sarcophage de *Protésilas et Laodamie, Mus. P. Clém.* V, XVIII, offre également, dans les deux principaux personnages, des portraits qui ne sont qu'ébauchés; et l'usage, attesté par un si grand nombre de monumens funéraires, de laisser ainsi ébauchée la figure du principal personnage, afin d'en faire le portrait du défunt déposé dans le sarcophage, se rapporte certainement à la même intention, ainsi que Visconti en a fait plusieurs fois la remarque, *Mus. P. Clém.* IV, 127, V, 89, après Gori, *Columbar. Liv.* § IV, tab. IX. Mais cette particularité si curieuse ne se trouve exprimée

tant de stèles funéraires[1], et le mot même d'*héroon* avait acquis la signification habituelle de *tombeau*[2]. On explique également par le même motif le choix de cette foule de traits héroïques qui figurent avec une intention équivalente sur tant de vases peints, dont la destination funéraire n'est pas douteuse, et qui remplissaient, dans les tombeaux des Grecs, le même objet que les représentations toutes semblables sculptées sur les urnes étrusques et sur les sarcophages romains. Ce fait important pour l'intelligence du génie antique, résultera, j'ose le croire, de l'ensemble de mes recherches et de la confrontation des monumens que je publierai. Mais en attendant, je me borne à faire ici, au sujet d'Achille et Penthésilée sculpté sur notre bas-relief de sarcophage, l'application du principe que je viens d'établir. J'y vois, dans la physionomie individuelle donnée au groupe principal, l'intention évidente de représenter en style héroïque le couple romain auquel était destinée cette urne cinéraire, et d'élever ces deux époux à la dignité héroïque. C'est en effet là le motif qui fit choisir Achille pour type de beaucoup de monumens funéraires, ainsi que je le montrerai bientôt; et quant à Penthésilée, cette intention ne ressort pas moins indubitablement de deux inscriptions sépulcrales, dont on n'a point encore saisi ou indiqué le rapport avec cette classe de monumens figurés.

La première de ces inscriptions, conçue en vers grecs, et publiée, après Fabretti, par Hagenbuch, qui en a rétabli le texte, contient l'éloge d'une femme nommée Marciana Hélicé, et enlevée, *dans sa vingt-deuxième année*, à l'amour de son mari, par qui lui fut consacré ce monument. Entre tous les traits dont se compose cet éloge funèbre, le plus remarquable est celui de *la beauté de l'amazone expirée qui enflamme encore les désirs de son vainqueur*[3]; trait qui fait si manifestement allusion au sujet d'Achille et de Penthésilée, qu'il y a lieu d'être étonné

---

d'une manière plus frappante sur aucun monument, que sur un superbe sarcophage récemment découvert à Ostie, et représentant toute la fable d'Alceste; sarcophage d'une composition admirable, d'une intégrité parfaite, et d'un bon travail, où le personnage d'*Alceste* et celui d'*Admète* sont manifestement des portraits romains du IIe siècle, bien que, dans le dessin qu'en a publié M. Gerhard, *Ant. Bildwerke*, Cent. I, Heft II, XXVIII, la particularité dont il s'agit n'ait pas été représentée avec toute la fidélité désirable; ce qui m'autorisera à reproduire ce beau monument d'après un dessin exécuté sous mes yeux à Rome, avec le plus grand soin.

(1) Les témoignages relatifs à cet usage de considérer les *morts* comme des *héros* et des *demi-dieux*, ἔχετ' ἐς ἩΜΙΘΕΟΥΣ, *Mus. veron.* CCCLXXV, 1; SEMI-DEI *manes*, Lucan. *Pharsal.* IX, 6, sont presque innombrables; je me bornerai à citer les principaux. On trouve la qualification ΗΡΩΣ employée à cette intention, dans des épigrammes sépulcrales, Pausan. 1, 37, 2 : ἑσθλέ' ἄναξ ΗΡΩΣ Φύλακες κ. τ. λ.; sur des stèles funéraires, Spon, *Miscellan.* sect. X, n. XXVIII, 2, 3, 9; *Monum. Nan. necrolog.* XII; *Mus. veron.* XLVII, 4, XLIX, 8, LXV, 1. La même qualification appliquée à des *femmes* se rencontre sur des marbres grecs et latins; ainsi une ΗΡΩΣ ΧΡΗΣΤΗ se lit dans Spon, *ibid.* 6, et une *Pompeia Herois*, dans Marini, *Arval.* I, 260; conf. *Mus. veron.* CLXXI; Muratori, DCXXXI, 1; Marini, *Iscriz. alban.* CXXII. Le monument le plus décisif à cet égard, est la stèle de *Lomoardios*, qui nous offre ce personnage, en *costume héroïque*, à *cheval*, dans le *jardin des Hespérides*, avec l'inscription : ΛΟΜΟΥΡΔΙΟΣ ΗΡΑΚΛΗΣ ΕΤΩΝ Κ ΗΡΩΣ, qui constate que c'est ici l'image authentique du *mort* élevé à la condition de *héros*, sous le nom même d'*Hercule*. Telle est en effet l'idée exprimée par le surnom ΗΡΑΚΛΗΣ joint au nom propre du personnage déifié, ainsi que le prouve, entre autres exemples que je

pourrais citer à l'appui d'une intention semblable, une inscription métrique funéraire, dans Gruter, MCXXIII, 7, qui se termine par ces paroles, *Desine flere* DEVM; et dans laquelle le *mort* ainsi *déifié* est successivement présenté sous les traits de plusieurs *dieux* ou *héros*, tels que *Liber*, *Phœbus*, *Atys*, *Castor* :

Sed quicumque *deus*, quicumque vocaberis *heros*, etc.

De là les allusions plus ou moins directes à cette croyance qui se rencontrent dans les inscriptions funéraires, Gruter, MXXV, 12; *Mus. veron.* CCCLXXII; voy. les nombreux témoignages recueillis à ce sujet par le P. Biagi, *Monum. Nan.* 262-264, et les observations de Visconti sur l'épigramme XXV de Callimaque (Brunck, *Analect.* XXXII), dans le *Mus. P. Clément.* V, 134-135, éd. de Milan. De là les *honneurs héroïques* rendus, sur la monnoie de quelques peuples grecs, et en particulier des Lesbiens, à des hommes célèbres, Visconti, *Mus. P. Clément.* III, 98, éd. de Milan; et de là enfin ces nombreuses représentations de personnages en *costume héroïque*, qui se reproduisent si fréquemment sur les vases peints, et dont on n'a point encore cherché l'explication à cette source féconde.

(2) Parmi les nombreux exemples que nous devons au seul Pausanias, de ce mot employé avec la signification indubitable de *tombeau*, je citerai le tombeau d'*Andromaque*, Ἡρῷον, à Pergame, 1, 11, 2, et celui d'*Ægée*, à Athènes, *ibid.* 1, 22, 5. Le même mot se lit sur une foule de stèles sépulcrales, *Mus. veron.* LIX, 1; CCCLXXII, 7; Pacciaudi, *Monum. peloponn.* II, 62-65. On disait dans le même sens βωμὸς ἥρως, Pausan. 1, 1, 4, et τέμενος ἥρως, *ibid.* 1, 37, 1. Le mot latin *heroum* se rencontre aussi, mais plus rarement, sur des inscriptions romaines, Fabretti, *Inscript.* c. IV, n. 450, p. 324; Gruter, DCVIII, 8; Muratori, DCCCLXXXIX, 8.

(3) Fabretti, *Inscript.* c. X, n. 442, p. 723; Hagenbuch,

qu'aucun des interprètes de ces monumens n'ait fait jusqu'ici un rapprochement si curieux[1]. La seconde inscription n'est pas moins propre à expliquer l'intention qui fit choisir ce sujet de la mort de Penthésilée pour type de monumens funéraires destinés à des femmes victimes d'une mort prématurée; c'est une inscription latine, qui concerne une jeune personne enlevée pareillement, dans la fleur de son âge, à l'amour de ses parens, et qui se termine par cette pensée consolante: *Heureuse du moins d'avoir échappé aux ennuis d'une longue vieillesse; ainsi* Penthésilée *eut moins à pleurer qu'Hécube*[2].

Je ne m'écarterai pas de mon sujet, en rapportant à cette occasion quelques exemples analogues que fournissent d'autres marbres antiques, et qui tous déposent de cette pratique ancienne, de tirer des malheurs illustres de l'histoire héroïque, des consolations à l'usage de la condition humaine. Ainsi, la *mort de Thésée* et *celle d'Hercule* sont alléguées sur des inscriptions[3], comme motifs de se résigner à une destinée inévitable. Ainsi une semblable consolation, puisée dans le sort de Niobé, se trouve indiquée sur une inscription latine métrique très-mutilée[4], dont je crois pouvoir rétablir les derniers vers à l'aide d'autres inscriptions du même genre; et cet usage funéraire de la fable de Niobé, puisé aux plus pures sources de l'antiquité grecque, puisque Achille, dans son discours à Priam, se sert du même exemple pour consoler ce malheureux père de la perte de son fils chéri[5], nous explique le motif qui fit choisir cette fable intéressante pour type de tant de sarcophages[6].

Mais pour revenir à notre sujet d'Achille et de Penthésilée, je crois voir ce sujet représenté sur une urne étrusque inédite, du musée public de Volterre, dont la composition, différente de celle que nous avons trouvée sur les monumens grecs et romains, se rapporte sans doute à quelque tradition particulière aux Étrusques[7]. Ce bas-relief, d'une exécution qui semble appartenir à la dernière époque de l'art toscan, ou aux premiers siècles de notre

---

Epistol. epigraph. ad nob. Blanrer. 46-53. C'est aux vers 12-13, que se trouve l'allusion à la mort de Penthésilée :

Κάλλος δ' αὖ μετὰ μοῖραν ΑΜΑΖΟΝΟΣ ἔχειν ἄπιστον,
εἴθε νεκρᾶς πλέον ἢ ζώσης ἐς ἔργα φέρεσθαι.

(1) Cette allusion n'a point échappé à M. Iacobs, qui a publié de nouveau, avec d'heureuses corrections, l'inscription dont il s'agit, *Paralipom. ex libr. ed.* II, 36, 788-790 ; bien qu'il n'exprime cette idée qu'avec une sorte d'hésitation, et sans en indiquer le rapport avec les monumens figurés.

(2) *Mus. Veron.* CLXXIV, 3; voici les deux derniers vers de cette inscription :

An felix, ægræ potius subducta senectæ?
Sic Hecubà flevit Penthesilea minus.

(3) Morcelli, *de Styl. inscript.* p. 105.

(4) L'inscription dont il s'agit, publiée en dernier lieu par M. Cardinali, *Iscriz. veliter.* n. LIX, p. 122, est trop endommagée, pour qu'il soit possible de la rétablir en son entier; mais il n'en est pas ainsi des quatre vers par lesquels elle se termine :

DESINE.IAM.FRUSTRA.MEA.MATER......
TE.MISERAM.TOTOS.EXAGITARE.DIE..
NAMQUE.DOLOR.TALI.NON.NUNC.TIBI.....
HAEC.IDEM.ET.MAGNIS.REGIBUS......

que je lis et restitue ainsi, d'après un fragment d'inscription funéraire trouvé dans le tombeau de la famille Arruntia et publié par Piranesi, *Antich. roman.* t. II, tav. XIII, et d'après une inscription encastrée sous le portique de *Stᵃ Maria in Trastevere*, et que je crois inédite :

Desine jam frustra, mea mater, [FUNERE NATI]
Te miseram totos exagitare die[s]
Namque dolor tali[s] non nunc tibi [CONTIGIT VNI] ;
Hæc idem et magnis regibus [HORA TULIT].

Voici l'inscription entière de *Stᵃ Maria in Trastevere* fidèlement représentée, avec la faute de mesure qu'elle contient dans le second vers du distique qui la termine :

M.ANNAEVS.M.F.ESQ.
LONGINVS.MACCVS.VIXIT.
DVLCISSVME.CVM.SVIS.AD.SVPREMAM.DIEM
C.GAVIVS.PRIMIGENIVS.VIX.ANN.VII.
DESINE.IAM.MATER.LACRIMIS.RENOVARE
QVERELLAS.NAMQVE.DOLOR.TALIS.NON.TIBI.CONTIGI.VNI.

(5) Homer. *Iliad.* XXIV, 602-611.

(6) On connaît le sarcophage Borghèse publié par Winckelmann, *Monum. ined.* 89, et celui de la collection Casali, aujourd'hui au Vatican, *Mus. P. Clément.* IV, XVII, sans compter les fragmens qui se rapportent à une composition semblable, Guattani, *Monum. ined. per l'anno* 1787, decembr. tav. III. Cette fable se voit aussi représentée sur un marbre de la bibliothèque de Saint-Marc, et enfin sur un des plus grands et des plus beaux sarcophages qui existent, monument d'une rare intégrité et d'une plus grande proportion que tous ceux qu'on possède du même sujet, et qui, trouvé récemment aux environs de Roma Vecchia, est exposé dans la cour du palais Torlonia, à Rome.

(7) Voyez planche XXIII.

ère, nous montre un jeune héros, nu, à la réserve d'une chlamyde jetée sur ses épaules, saisissant de la main gauche par les cheveux et s'apprêtant à frapper d'un glaive qu'il tient de la main droite, une femme renversée d'un quadrige, dont les chevaux se cabrent ou s'abattent. La présence d'un guerrier, debout derrière le héros et appuyé sur sa lance, et les corps de deux autres guerriers étendus par terre, indiquent que c'est ici le dernier acte d'un combat acharné, et conséquemment que l'action représentée ne peut être qu'une de celles où figurent les Amazones. Le *costume* de cette femme, qui consiste en une longue tunique à manches longues et serrées[1], s'accorde avec cette supposition; et le *char* lui-même n'y est pas contraire, bien que le plus grand nombre des monumens nous représentent les Amazones combattant à cheval[2], conformément à la tradition qui leur attribuait l'origine de l'équitation[3]. Mais un vase grec, publié d'abord par Passeri[4], et reproduit avec plus de fidélité par Millin[5], nous a déjà fait voir la reine des Amazones sur un char attelé de quatre chevaux; et dans les peintures récemment découvertes d'une maison de Pompéi, les Amazones se montrent combattant indistinctement à pied, à cheval, et *dans un bige*[6], dernière particularité qui se rencontre aussi sur un vase de la première collection d'Hamilton[7]. Si l'on admet l'explication que je viens de proposer de notre bas-relief étrusque, on aura une nouvelle application funéraire du mythe des Amazones, laquelle ne doit point, du reste, nous surprendre davantage chez les Étrusques[8], qu'elle ne le fait sur tant de monumens grecs et romains, où des représentations relatives à la même fable figurent avec la même intention[9]. Telle est, entre autres, la frise en terre cuite dorée qui décorait le tombeau grec d'Armento, et qui représentait des *combats d'Amazones*, ainsi qu'un *chœur de Néréides portant les armes d'Achille*[10] : rapprochement unique et curieux de deux compositions bien certainement funéraires, à en juger d'après le lieu même où elles ont été trouvées, et qui prouve de plus en plus la source commune et la relation intime de toutes ces représentations symboliques.

(1) Les Amazones ont habituellement *tout le sein* couvert sur les vases grecs, à la différence des bas-reliefs romains, où elles ont une mamelle nue, tantôt à droite, tantôt à gauche; d'où nous pouvons inférer que notre bas-relief étrusque est exécuté d'après un modèle grec. La *tunique longue* qu'on voit ici à l'Amazone est moins conforme aux traditions et aux monumens des Grecs, bien que ce soit un vêtement asiatique tout-à-fait convenable aux Amazones; et les manches longues et serrées de cette tunique semblent tenir au même costume que les pantalons étroits et serrés qu'on voit à ces femmes guerrières sur la plupart des vases grecs. Une Amazone vêtue d'une tunique à manches pareilles se voit sur un vase que je publierai.

(2) Telles elles étaient représentées dans la peinture de Micon, Aristophan. *Lysistrat.* 679, d'où leur était venu le surnom de *Hippiades*, par lequel on désignait le célèbre groupe des Amazones, ouvrage de Stephanus, Plin. xxxvi, 5, 4 ; conf. Sillig. *Catalog. vet. artific.* 429. C'est ainsi qu'on voit figurées, sans doute à l'imitation de ce chef-d'œuvre de l'art antique, les Amazones combattant, sur la plupart des vases grecs, d'Hancarville, *Vases d'Hamilton*, II, 66; Millin, *Vases peints*, I, x, xxiii.

(3) Voyez à ce sujet le passage classique du *Panégyrique* de Lysias, p. 55 sqq. ed. Reiske, qui me dispense de produire d'autres témoignages. La fable des Amazones n'est nulle part plus complétement exposée que dans Boettiger, *Vasengemaelde*, III, 163 et suiv.

(4) Passeri, *Pictur. Etrusc. in vasc.* II, clxvii.

(5) Millin, *Vases peints*, I, lvi-lvii.

(6) Cette peinture sera publiée, ainsi que toutes celles qui décorent la même maison, dite *Casa omerica*, dans l'ouvrage particulier que j'ai entrepris sur cet antique édifice de Pompéi.

(7) *Vases d'Hamilton*, II, 56.

(8) Le mythe des Amazones était familier aux Étrusques, ainsi que le prouve l'urne étrusque où se voit représentée une Amazone terrassée par un griffon, Inghirami, *Monum. etruschi*, ser. I, xlii. Mais c'est sans aucune espèce de fondement que Gori a cru voir des combats d'Amazones sur deux de ses urnes étrusques, *Mus. etrusc.* II, cxxxv et cxxxvi, qui représentent toute autre chose.

(9) Entre tous les vases grecs où cette fable est représentée, avec l'intention indiquée plus haut, celui où cette intention est le plus sensible, est le beau vase publié par Millin, II, xxv-xxvii, et qui a fourni récemment à M. Inghirami, *Monum. etrusc.* ser. V, xxxix, 401-417, le sujet de beaucoup d'observations qui ne me dispenseront cependant pas de revenir sur ce vase intéressant. Parmi les monumens romains, de nature funéraire, où la même fable est figurée, je n'en connais pas de plus remarquable que le beau sarcophage du *Musée du Capitole*, IV, 23.

(10) Des fragmens de cette frise, qui se trouvent en ma possession, seront publiés dans le cours de ces recherches; voy. ce qui a été dit plus haut, p. 43, 48, des autres fragmens qui existent de la même frise.

§ IX.

Thétis avait prédit à son fils qu'il périrait devant les portes Scées ; et Hector lui-même, près d'expirer du coup que lui avait porté Achille, avait vengé sa mort sur son propre vainqueur, en le menaçant de la flèche de Pâris qui devait l'abattre à son tour sous les murs de Troie[1]. Cette tradition, habilement indiquée par Homère, paraît avoir été la plus généralement adoptée dans l'antiquité ; c'est celle qu'avaient suivie la plupart des poètes cycliques, tels que Leschès, Stésichore, Arctinus, d'après lesquels ont été composées les représentations de cette partie de la *Table iliaque ;* c'est aussi celle qui se trouve consacrée sur le plus grand nombre de pierres gravées, quelques-unes desquelles appartiennent indubitablement, par le style et par l'exécution, aux plus belles époques de l'art grec[2]. Une autre tradition accréditée sur-tout, à ce qu'il paraît, par les poètes tragiques, faisait périr Achille, toujours par les traits de Pâris, mais dans le temple d'Apollon Thymbréen, où le héros s'était rendu en même temps que Pâris et Déiphobe pour traiter de son mariage avec Polyxène[3]. Cependant, d'après la rareté des monumens produits conformément à cette seconde tradition, je serais disposé à croire qu'elle n'avait jamais acquis beaucoup de popularité, bien que le *Sacrifice de Polyxène,* trait manifestement lié à la fable en question, ait été l'un des sujets les plus fréquemment traités par les anciens artistes[4].

Je puis ajouter un monument de plus à ceux que l'on connaît de cette dernière représentation. Mais je dois aussi, puisque l'occasion s'en présente, et que mon sujet le comporte, dire quelques mots de divers autres monumens, dans lesquels on a cru reconnaître, avec plus ou moins de fondement, la *Mort d'Achille* lui-même.

Trois vases grecs, publiés comme étrusques par Passeri, ont paru offrir le sujet que je viens d'indiquer. L'un de ces vases, auquel six planches sont consacrées dans le recueil de Passeri, et qui existait dès-lors comme à présent dans la bibliothèque du Vatican[5], représente, suivant cet antiquaire, les principales circonstances de l'*Apothéose d'Achille ;* mais il suffit d'une seule observation, pour démontrer la méprise où il est tombé. Les planches qu'il a données comme provenant d'un même vase, appartiennent de fait à deux vases différens, de même forme et de même grandeur, dont la face principale avait été déjà publiée séparément par Winckelmann[6] ; et l'un de ces vases, qui représente effectivement Achille prêt

---

(1) Homer. *Iliad.* xxii, 359-360. Voy. sur les autres prédictions du même genre faites à Achille, les témoignages recueillis par Drelincourt, *Achill. homer.* § 258-265.

(2) Entre autres, la belle intaille de la collection de la Turbie, publiée par Millin, *Monum. inéd.* II, iv, 49-60, qui cite à cette occasion les principales pierres gravées relatives au même sujet.

(3) Dict. Cret. iv, 9 ; Euripid. *Hecub.* 388 ; Ovid. *Metamorph.* xii, 606 sqq., xiii, 501 ; Hygin. *Fab.* cvii.

(4) Polygnote avait traité deux fois ce sujet pathétique, au témoignage de Pausanias, i, 22, 6, et x, 25, 4. Cet écrivain cite encore d'autres peintures antiques relatives à ce sujet qu'il avait vues à Pergame sur le Caïque, sans compter beaucoup d'autres monumens semblables, à l'égard desquels il ne nous reste que les témoignages recueillis dans l'*Antholog. Palat.* I, 45, II, 671. Il dut exister aussi plus d'une statue de Polyxène près d'être immolée, dans l'attitude si bien décrite par Euripide, *Hecab.* 577. Un des plus beaux vases du second recueil d'Hamilton, Tischbein,

IV, 54, représente cette scène tragique ; et à cette occasion, je remarque que la figure debout derrière le groupe principal, et au sujet de laquelle l'interprète florentin, Fontani, a gardé le silence, ne peut être que l'*ombre d'Achille,* ΕΙΔΩΛΟΝ ΑΧΙΛΛΕΩΣ, qu'il était naturel de faire intervenir dans un pareil sujet, de la même manière qu'on voit l'*ombre d'Aétès* figurée, avec cette même qualification, ΕΙΔΩΛΟΝ ΑΗΤΟΥ, sur un des *Vases de Canosa,* pl. vii. Je trouve le même sujet sur un autre vase, dont Lanzi a proposé une interprétation différente ; voy. Inghirami, *Monum. etr.* ser. V, tav. xlvi, p. 462 et sgg. Mais c'est sur-tout sur les pierres gravées que ce sujet se rencontre fréquemment, Winckelmann, *Pierres de Stosch,* p. 395-396 ; et parmi ces pierres, j'indiquerai particulièrement un scarabée, de manière étrusque, publié par Caylus, *Recueil d'antiq.* VII, xxiii, 1, qui n'en a cependant pas reconnu le sujet.

(5) Passeri, *Pictur. Etrusc. in vasc.* III, cclxiv-cclxix.

(6) Winckelmann, *Monum. inéd.* 22 et 131.

à revêtir l'armure divine qu'il reçoit de Thétis, et qui avait sans doute induit Passeri à rapporter à la suite de son histoire l'autre partie d'une représentation qu'il croyait appartenir au même monument, l'un de ces vases, dis-je, transporté depuis à Paris, a été de nouveau publié et expliqué par Millin[1], qui cependant n'a pas fait mention de l'erreur dont ce monument avait été l'objet. Le second vase, où Passeri a cru voir Achille tué en trahison par Pâris dans le temple même d'Apollon Thymbréen[2], offre un de ces sujets d'une difficulté presque inextricable, même dans l'état actuel des connaissances, dont l'interprétation doit faire long-temps encore le tourment des antiquaires, et ne s'appuie du reste, dans l'hypothèse de Passeri, sur aucun fondement solide. Reste le troisième vase que Passeri donne comme inédit, et comme faisant partie de la collection du Vatican[3] : en quoi ce savant a commis une double méprise ; car le vase en question avait déjà été publié par Gori[4] ; et c'est d'une collection de Naples que celui-ci en avait tiré le dessin. Quoi qu'il en soit, ce vase, reproduit tout récemment, d'après la gravure de Passeri, dans le recueil de M. Maisonneuve[5], et que j'ai retrouvé, brisé en un grand nombre de morceaux, dans le couvent des moines de Saint-Philippe de Néri, à Naples, est certainement l'un des plus beaux vases qui existent, par là rareté de la scène tragique qu'il représente, par la singularité de la composition, et par la pureté du dessin, dernier genre de mérite qu'on ne serait pas tenté d'y soupçonner d'après les informes estampes de Gori et de Passeri. Mais quant au sujet même de la représentation, j'avoue qu'il ne me paraît pas relatif à la mort d'Achille ; et j'essaierai, dans un autre endroit, d'en donner une interprétation plus plausible.

Mais si, sur les vases publiés jusqu'à présent, je ne puis voir avec certitude le sujet dont il s'agit, en revanche ce sujet est représenté, d'une manière qui ne me paraît pas douteuse, sur un monument antique où je ne crois pas que personne l'ait encore reconnu. C'est une urne étrusque du recueil de Dempster[6], où l'on voit un héros nu, renversé par terre, sous un vaste bouclier qui le couvre encore dans sa chute[7] ; deux guerriers, dont l'un, la tête couverte d'un piléus, doit être *Ulysse*, et l'autre, soulevant une énorme pierre, paraît être *Ajax*, les deux héros grecs qui prirent effectivement le plus de part à la défense du corps d'Achille[8], combattent pour repousser la foule des assaillans représentée ici par deux personnages, dont l'un, en costume phrygien, et dans l'attitude de décocher une flèche, se reconnaît indubitablement, à cette attitude même et à cette action si rares sur les monumens grecs et étrusques, pour *Pâris*, au moment où il vient de lancer le trait fatal, et l'autre, pareillement vêtu en Phrygien, cherche à porter au héros terrassé un dernier coup de lance. Jusqu'ici, tous les personnages de la composition qui nous occupe, s'expliquent aisément d'une manière conforme aux traditions et aux monumens. Mais un groupe placé derrière la figure que je prends pour Achille, groupe dans lequel se distingue une femme éplorée, portant sur son épaule une petite figure nue, semble offrir, par la singularité de ce groupe épisodique, d'assez graves difficultés contre notre interprétation. C'est cependant de la présence

(1) Millin, *Vases peints*, I, xiv-xvi.

(2) Passeri, *Pictur. Etrusc.* III, cclxx-cclxxiii.

(3) Idem, *ibid.* cclx-cclxi. Ce sujet a constamment porté malheur à Passeri ; car, dans un autre vase du Vatican, où il croyait voir Achille mort sur les genoux de Thétis, *ibid.* cclxxiv, un examen plus attentif a prouvé que c'était Astyanax sur les genoux d'Andromaque : c'est ainsi en effet que Winckelmann a expliqué, *Monument. ined.* 143, ce vase reproduit avec la même interprétation par Millin, *Vases peints*, II, xxxvii-xl.

(4) Gori, *Mus. etrusc.* II, cxxx.

(5) Maisonneuve, *Introduct. à l'étude des vases*, xiv.

(6) Dempster, *Etrur. reg.* I, lxviii, 2.

(7) La *chute* d'*Achille*, ΑΧΙΛΛΕΩΣ ΠΤΩΜΑ, est représentée à-peu-près de même sur la *Table iliaque*, n. 86.

(8) Dict. Cret. iv, 2. La *Table iliaque* est conforme à cette tradition, n. 86.

même de ces personnages, que je crois pouvoir tirer le plus fort argument en faveur de mon explication. La femme que j'ai désignée, avec la *petite figure nue* qu'elle porte, est *Thétis*, qui vient de recevoir l'*ame* d'Achille pour la conduire au séjour des héros; une seconde femme, placée près de Thétis, est la *Muse Calliope*, qui s'unit à la douleur de la mère et consacre l'immortalité du héros[1]. Je n'ai pas besoin d'alléguer à l'appui de cette interprétation la manière à-peu-près constante dont l'*ame*, après sa séparation d'avec le corps, est figurée sur une foule de monumens grecs et romains[2]; mais sans chercher ailleurs que sur les monumens mêmes relatifs à Achille, des exemples de ce mode de représentation symbolique, j'indiquerai le superbe vase grec et le fameux miroir étrusque de la *Psychostasie*[3], où les *ames* d'Achille et de Memnon, pesées dans la balance de Mercure, sont représentées par de *petites figures*, nues, sur le premier de ces monumens, vêtues, sur le second. Je rappellerai encore la petite figure nue placée sur une stèle figurant le tombeau d'Achille et les manes de ce héros qui y attendent le sacrifice de Polyxène, sur la *Table iliaque*[4]; et sur-tout la célèbre pierre gravée, de style étrusque, où *Achille* mort et porté sur les épaules d'*Ajax*, l'un et l'autre désignés par leur nom sous sa forme étrusque, est précédé d'une petite figure nue, que l'on ne peut expliquer que par l'*ame* même du héros expiré, ainsi que l'ont jugé les plus récens et les plus habiles interprètes de ce curieux monument[5]. Enfin, pour dernière preuve à l'appui de mon explication, je produirai un vase grec publié par Tischbein[6], sur lequel un héros mort et armé est porté sur les épaules d'un guerrier, entre deux femmes éplorées; composition où l'on ne peut méconnaître le groupe d'Achille mort, emporté par Ajax, entre Thétis et la Muse, le nom de la première desquelles se lit même assez distinctement sur cette peinture, parmi d'autres noms grecs imparfaitement tracés.

L'un des monumens que j'ai cités en dernier lieu me ramène naturellement au sujet de Polyxène immolée sur le tombeau d'Achille, que j'ai cru voir sur un miroir mystique[7], dont je dois maintenant donner l'explication. La circonstance que ce miroir a été trouvé dans une ciste ornée de représentations toutes relatives à Achille, est de trop peu d'importance, j'en conviens, pour mériter qu'on s'y arrête; mais le sujet s'explique par lui-même,

---

(1) Quint. Smyrn. *Paralipom.* iii, 630, 659 :

.... Ἄγχι δὲ παιδὸς

Ἧστο σὺν ἀθανάτῃς Νηρηΐσιν· ἀμφὶ δὲ ΜΟῦΣΑΙ, κ. τ. λ.

(2) L'*ame* est habituellement représentée par une *petite figure nue*, *ailée* ou *non ailée*, telle qu'on la voit portée par Mercure Psychopompe, sur un grand nombre de monumens romains, *Admiranda*, 67 ; *Mus. capitol.* IV, 25 ; Winckelmann, *Monum. ined.* 39 ; Paciaudi, *Monumenta peloponnesia*, I, 144; titre que j'ai transcrit ici en entier, afin de corriger la faute qui s'est glissée plus haut, page 53, note 10, dans l'énoncé de ce titre.

(3) Ce vase, qui appartient aujourd'hui à la Hollande, fut publié d'abord, mais d'une manière très-imparfaite, par Passeri, *Pictur. Etrusc.* III, cclxii-cclxiii, et depuis, par Millin, *Vases peints*, I, xix-xxii, qui en a donné une explication aussi complète que satisfaisante. Le miroir a été publié en premier lieu, avec une interprétation fautive, par Winckelmann, *Monam. ined.* 153, et ensuite par Lanzi, *Saggio*, etc. II, 178, tav. viii, 4, dont l'opinion n'a été contredite par personne.

(4) *Tabul. iliac.* n. 114.

(5) Ce scarabée, qui fit jadis partie du cabinet d'Orléans, t. II, pl. ii, a été publié par Caylus, sous le titre de *Charité militaire*, *Recueil d'antiq.* IV, xxxi, 1, 92, et interprété par de Boze comme offrant *Énée portant son père Anchise*, sans aucun égard pour les inscriptions AVIAS, ACHELE, qui désignent indubitablement *Ajax* et *Achille*. Le même sujet se retrouve sur une autre pierre gravée, *Galerie de Florence*, xlvi, 4, Wicar, mais sans la petite figure qui précède ce groupe sur le scarabée étrusque. Quant à cette petite figure, l'explication de Lanzi, *Saggio*, etc. II, 160, suivie par Millin, *Monum. inéd.* II, 57, note, et par M. Inghirami, *Galler. omer.* xiii, 29-31, c'est à savoir qu'elle représente l'*ame d'Achille*, me paraît effectivement la seule qui soit admissible.

(6) Tischbein, *Vases d'Hamilton*, IV, 53, où l'interprète florentin, Fontani, a vu *Énée portant Anchise*, puis *Créuse* dans l'une des femmes, sans savoir que dire de l'autre femme, dont il voudrait cependant bien changer le sexe, le costume et la taille, afin d'en faire un petit *Ascagne*. Mais il est évident que ces deux femmes sont *Thétis*, et l'une des Néréides, ses compagnes, ou plutôt la *Muse*, qui figurent l'une et l'autre, sous leurs noms, ΜΟῦΣΑ, ΘΕΤΙΣ, près du *tombeau d'Achille*, ΑΧΙΛΛΕΙΟΝ, sur la *Table iliaque*, n. 88; voy. plus haut, note 1. Les lettres, ΕΘΙΣ se lisent encore distinctement près de l'une de ces femmes, sur le vase qui nous occupe; et si les autres inscriptions qu'il porte sont peu lisibles, accident si commun du reste sur les vases grecs, cela ne tire nullement à conséquence contre notre explication.

(7) Voy. notre planche XX, 3.

et indépendamment de cette relation sans doute accidentelle, d'une manière qui ne paraît pas équivoque. Une jeune fille nue est renversée au pied d'une colonne, et tenant embrassé un simulacre de Minerve; un héros, nu de même, à la réserve d'une chlamyde fixée sur l'épaule gauche, d'une main saisit cette femme par les cheveux, et de l'autre s'apprête à la frapper d'un glaive nu, tandis qu'un génie femelle, nu et ailé, semble le retenir, en lui montrant le simulacre ou la colonne. Telle est la scène représentée sur ce miroir, où l'on pourrait voir, au premier coup-d'œil, l'attentat commis par Ajax sur la personne de Cassandre, d'après l'action des deux principaux personnages, et sur-tout d'après ce simulacre de Minerve, élément en quelque sorte obligé d'une composition de ce genre; toutefois, l'examen attentif des monumens relatifs aux sujets de Polyxène et de Cassandre[1] me détermine à voir ici le premier de préférence au second. La *nudité* ne semble pas pouvoir convenir en aucun cas au personnage de Cassandre[2]; la *colonne, d'ordre ionique*, indique indubitablement un *tombeau*[3]; et la présence symbolique de Minerve, déesse protectrice d'Achille, qui veille encore sur ses manes, n'est point contraire à cette explication, sur-tout après l'exemple décisif fourni par notre ciste mystique, où Minerve assiste, non plus symboliquement, mais directement, au sacrifice humain offert par Achille aux manes de Patrocle. Mais c'est sur-tout cette pièce d'étoffe, attachée autour du ventre en guise de ceinture[4], que porte le héros armé du glaive, qui me décide à voir en lui Pyrrhus immolant Polyxène, d'après la ressemblance qu'offre ce vêtement avec le costume des sacrificateurs, sur un assez grand nombre de monumens grecs et romains. La présence du génie funèbre qui assiste à ce sacrifice, quel que soit le motif qu'on suppose à son intervention, ne s'accorde pas moins avec mon explication, à l'appui de laquelle je puis d'ailleurs produire deux urnes étrusques, où le sujet en question est figuré d'une manière presque en tout point conforme à la composition gravée sur notre miroir.

Gori, qui a publié ces deux monumens[5], voit dans l'un *Étéocle égorgeant Polynice* et *Cassandre outragée par Ajax*, deux sujets passablement étrangers l'un à l'autre, et qu'il serait

---

(1) J'ai déjà cité, plus haut, page 107, note 4, quelques-unes des représentations du sacrifice de Polyxène; l'attentat commis sur Cassandre n'a pas produit un moindre nombre de monumens antiques; voy. entre autres, d'Hancarville, *Vases d'Hamilton*, III, 57; Millin, *Vases peints*, I, xxv; et sur-tout le beau vase de la collection de Lamberg, II, xxiv.

(2) Sur un vase de la collection d'Hamilton, dont le dessin original exécuté par Tischbein existe à la bibliothèque du Roi, Cassandre est *entièrement nue*; mais cet exemple à-peu-près unique ne saurait faire autorité.

(3) Entre les monumens presque innombrables qui attestent cet emploi funéraire de l'ordre ionique, je me contenterai de citer ici le vase de Coghill, xlv, où se voit une *stèle ionique*, sur la base de laquelle sont placés des *vases* peints en *noir*, conséquemment d'usage funèbre : représentation souvent reproduite, et toujours avec la même intention non équivoque. L'image la plus ordinaire d'un tombeau grec, et celle qui se rapportait indubitablement aux modèles de la plus ancienne époque, consiste en une *stèle, d'ordre ionique*, portant tantôt un casque, Millingen, *Vases grecs*, xiv, tantôt une *palmette*, Garginlo, *Raccolta*, tav. lv, le plus souvent un *vase* ou un *globe*, Maisonneuve, *Introduct. à l'étude des vases*, x, quelquefois même une *petite figure ailée*, symbole de l'*ame* du héros enseveli, comme on le voit sur une pierre gravée, où le *tombeau d'Achille* est ainsi représenté, Winckelmann, *Monum. ined.* 144. Deux vases grecs, reproduits en dernier lieu par M. Inghirami, *Monum. etr.* ser. V, xlvi et lxiv,

offrent sur-tout d'une manière frappante cet emploi de l'ordre ionique. L'*édicule ionique*, si fréquent sur les vases grecs, et l'*autel funéraire, βωμὸς ἥρως*, Welcker, *Sylloge epigramm. græc.* 45-46, pareillement d'*ordre ionique*, se rapportent manifestement au même usage, et dérivent de la même source. J'aurai occasion de mettre ailleurs ce fait curieux hors de doute.

(4) Ce vêtement singulier que Pollux décrit ainsi, *Onom.* vii, 65 : Τὸ περὶ τῇ κοιλίᾳ ζῶμα, a beaucoup d'analogie avec le *tablier* des victimaires romains, Caylus, *Recueil d'antiq.* V, lxxxviii, 2, 3, et xlix, 5; *Pittur. delle Terme di Tito*, 25, 43, 50 : ce tablier, nommé *limas*, Serv. *ad Æneid.* xii, 120, était probablement d'origine étrusque, ainsi que la plupart des usages relatifs aux sacrifices; on le trouve figuré sur quelques vases grecs d'ancien style, Tischbein, *Vases*, II, 20; Maisonneuve, *Introduct. à l'étude des vases*, xxx, de même que sur des peintures étrusques de Corneto, les mêmes dont j'ai parlé, *Journal des savans*, janvier 1828, p. 13-14. Voy. les observations de Visconti sur cette partie du costume antique, *Mus. P. Clém.* II, 49-50, et III, 144, note.

(5) Gori, *Mus. etrusc.* II, cxxv, et cxli. Un fragment d'une troisième urne étrusque, provenant du *Musée Guarnacci*, a été publié aussi par Gori, tab. xv, 1, qui a cru y voir, peut-être cette fois avec raison, le sujet d'*Ajax et Cassandre*. On opposera peut-être à mon explication de la première des urnes étrusques citées plus haut, que la petite figure est *embrassée* par la femme qui va être immolée : ce qui semblerait convenir au sujet de Cassandre plutôt qu'à celui de Polyxène. Effectivement, un

fort extraordinaire de trouver réunis, comme ils le sont ici, dans une même composition. Aussi l'artiste ancien n'a-t-il pas commis une semblable faute. L'un des groupes représente *Pyrrhus égorgeant Priam;* le second groupe, le même *Pyrrhus,* figuré absolument sous les mêmes traits, *immolant Polyxène sur le tombeau d'Achille,* deux scènes tragiques qu'il était naturel de montrer ainsi rapprochées l'une de l'autre, comme offrant l'image la plus pathétique des malheurs de Troie. Mais ce qu'il y a de particulier sur l'urne étrusque qui nous occupe, c'est premièrement la petite figure élevée sur un cippe funèbre, figuré que Gori a prise, avec raison peut-être, pour le simulacre de Minerve, bien qu'elle n'en ait pas la forme accoutumée, mais qui, dans ce cas-là même, ne contredit point l'idée du tombeau d'Achille, près duquel put bien être dressée l'image de sa divinité tutélaire; et en second lieu, le génie funèbre, ailé, et absolument dans la même attitude que celui de notre miroir mystique; mais avec une intention mieux caractérisée d'encourager le héros au sacrifice qu'il doit accomplir. L'autre urne étrusque publiée par Gori offre, d'après sa propre interprétation, *Polyxène immolée par Pyrrhus,* au pied d'une stèle funéraire; et l'on remarque encore ici le même génie funèbre, ailé, avec cette différence qu'il est assis sur un plan plus élevé et sans prendre une part directe à l'action représentée. Je citerai enfin un superbe vase grec, dont l'interprétation complète sera donnée ailleurs, et qui offre, dans une composition qu'on pourrait dire calquée sur l'*Hécube* d'Euripide, le sujet de Polyxène et celui de Cassandre liés l'un à l'autre d'une manière tout à-la-fois si intime et si distincte[1], qu'il n'y a plus moyen de les confondre, ni de conserver le moindre doute sur celui de ces deux sujets que représente notre miroir mystique; et sur ce vase, Polyxène étend les bras vers le simulacre de Minerve.

Il ne me reste plus, pour mettre un terme à cette *Achilléide,* qu'à dire un mot de quelques monumens que je crois relatifs à l'*Apothéose d'Achille,* et qui peuvent nous servir à pénétrer le motif pour lequel les sujets relatifs à ce héros figurent sur tant de monumens funéraires, grecs, étrusques et romains. Rien n'était plus célèbre dans l'antiquité, que la tradition qui faisait conduire Achille au séjour des ames fortunées par sa mère Thétis, et suivant laquelle l'île *Leucé,* dont le nom même se rattache sans doute à ces idées d'apothéose, devint plus tard le séjour de ce héros déifié, le lieu de son union symbolique avec Hélène, le théâtre enfin d'une foule de légendes merveilleuses liées au culte d'Achille[2]. Cette tradition, propagée dès les temps homériques par un grand nombre de poètes[3], est sur-tout consacrée dans un beau passage de Pindare[4]; elle se rencontre jusque dans des écrits philosophiques produits au

---

bas-relief publié par M. Gerhard, *Antike Bildwerke,* II, xxvii, et qui a certainement rapport au premier de ces sujets, offre le *simulacre* de Minerve figuré à-peu-près comme la *petite figure* de notre urne étrusque, et embrassé de même par Cassandre; ce qui me réduit à douter de la justesse de ma première explication.

(1) Ce vase sera publié dans mon *Odysséide.*

(2) On peut voir, sur ces traditions merveilleuses, qui paraissent avoir été propres aux Grecs d'Italie et de Sicile, Pausanias, iii, 19, ii; Philostrate, *Heroic.* 720, et le scholiaste de Lycophron, v. 188. Si cette île, mentionnée par la plupart des géographes anciens, Dionys. Perieg. 545; Strabon. ii, 125; Pompon. Mel. ii, 7, 10, doit être réputée fabuleuse, comme elle l'est pour les modernes, Mannert, *Géograph.* IV, 229, c'est sans doute parce que, dans les légendes antiques, elle représentait une de ces *îles des bienheureux,* Μακάρων νήσους, si souvent célébrées par les poètes; et dans ce cas, son nom, Λευκή, s'expliquerait par les idées d'*apothéose* dont la *couleur blanche* était une des expressions symboliques,

bien mieux que par les étymologies, toutes plus ou moins forcées, des grammairiens et des scholiastes. Je regrette vivement de n'avoir pu me procurer encore le mémoire de M. de Koehler, *sur les îles et la course consacrées à Achille dans le Pont-Euxin, avec des éclaircissemens sur les antiquités du littoral de la Sarmatie, et des recherches sur les honneurs que les Grecs ont accordés à Achille et aux autres héros de la guerre de Troie,* Saint-Pétersbourg, 1827, 291 p. 4°, mémoire que je ne connais que par le court extrait qu'en a donné récemment M. Boettiger, *Archaeologie und Kunst,* p. xii-xiii, Breslau, 1828.

(3) Homer. *Odyss.* xxiv, 15; Euripid. *Andromach.* 1262; Apollon. Rhod. iv, 811; Quint. Smyrn. iii, 768; xiv, 185.

(4) Pindar. *Olymp.* ii, 124-150 (75-91, ed. Boeckh.) :

Πηλεύς τε χαὶ Κάδμος ἐν τοῖσιν ἀλέγονται·
ΑΧΙΛΛΕΑ τ' ἔνεικ', ἐπεί Ζηνὸς ἦτορ
λιταῖς ἔπεισε, ΜΑΤΗΡ.

dernier âge de la littérature grecque[1] ; et c'est sans doute à cette source antique et sacrée que Scopas avait puisé l'idée de son magnifique groupe d'*Achille conduit aux Champs élysées par Thétis au milieu d'un chœur de Néréides*, type indubitable de tant de sarcophages romains[2]. Je crois voir le même sujet représenté, d'une manière aussi neuve que curieuse, sur un vase grec de la bibliothèque du Vatican, dont on n'a point encore donné une explication complète[3] ; et c'est enfin un sujet analogue, rattaché par l'intervention de Thétis au même système de représentations, que je retrouve, à n'en pas douter, sur un miroir mystique, un des plus célèbres entre tous les monumens de ce genre, et cependant demeuré jusqu'ici sans une explication satisfaisante[4] : je veux dire le miroir publié par Dempster, où l'on voit *Hercule*, HERCLA, appuyé sur *Minerve*, MNERFA, entre deux déesses nommées ETHIS et ERIS. Je m'écarterais trop de mon sujet, s'il me fallait exposer et réfuter en détail les opinions diverses et contradictoires dont ce monument a été l'objet, de la part de Gori[5], de Passeri[6], de Lanzi lui-même[7], et de Visconti[8] ; presque toutes les combinaisons auxquelles les mots ETHIS et ERIS peuvent se prêter, semblent avoir été épuisées par ces savans antiquaires, mais toujours d'une manière forcée, et sans qu'il en résulte un sens véritablement conforme au caractère des personnages représentés sur ce miroir.

[1] Voy. le fragment de Nicéphore Chumnus, publié, d'après un manuscrit du Vatican, n. 112, par M. Creuzer, *Commentat. Herodot.* 335-337, où je remarque le passage suivant, qui explique, d'accord avec les vers de Pindare cités plus haut, le motif qui fit choisir *Achille*, type accompli de l'*héroïsme*, pour sujet de monumens funéraires : Αἱ κάλαι δ᾽ ἐλπίδες ἐκεῖναι αἷς ἐχαιρεν, ὡς δὴ ἐν ᾅδου συγγενησόμενος Παλαμήδει τε καὶ ΑΧΙΛΛΕΙ ᾗ ὅσις ἂν τὸν βίον σωφρόνως διελθεῖν ὑπῆρξεν. Mais l'idée même exprimée dans ce passage était puisée aux sources les plus pures de la philosophie grecque, d'après le témoignage de Platon, dont le texte, si formel et si précis à cet égard, mérite d'être rapporté ici en entier, *Conviv.* III, 179 (t. X, p. 180-181, ed. Bipont.) : ὥσπερ ΑΧΙΛΛΕΑ τὸν τῆς Θέτιδος υἱὸν ἐτίμησαν, ᾗ ἐς μακάρων νήσους ἀπέπεμψαν, ὅτι πεπυσμένος παρὰ τῆς μητρὸς ὡς ἀποθανοῖτο ἀποκτείνας Ἕκτορα, μὴ ποιήσας δὲ τοῦτο, οἴκαδ᾽ ἐλθὼν γηραιὸς τελευτήσοι, ἐτόλμησεν ἑλέσθαι, βοηθήσας τῷ ἐραστῇ Πατρόκλῳ ᾗ τιμωρήσας, οὐ μόνον ὑπεραποθανεῖν ἀλλὰ ᾗ ἐπαποθανεῖν τετελευτηκότι. Ὅθεν δὴ κ. τ. λ. Entre les temps de Platon et de Nicéphore, qui embrassent presque tout le domaine de la littérature philosophique des Grecs, on voit comment la même idée, constamment reproduite, a pu servir de type aux arts d'imitation, et par quel motif la même croyance populaire se trouvait exprimée d'une manière uniforme, quoique par des procédés divers, dans les écrits des philosophes et sur les monumens de l'art.

[2] Pline, XXXVI, 4, 7. Conf. Visconti, *Mus. P. Clem.* V, xx.

[3] Vinckelmann, *Monum. ined.* 22. Cet illustre antiquaire n'en a expliqué que la moindre partie, la peinture tracée sur le col du vase, où il a cru voir *le Soleil et la Lune dans un quadrige* ; et cette explication, bien qu'incomplète et passablement arbitraire, a été approuvée par Visconti, *Mus. P. Clém.* V, 276, éd. de Milan. Néanmoins la saine critique exigeait qu'on essayât de comprendre dans une interprétation commune les diverses peintures de ce vase ; c'est ce qui a été tenté par l'auteur de la *Notice des dessins originaux du Musée* de l'an X (1802), dont l'explication a été reproduite par M. Maisonneuve, en même temps qu'un dessin plus exact de ce vase intéressant ; voy. son *Introduction à l'étude des vases*, pl. 1, n. 1, p. 1. Je me bornerai ici, suivant mon usage, à exposer mon opinion, sans combattre celles des autres interprètes ; c'est au lecteur à prononcer. Dans la partie principale du vase, qui paraît avoir subi trop de restaurations pour qu'on puisse s'y arrêter avec beaucoup de confiance, je vois, dans un *édicule funéraire*, un héros debout, armé, tenant un cheval par la bride, comme on le trouve figuré, entre autres, sur *un vase de Canosa*, pl. VIII, et une femme assise sur un trône, la tête nue, tenant une lance et un bouclier, deux personnages dans lesquels il me paraît difficile de ne pas reconnaître *Achille* et *Thétis*. Les quatre figures placées, comme à l'ordinaire, en dehors de l'*édicule*, et disposées sur deux rangs, de chaque côté, ne méritent pas d'explication particulière. La peinture du col représente, à n'en pas douter, *Achille déifié*, la tête ceinte d'un cercle radieux, conduit aux Champs élysées par *Thétis*, dans un *quadrige* porté sur une *barque*. Cette barque est remarquable par sa forme qui ressemble à un *poisson*, et par l'emblème de l'œil qui s'y voit tracé, et dont l'usage, lié à des croyances superstitieuses fort répandues dans l'antiquité, et attesté par beaucoup de monumens grecs et étrusques, Tischbein, *Vases d'Hamilton*, III, 60, 61 ; *Vases de Lamberg*, I, LXX-LXXII, p. 80-81 ; Panofka, *Mus. Bartoldian.* p. 75 ; Micali, tav. XXIV, XLIII, XLVIII, avec les *Observations* de M. Inghirami, p. 60, indique en général un *heureux augure*, et ici une *heureuse navigation*. La figure placée en dehors de la barque, et guidant d'une main le quadrige, avec un *flambeau renversé* dans l'autre main, ne peut être qu'*Hespérus*, remplissant ici un office funéraire, d'après la ressemblance qu'offre ce flambeau avec celui que porte *Cérès* dans des représentations analogues. L'autre figure, armée d'un glaive et d'un bouclier, indique la *danse armée* qui se célébrait dans les jeux funèbres ; et c'est pour cela sans doute qu'elle tourne le dos à la barque. Enfin, les deux petites figures placées sur les anses, avec le piléus en tête, et s'attachant la cnémide, peuvent représenter les *Dioscures*, dans une attitude que j'ai montrée plus haut avoir été caractéristique d'Achille, et dont l'intervention funéraire, attestée par tant de monumens qu'il est inutile de citer, se lie d'ailleurs très-bien avec le sujet en question.

[4] Dempster, *Etrur. reg.* I, 2.

[5] Gori, *Mus. etrusc.* II, 401.

[6] Passeri, *Paralipom. in* Dempster. p. 23.

[7] Lanzi, *Saggio*, etc. t. II, tav. XI, n. 3, p. 165-167.

[8] Visconti, *Mus. P. Clément.* IV, 327, not. 2, éd. de Milan. Le célèbre auteur de la *Symbolique* a lui-même adopté l'opinion de Lanzi ; voy. Creuzer, *Symbolik*, etc. II, 959.

Rien n'était cependant plus facile, le motif du principal groupe d'*Hercule appuyé sur Minerve* étant une fois déterminé, comme il l'est indubitablement par les inscriptions qui l'accompagnent, de tirer de ce motif même l'explication des deux figures accessoires et des inscriptions qui les concernent. Eris est évidemment *Iris*, comme Visconti l'a déjà reconnu, en négligeant toutefois d'observer que la permutation de l'ε et de l'ι est fréquente sur les monumens étrusques, et autorisée par des exemples authentiques[1]. Quant à la seconde divinité, dont le nom a toujours été lu Ethis, et que Visconti traduisait en grec par Ἴθις, pour Ἰθεῖα, afin d'en faire le personnage allégorique de *Dicé, Thémis,* ou *Némésis,* toutes suppositions passablement arbitraires, il ne fallait qu'un peu plus d'attention pour découvrir au-dessous du mot Ethis, et au commencement de ce mot, la lettre initiale ο, th, laquelle, faute d'espace, ou par une inadvertance du graveur, n'avait pu être placée sur la même ligne que les autres; en sorte que la lecture du mot entier *Thétis* est désormais indubitable[2]. Cela posé, rien n'est plus facile à expliquer que la présence de ces deux déesses, *Iris* et *Thétis,* l'une et l'autre chargées[3], dans la plus ancienne théologie, d'introduire les héros au séjour des ames fortunées[4]; rien n'est, dis-je, plus facile que d'expliquer leur présence dans l'*Apothéose d'Hercule,* telle qu'elle est ici figurée, et telle qu'on la trouve représentée, avec de légères variantes dérivées toutes d'un même type[5], sur un si grand nombre de vases grecs.

(1) Ainsi le nom d'*Achille* est rendu par ACHILH, sur la plupart des scarabées que j'ai cités; celui d'*Hélène,* par ELINA, sur une célèbre pierre étrusque, Eckhel, *Pierres grav. de Vienne,* pl. xl; celui de *Minerve,* par MENRFA, sur une foule de monumens étrusques, et sur notre miroir même.

(2) On a déjà vu ce nom écrit de la même manière, et avec les mêmes caractères d'une forme absolument semblable, sur notre miroir étrusque, planche III, 2.

(3) *Iris,* remplissant l'office de *psychopompe,* en sa qualité de sœur des *Harpyies,* qui demeurent à l'entrée des Enfers, Apollod. 1, 2, 6, est figurée sur quelques vases grecs, Tischbein, *Vases d'Hamilton,* I, 4, IV, 1. C'est à ce titre qu'elle assiste au *supplice d'Ixion,* sur un superbe vase grec qui appartient à M. Pacileo, à Naples. Mais le plus souvent sa présence s'annonce avec une intention toute différente; voy. à ce sujet, Boettiger, *Vasengemaelde,* II, 68 suiv.; Panofka, *Mus. Bartoldian.* p. 99-101. Quant à *Thétis,* les témoignages et les monumens que j'ai déjà cités, me dispensent de rien ajouter ici sur la part attribuée à cette divinité dans la conduite des ames au séjour des héros.

(4) J'ajouterai ici, comme un dernier témoignage à l'appui de cette croyance antique, une *épigramme grecque* funéraire que vient de me communiquer mon honorable collègue, M. le comte de Laborde, et qui, trouvée tout récemment par M. son fils dans un des puits sépulcraux de Saccarah, près de l'antique Memphis, avec des idoles égyptiennes et quelques autres objets du même culte, prouve que cette opinion, sur le séjour des ames parmi les bienheureux, n'était pas moins répandue en Égypte que dans le reste de l'ancien monde. Cette *épigramme,* qui eût mérité de trouver place dans l'excellent recueil d'inscriptions du même genre que vient de publier M. Welcker, *Sylloge epigrammatum veterum,* 2ᵉ édit. Bonnæ, 1828, 8°, est ainsi conçue :

ΓΝΩΘΙΜΕΤΕΥΣΕΒΕϵϹϹΙ.
ΑΦΡΟΝΑΔΩΡΙΔΑΚΕΙϹΘΑΙ
ΑΝΤΑΡΕΤΗϹΙΕΡΟΝΧΩΡΟ"
ΑΝΕΥΡΟΜΕΝΗΝ
ΟΥΓΑΡΑΠΑϹΙΝΟΜΩϹΘΑΝΑΤΟϛ

. ΑΡΤϹΑΛΛΟΥΙϹΕϹΘΛΟΝ
. . ΤΟϹΚΑΙΘΑΝΑΤΟΥΚΟΥΦΟΝ
ΑΠΕϹΧΕΤΕΛΟϹ

Je lis, en corrigeant deux fautes provenant, sans doute par pure inadvertance, de la main de l'ancien copiste, lignes 2 et 6, et en suppléant les lettres qui manquent, lignes 6 et 7 :

Τῶνδι μετ' εὐσεβέων εὔφρονα δώρεα κεῖσθαι,
Ἀλλ' ἀρετῆς ἱερὸν χῶρον ἀνευρομένην.
Οὐ γὰρ ἅπασιν ὁμῶς θάνατος βαρύς· ἀλλ' ὅτις ἐσθλός,
Οὗτος καὶ θανάτου κοῦφον ἀπῆγε τέλος.

(5) J'aurai occasion de publier, dans mon *Héracléide,* quelques représentations nouvelles de l'*Apothéose d'Hercule.* En attendant, je ferai remarquer le rapport d'*Hercule déifié,* escorté de *Minerve, Iris* et *Thétis,* tel qu'on le voit sur notre miroir mystique, avec le curieux vase grec que j'ai cité plus haut, p. 44, note 3, qui nous offre *Hercule* servant lui-même à transporter *Bacchus,* ou plutôt un *initié* sous les traits de Bacchus, au séjour des ames fortunées, et placé entre *Thétis* et *Mercure-Psychopompe.* Je profiterai encore de cette occasion, pour expliquer un autre vase, des plus singuliers, qui se rapporte, suivant toute apparence, au même ordre d'idées. Ce vase, de la collection de Lamberg, t. II, vign. ix, p. 31, nous montre, en figures noires sur fond rouge, du plus ancien style, la tête d'*Hercule déifié,* opposée à celles de deux déesses, dont la première est certainement *Minerve,* et la seconde, qui n'offre aucun des traits propres à *Hécate,* qu'on a cru y voir, se reconnaît pour *Thétis* au *serpent* qui lui ceint le front, d'une manière tout-à-fait analogue à celle dont l'*uræus* est placé sur le front des divinités égyptiennes. Ce symbole, si remarquable en lui-même, si neuf par cette dernière analogie, et d'ailleurs aussi propre à Thétis qu'il est étranger à Hécate, concourt, avec les deux *génies funèbres* qui volent, avec des *couronnes* en main, au-dessus des deux divinités, à déterminer le caractère mystique et funéraire du monument dont il s'agit, et devient une nouvelle preuve de la part donnée à *Thétis* dans ces sortes de représentations.

Au moment où je terminais l'impression de ces recherches, j'ai lu, dans le *Berliner Kunst-blatt*, vii Heft, p. 208-212, une description de la peinture de Pompéi que j'ai publiée, pl. IX, et sur le sujet de laquelle j'ai dit que les antiquaires étaient encore divisés d'opinions, sans oser me flatter de les concilier par l'explication que je proposais. Je ne sais si l'éditeur du *Berliner Kunstblatt* sera plus heureux à son tour, en s'éloignant de l'interprétation de M. Hirt que j'avais indiquée, page 37, note 1, et qu'il se borne à exposer en peu de mots, pour se réunir, avec d'assez graves restrictions toutefois, à l'opinion de MM. Ianelli et Avellino, qui ne sont pas eux-mêmes parfaitement d'accord dans leur explication commune. Quoi qu'il en soit, M. Toelken voit décidément dans cette peinture le *Mariage de Zéphyre et de Chloris*, ou *Flore*. Dans cette hypothèse, le personnage sur les genoux duquel repose la nymphe endormie serait *Hymen*; la divinité assise sur un plan élevé, *Vénus* elle-même, et les petits génies qui accompagnent le dieu, des *Amours*, témoins en quelque sorte obligés d'une pareille scène. MM. Ianelli et Avellino, dans leur explication insérée au *real Museo Borbonico*, fasc. xiii°, tav. 2, qui ne m'est pas encore parvenu, ne diffèrent, à ce qu'il paraît, entre eux et avec l'antiquaire allemand, qu'en ce que l'un voit *Bacchus*, et l'autre un *personnage femelle*, dans la figure que ce dernier a prise pour *Hymen*, et que j'ai regardée comme *Pasithea*, la déesse du sommeil. Voilà sans doute bien des suppositions contradictoires, sur le point qui paraissait en être le moins susceptible ; ce qui ne laisse pas d'être inquiétant pour le reste de l'explication. Il me semble, par exemple, que c'est une bien forte objection contre l'idée du mariage de Zéphyre et de Flore, que la manière tout-à-fait différente dont Ovide, le seul des anciens qui en ait fait mention, a raconté cette fable; et il faut convenir aussi que c'est un assez singulier théâtre pour un pareil hyménée, qu'un paysage si sombre et si agreste, comme ce sont aussi d'assez étranges acteurs d'une pareille scène, que ce *Zéphyre*, avec ses *grandes ailes noires*, et cet *Hymen*, avec des ailes toutes semblables. Quoi qu'il en soit, j'ai exposé mes idées; et l'on connaît maintenant celles de MM. Hirt, Ianelli, Avellino et Toelken : c'est au lecteur à prononcer.

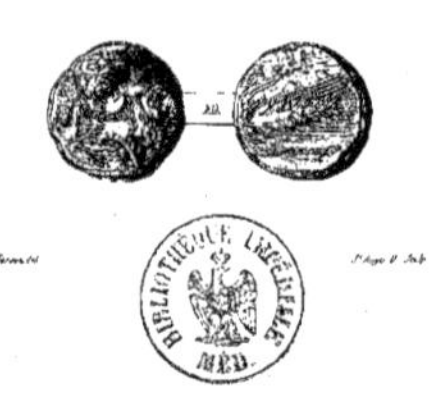

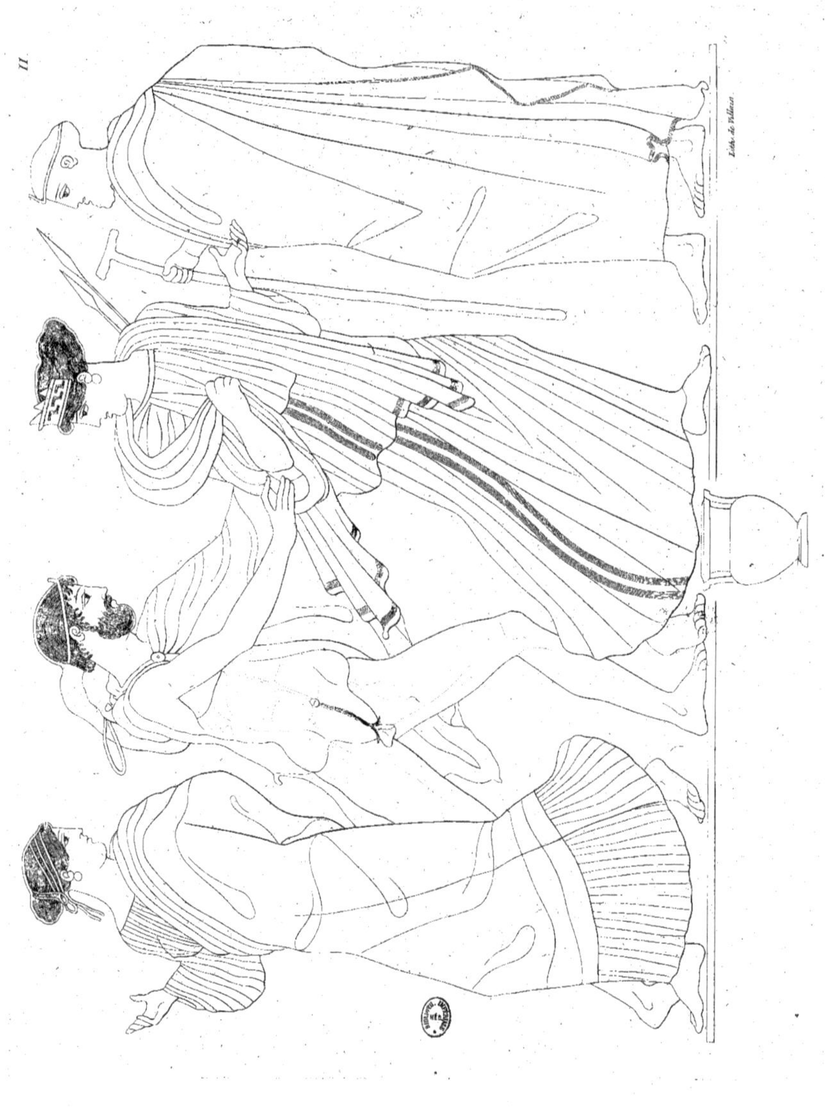

II
Lith. de Villain

III
1
2
lith. de Villain

1.

2.

DIS · MAN · CLAVDIAE · TI · F · FABVLLAE
T · FLAVIVS · EVPHRANOR · ET · I · VARIVS · S ENDO
BENE · MERITAE · FECERVNT

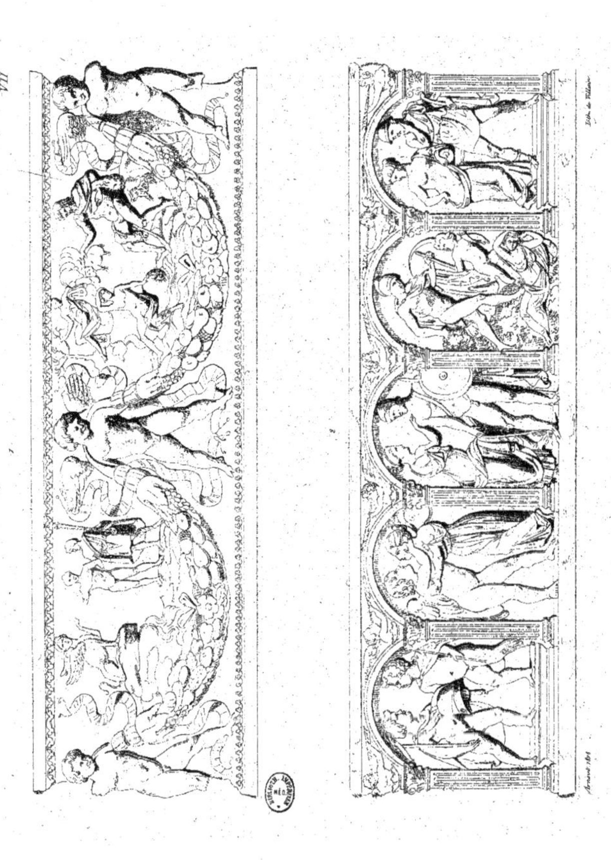

1

2

ΚΑΛΟΣ
1

2

2

D·M
T·FLAVI·EVCH
ARISTO·FICIT
FLAVIA·SABINA
FILIA·PIENTISSI
MA·PATRI·DVL
CISSIMO

1

3

D · M
M·VLPIVS·AVG·LIB
EVPHROSYNVS
AVGSTE·VENATORIA

1.

D.   M.
CORNELIAE . CLEOPATRAE
VIXIT . ANN . XX MEN II.
DIEBVS . III
M.CORNELIVS . HYMNVS
ET.CORNELIA.CORINTIAS
PARENTES . FILIAE
PIENTISSIMAE . DE . SE
BENEMERENTI
FECERVNT
ET . SIBI . ET . SVIS POSTERISQ
EORVM

2.

XIV.

Lith. de Thierry frères rue de Engelmann.

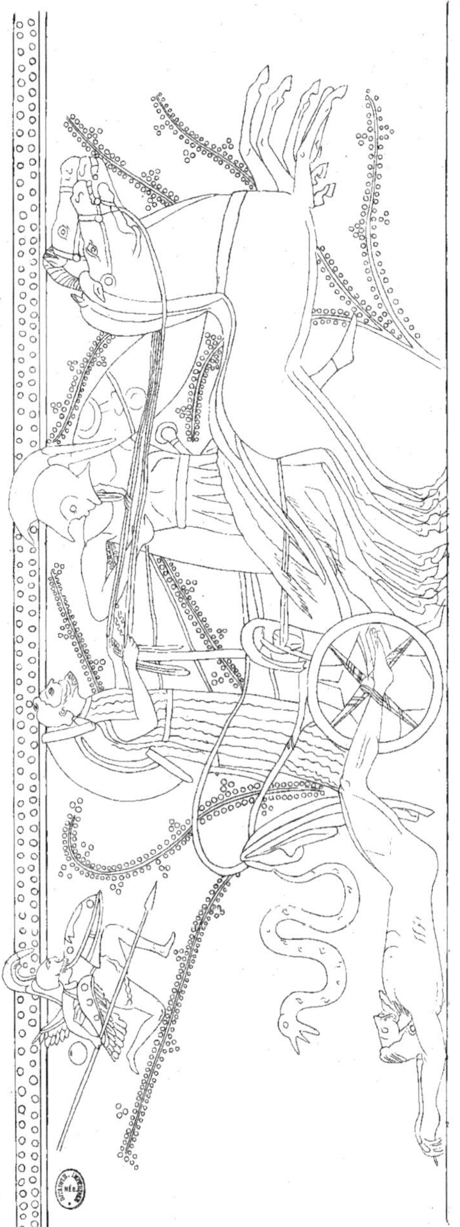

1.

2.

Vaucher del.

Lith. de Engelmann, rue du Faub. Montmartre N. 6.

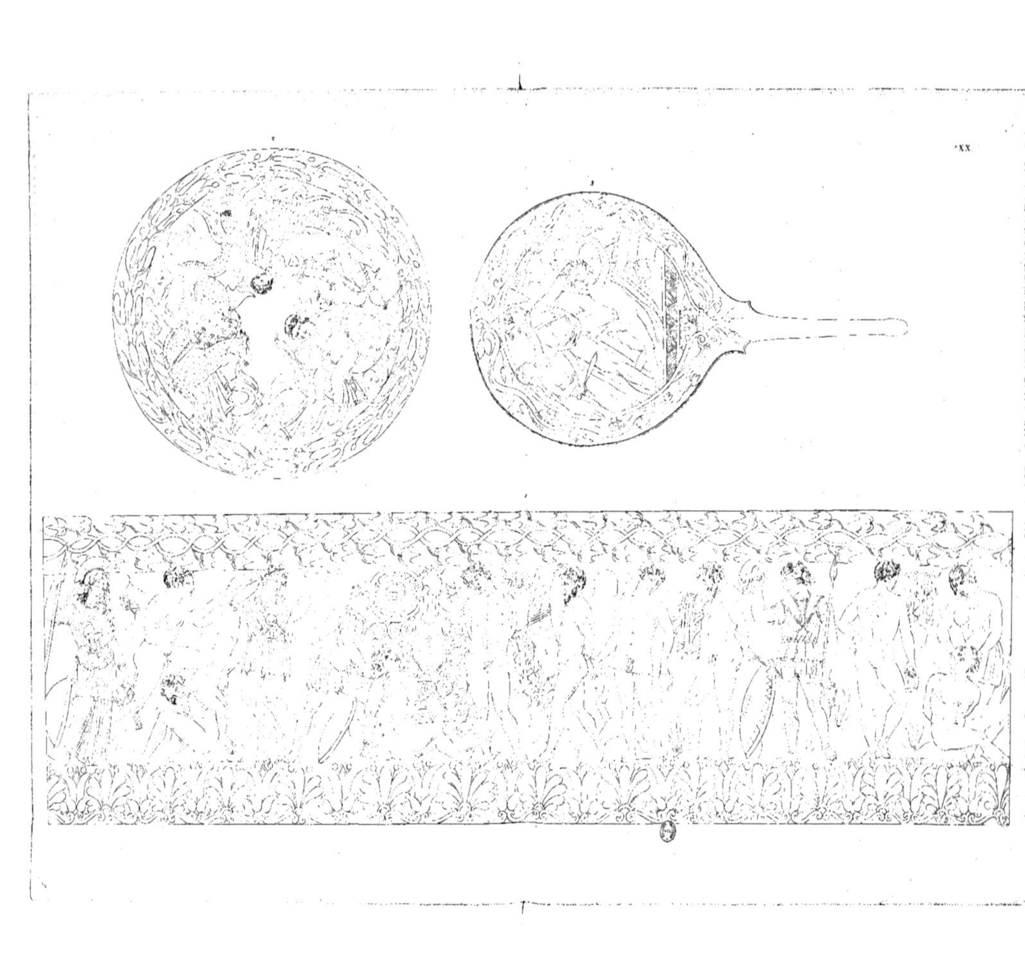

1.

Francesco Inghirami disegnò dal monum. etrusco

2.

Francesco Inghirami disegnò dal monum. etrusco.

Litt. de Villain.

2

XLVII.
Francesco Inghirami disegnò dal monum.to etrusco
Litog. di Villani.

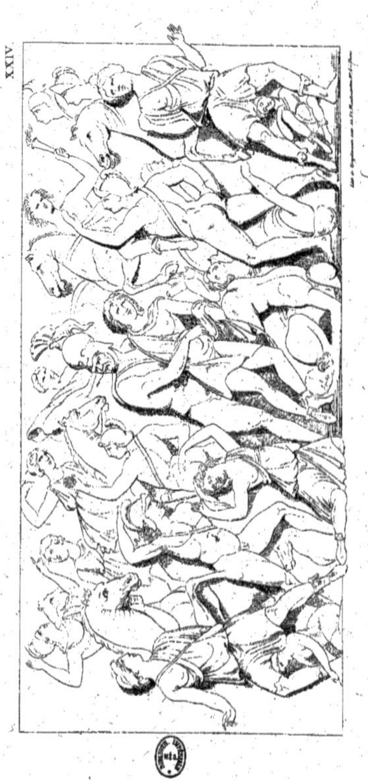